初等家庭科の研究

指導力につなげる専門性の育成

大竹美登利　倉持清美　編著

はじめに

　小学校教員免許を取得するために、皆さんは家庭科の関連科目として、「教職に関する科目（教育課程及び指導法に関する科目）」と「教科に関する科目（小学校）家庭」を履修します[*1]。前者は「小学校家庭科教育法」などの科目名で、後者は「家庭科研究」「小学校教科専門（家庭）」「家庭科概説」「家政学概論」などの科目名で開設されていることが多くなっています。本書は後者の「教科に関する科目（小学校）家庭」のテキストとして編集しました。

　小学校教員免許取得のために「教職に関する科目（教育課程及び指導法に関する科目）」（以下「指導法」）は必修ですが、「教科に関する科目（小学校）家庭」（以下「教科専門」）は選択必修であり、履修しなくても小学校の教員免許が取得できてしまう大学もあります。しかし、教科を教えるためには「指導法」だけでなく、「教科専門」に関する科目の修得も重要です。

　「指導法」ではコアカリキュラムとして、その柱のひとつに「当該教科と背景となる学問領域との関係を理解し、教材研究に活用することができる」能力の育成を求めています。すなわち家庭科を教えるためには家庭科の学問的背景を理解することが必要であるわけです。それに応えるのが本書です。

　相対性理論を打ち立てたアルベルト・アインシュタインの有名な言葉に、「6歳の子どもに説明できなければ、理解したとは言えない」というものがあります。アインシュタインが相対性理論の定義について問われた際、「もし男の子が、きれいな女の子と1時間並んで坐っていたとすれば、その1時間は1分のように思えるでしょう。しかしもし彼が熱いストーブのそばに1分間坐っていたら、その1分間は1時間のように感じるでしょう。これが相対性です」と答えたというエピソードが残っています[*2]。相対性理論を真に理解しているからこその答えですね。

　家庭科は、日常生活のなかのさまざまな「なぜ」に答え、どのようにすればよいかを探す力を育む教科です。子どもたちは小学校に上がる前くらいから、身近な日常生活に関心を示し、「なぜ」を連発し始めます。「なぜお菓子ばかり食べていてはいけないの」「なぜマフラーをすると暖かいの」「なぜ掃除をしなければいけないの」「家族って何」など、生活のなかからいろいろな興味が生まれます。そこから

[*1]　教育職員免許法・同施行規則の改正に伴い、「教科に関する科目」と「教職に関する科目」等の科目区分は、平成31年度より「教科及び教職に関する科目」に大括り化されます。
[*2]　矢野健太郎『アインシュタイン伝』新潮社、1997、p.253

主体的に学ぶ姿勢を伸ばせるかどうかは、大人の役割です。子どもたちの「なぜ」に、アインシュタインのように答えたいですね。そこから学問への扉が開きます。

　家庭科は、大きく「家族・家庭」「食物」「被服」「住居」「消費・環境」の領域から構成されています。「食物」の領域が「栄養」「食品」「加工調理」などに専門分化されるように、それぞれの領域は、より細かく枝分かれしていきます。本書では、5つの領域をさらに3分野ずつに分けて、それぞれの基礎基本を取り上げました。各領域・分野が含むすべての事項を取り上げることは不可能ですので、ここでは、小学校の家庭科の学習に必要な知識を中心に扱っています。この基礎基本を踏まえて、家庭科の専門分野をさらに探究してみてください。探究のための仕掛けとして、各領域・分野の学習に対応した課題のワークシートを巻末に設けています。ワークシートを利用して、皆さんも「主体的・対話的で深い学び」、すなわちアクティブラーニングに取り組んでみてください。

　最後になりますが、本書をまとめるにあたり丁寧に編集してくださいました萌文書林の松本佳代さんに感謝いたします。

2018年2月吉日　編著者

目　次

第5章　消費生活・環境

児童期における消費者教育・環境教育の意義

序章　家庭科への誘い

本章のねらい

□ 主体的に生きる力を育む学習として家庭科を捉えよう

□ 家庭科の歴史的変遷について学ぼう

□ 学習指導要領における家庭科の学びの目標を知っておこう

□ 児童期の発達と現代の子育て家庭を巡る状況を理解しよう

1 家庭科の歴史と意義

1.1 教育制度の歴史に見る家庭科の特徴

　生きるために人々が必要とする基本的な知識技術の総体を、学校教育においてどのような教科に区分しているかは、それぞれの国の教育制度の歴史的経緯と深く関わっている。日本では誰もが学ぶ普通教育として「家庭科」が開設され、生活に必要な知識・技術を学ぶ教育課程が創られている。家庭科は、戦後に家庭の民主化を託されてスタートし、1990年代から男女共に学ぶ教科に変化してきた。ただし、「家庭科」として位置づけられる前の家事・裁縫教育の影響も少なからず受けていると考える。はじめに、こうした教育制度の歴史から、家庭科の特徴を見てみよう。

1.1.1 江戸時代—女子教育の一切としての裁縫教育

　江戸時代にできた寺子屋は、支配階級の子どもたちを対象としたそれまでの教育機関と異なり、町人など一般庶民を対象としていた。これが日本の学校制度の始まりといわれる。町人や農民の生業では、男子はその経営に関わる算盤の習得が求められ、女子は衣食住の生産に関する知識技術、特に機織り裁縫の技術の習得が必須であった。寺子屋には女子も通っていたが、女子の教育の中心は、お針師匠のもとでの裁縫教育であり、そこでは裁縫技術のみならず女子の修行の一切が教育されていた。

1.1.2 明治期—女子の就学率を上げるための手芸・裁縫教育

　1872（明治5）年に学制が公布され、全国民（男女）を対象とした公教育としての学校教育制度が整ったが、女子は裁縫伝習所などの私塾に通う者も多く、その就学率はきわめて低かった。1879（明治12）年に教育令、翌年に改正教育令が公布され、女子の就学率を上げることも目的に、小学校女子の科目に裁縫が正式に加えられた。1886（明治19）年に小学校は尋常小学校と高等小学校の2段階になり、尋常小学校は義務化され、1907（明治40）年に小学校の女子に裁縫が必修となった。

1.1.3 女子の高等教育確立期—良妻賢母教育としての「家事・裁縫」

　学制が交付された1872（明治5）年、女子の高等教育である官立女学校（現お茶の水女子大学）も設立され、ここでは英語教育に加え「西洋裁縫」などが教えられていた。

　1886（明治19）年の中学校令により各都道府県に中学校が設立されたが、男子のみが対象で、女子は女学校や高等女学校と、男女で異なる学校制度が発達した。1891（明治24）年の中学校令改正により高等女学校は中学校と同一水準の学校と認められ、以後次々と設立され

た高等女学校では、国語、歴史、数学、理科に加え家事・裁縫が教えられた。

　第1次世界大戦終結後（1918〔大正7〕年）、米騒動が起こるなど生活困窮が社会問題となり、文部省の外郭団体として「生活改善同盟会」が設立された。その事業のひとつである家庭女学校では、西洋学問を基礎とする教育がなされた。一方、生活に密着した女子教育の場として「農村道場」「農村女塾」や都市型の「家庭寮」が各地にでき、家事などの実技を中心とした教育がなされた[*1]。この頃、栄養学や衛生学などの自然科学の研究が盛んになり、日常生活の科学的解明が重視されるようになった。この流れのなかで家事科に修身的教育を加えることが排除され、1914（大正3）年からは理科の一部（理科家事）として小学校で教えられ、1919（大正8）年には独立した教科として必修となった。

　第2次世界大戦中の1941（昭和16）年に国民学校令が公布され、小学校は国民学校となり、裁縫科は「芸能科裁縫」、家事科は「芸能科家事」と名称変更した。「銃後の守り」が重視され1942（昭和17）年には家事を含む実業を重視する通達が出され、「女子の勤労奉仕は裁縫にすぐるものなし」として、学校を工場化して軍服製作を課し、また国家主義、皇道思想と結びついて、家族的国家観と家父長的家庭観に立った女子教育がなされた。

1.1.4 第2次世界大戦後―男女平等・民主的家庭生活創造の要としての新教科「家庭科」

　第2次世界大戦後、GHQ（General Headquarters）が設立され、その下に置かれたCIE（Civil Information and Education Section）により、男女平等を基本とする現在の教育制度が築かれた。文部省から出された「新教育指針」で民主的家庭への変革が述べられ、1947（昭和22）年の学習指導要領家庭編（試案）で家庭科は新しい家庭建設の教育に位置づけられた。こうして、民主的な社会建設を担う「社会科」と民主的な家庭建設を担う「家庭科」が、戦後を象徴する教科として誕生した。しかし、小学校家庭科では男子は工作的、女子は裁縫的な実技内容を学び、中学校職業科では農業、工業、商業、水産、家政から、高等学校の実業科は農業、工業、商業、水産、家庭科から選択履修され、男女が全く同じ内容を履修していたわけではなかった。

1.1.5 高度経済成長期―男女別「技術・家庭」ならびに高校家庭科女子のみ必修化

　実業科の家庭科の女子の履修率は7割程で他の科目より高かったが、家庭科教師は、家庭科の女子必修を求める請願書を文部省に提出した。当初は賛意を示さなかった文部省も、1954（昭和29）年に女子のみ家庭科4単位必修を決めた。教育基本法は男女の平等を掲げていたものの、男女で異なる教育課程が成立したのである。

　米ソの科学技術競争のもとで中央教育審議会は1957（昭和32）年に「科学技術教育の振興方策」を打ち出し、中学校の職業科（含む家政）を廃止し「技術科」新設を提案したが、家庭科の存続を強く望む家庭科教師の意向を受けて「技術・家庭」が女子向き、男子向きの性

[*1]　常見育男「家庭科教育史に見る女性像・家庭像の推移―修身科と家庭科の教科書調査を中心にして」『家庭科学』83、1980、pp.38-45、p.57

別履修科目としてスタートした。高度経済成長時代の1966（昭和41）年の中教審答申「期待される人間像」で、家庭は愛の場、いこいの場、教育の場に位置づけられ、家庭を支える主婦のいる近代家族像がモデルとなった。こうした時代背景のもとで、日本工業を支える技術者養成（男子）、家庭を守る主婦養成（女子）を技術・家庭科が担うこととなった。

1.1.6 国際女性年—女子差別撤廃条約と高校家庭科の男女共修化

国連は、1975年を国際女性年とし、女性の地位向上のための目標及び10年計画を策定した（「国際女性の10年」）。1979（昭和54）年には「女子に対するあらゆる形態の差別の撤廃に関する条約」（女子差別撤廃条約）が採択されている。日本は条約に抵触する国籍法、雇用関連法、教育課程（家庭科履修の男女区別）の3つの改正を行って、1985（昭和60）年に条約を批准した。当時、高校の家庭科は「女子のみ4単位必修」という男女異なる教育課程制度であったが、1984（昭和59）年に「家庭科に関する検討会議」を発足させ、1985年に男女必履修の方針を確定した。1989（平成元）年に学習指導要領を改正し、1994（平成6）年入学の生徒から男女必履修の家庭科がスタートした。また、中学校「技術・家庭科（男子向き・女子向き）」の男女異なる学習内容も変更され、各領域を選択制へ、さらに男女同内容を必修とする改訂がなされた。

1.1.7 新時代の家庭科の役割

1989（平成元）年公示の学習指導要領では、その改訂の方針として「男女共同参画の推進と少子高齢化社会への対応」が明記され、これまでの性別役割分業を補完する教科から、男女平等な家庭生活を建設する教科へと180度転換した。その後、2008（平成20）年の改訂では、「家庭を築くことの重要性、食育の推進、子育て理解や高齢者の肯定的な理解や支援する行動力の育成など少子高齢社会への対応、日本の生活文化にかかわる内容を重視する」と食育や日本文化を重視する視点が取り入れられた。そして2017（平成29）年の改訂の要点では、「家族・家庭生活の多様化や消費生活の変化等に加えて、グローバル化や少子高齢社会の進展、持続可能な社会の構築等、今後の社会の急激な変化に主体的に対応することが求められる」と提言されている。

このように家庭科の歴史を辿ると、教育基本法に男女平等教育が明記されているにもかかわらず、当初は近代家族像に沿った性別役割分業に基づいた教育が行われていたこと、「女子差別撤廃条約」批准を契機に、家庭科が男女平等の教育課程を象徴する存在であったことがわかる。

少子高齢化、家族・家庭生活の多様化、環境問題の顕在化、消費者問題の複雑化など、地球規模の生活課題が山積している今、これらを解決するための資質・能力を、男女問わず身につける必要がある。その学びを担う教科として家庭科が位置づき始めているといえよう。

1.2 家庭科とは何か

1.2.1 家庭科における「見方・考え方」

　現行の学習指導要領（2017〔平成29〕年公示）は、指導方法を盛り込むなど、従来とは異なる方向で策定された。教科ごとに教育目標を整理するなど、各教科の特質に応じた見方・考え方のイメージを打ち出している。家庭科は、「生活の営みに係る見方・考え方」として、「家族や家庭、衣食住、消費や環境などに係る生活事象を、協力・協働、健康・快適・安全、生活文化の継承・創造、持続可能な社会の構築等の視点で捉え、よりよい生活を営むために工夫すること」（「解説」）と整理している。

　すなわち、家庭科は、人の生活の営みに関する多様な生活事象を対象としている。私たちが日々直面する生活課題は、グローバル化のなかで地球規模の課題につながっている。私たち一人ひとりが生涯にわたる生活を自律的に創造していくことが、家族や地域の生活様式・生活文化を創り、それが世界の文化を人類の歴史を創っていく。そのことを自覚し、私たちは次世代に継承すべき生活様式・文化を創っていきたいものである。

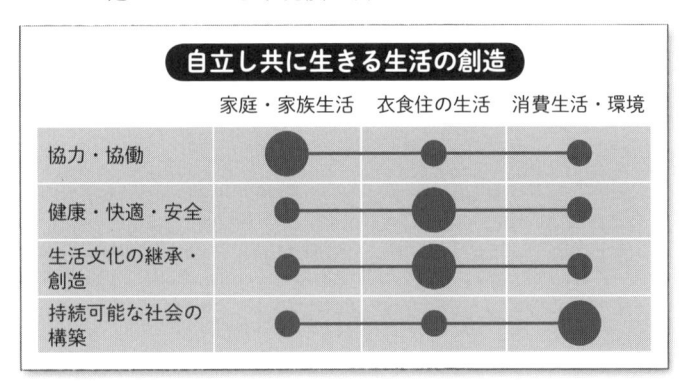

図0-1　家庭科、技術・家庭科（家庭分野）における
生活の営みに係る見方・考え方

出典：中央教育審議会教育課程部会「家庭、家庭・技術ワーキンググループにおける審議の取りまとめ」、2017

1.2.2 家庭科ではどんな力をつけるか

　「生活」とは、生きていくための活動である。家庭科は生活そのものを学びの対象としているので、家庭科を学ぶことによって、生きていくために必要な知識・技術を身につけることができる。すなわち、家庭科は、第1に生きる力を与えてくれる。

　第2に、家庭科は、生活のなかで起こっている困難や課題を解決する力を養う。今日は何を食べるか、何を着るか、どんな住まい方をするか、何を買うか、どんな活動をするか。このような日常的な課題について、科学的根拠を踏まえて意思決定できる力が培われる。例えば、あなたの食事の選択は、農薬の問題やフードロス、フード・マイレージといった地球環境の問題、地産地消や郷土料理といった地域の食文化と関係している。したがって、家庭科教育で育まれる一人ひとりの意思決定が、地球規模の生活課題を解決し動かしていく力につながっていくのである。

　第3に、家庭科は、自身の人生の主人公として生きる力を養う。例えば、今日何を着るかは、気候に合わせた保健衛生的な機能を踏まえ、また今日の活動に合わせた生活活動上の機能を踏まえ、さらには社会的機能、すなわちTPOや好みに合わせて、自身で決定するだろ

う。また、衣服を購入する際も、自身で選んで決めている。衣服のスタイルにも、その人の「人となり」が現れるといえる。

　衣食住、消費行動に限らず、就職や結婚など、私たちは人生のなかで大小さまざまな選択を迫られる。そのような局面で、最終的に決めるのは自分自身である。すなわち、他人に指示されるままに人生を送るのではなく、自身の生活設計に沿って、あらゆる選択肢から決定できるということである。もちろん、思いどおりにいかない場面も多々あるが、家庭科の学習では、活用可能な生活の資源（物的資源と人的資源）のなかから、よりよいものを選択していく力を身につけることができる。生活のなかの選択を自律的に決定していくことが、自身の人生の主人公になることにつながるだろう。

　教師となって家庭科を教える皆さんには、ぜひ、こうした生きていく力を家庭科で育み、自身の人生を切り開き、地球の輝かしい未来を創造できる力をもつ児童・生徒を育てていってほしいと切に願う。

2 小学校高学年で家庭科を学ぶ意義

2.1 小学校高学年期の子どもたちの発達

　家庭科は、高学年になる小学校5年から学び始める。裁縫道具を揃え、初めて足を踏み入れる家庭科室に、わくわくしている子どもたちも多いだろう。文部科学省の「子どもの発達段階ごとの特徴と重視すべき課題」によると、小学校高学年期の特徴として次のような内容があげられている。

　　・抽象的な思考への適応や他者の視点に対する理解
　　・自己肯定感の育成
　　・自他の尊重の意識や他者への思いやりなどの涵養
　　・集団における役割の自覚や主体的な責任意識の育成
　　・体験活動の実施など実社会への興味・関心をもつきっかけづくり

　おおむね9歳以降の子どもたちは、物事をある程度対象化して認識できるようになる。客観的な分析や、知的な活動においてもより分化した追究が可能になる。自分のことも客観的に捉えられるようになるが、発達の個人差も顕著になる（いわゆる「9歳の壁」）。体も大きく成長し、自己肯定感も育ち始めるが、発達の個人差も大きくなるため、劣等感をもちやすくなる時期でもある。

　また、集団の規則を理解して集団活動に主体的に参加したり、自分たちで遊びのルールをつくったり守ったりするようになる。一方、ギャングエイジともいわれるこの時期は、閉鎖的な仲間集団が発生し、付和雷同的な行動も見られる。

　このように、小学年高学年期に入る9歳、10歳は発達的な転換期ともいわれ、抽象的な思考能力が高まる時期とされている。家庭科を学ぶ子どもたちの発達的な特徴を押さえたうえで、より学びを深めることができる教材や授業の展開について考えていこう。

2.1.1 発達的な特徴
①抽象的な思考能力

　抽象的な思考能力とは、具体的なものが目の前になくても対象を思い描いたり、頭の中で言葉を使って考えたりできることである。「AさんはBさんよりも背が高い。BさんはCさんよりも背が高い。だから…（AさんはCさんよりも背が高い）」といった思考だけでなく、「DさんはEさんよりも背が高い。Fさんは、Eさんよりも背が高い。だから…（DさんとFさんは、どちらが高いかわからない）」というような初歩的な論理操作が頭の中で自覚的になされる。例えば、円形を原っぱに見立てて、そこに落としたボールをくまなく探すための経路を子どもに描かせると、9、10歳では、明らかな計画性に基づいた探し方を示す（図0-2）。

②メタ認知能力

　小学校高学年になるとメタ認知能力も高まるとされている。メタ認知能力の定義はさまざまだが、「メタ認知の定義には少なくとも、自分自身の知識、認知過程、認知的感情的状態についての知識、及び、それらを意図的に制御し統制できる能力という考え方が含まれている」という点では一致しているだろう[2]。このメタ認知能力は、学校での教科学習と

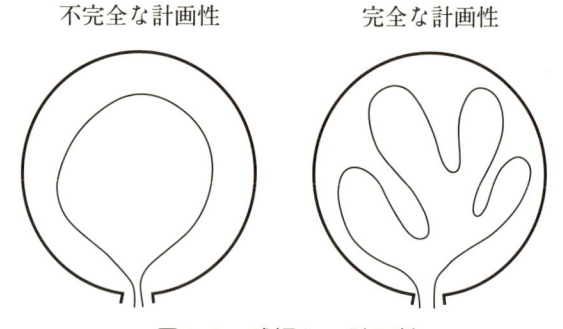

不完全な計画性　　　完全な計画性

図0-2　球探しの計画性
出典：心理科学研究会編『児童心理学試論—新しい発達理解のために』三和書房、1975、p.206

の関わりがあるということが指摘されている。例えば、メタ認知能力の高い児童は、算数の文章課題解決の得点が高いことが指摘されている[3]。

　Myers & Paris は、2年生と6年生にインタビュー調査を行い[4]、読解についての児童の認識を調査した（表0-1）。2年生は文章内容を他者に説明するときに逐語再生しようとするが、6年生は大雑把な内容を伝えようとする。2年生は、文章理解を「文字を読み取ること」と同義だと捉えているようだが、6年生では「文章から意味を引き出すこと」と捉え、解釈や推論を伴う過程であることを理解しているようである。一方、長い文章を読むには時間がかかること、興味のある文章は理解しやすいことなど、文章の特徴と読解のしやすさとの関係

表0-1　Myers & Paris（1978）による読解についてのメタ認知的知識の違い
（小学校2年生と6年生の比較）

	2年生	6年生
読解力と方略	目的によって方略を使い分けない	目的が逐語再生のときと意味内容伝達のときでは、読み方を変える
飛ばし読みについて	読みやすい単語を読む	重要な単語を読む
読み返しをする理由	理由づけができない	読み返すことによって、見落としていた情報に気づいたり、文脈を再吟味できることを知っている
文章内容を他者に説明する場合	文章を逐語再生しようとする	文章の意味内容を伝えようとする
わからない単語	人にたずねる	辞書をひく
段落について	段落内の構成がどうなっているかを知らない	段落の最初と最後の文の役割を知っている
読解力についての認識	その他の技能と区別しない	その他の技能とは独立ととらえている。例えば、算数ができる子どもの読解力が高いとは限らないことを知っている

出典：西垣順子「児童期における読解に関するメタ認知的知識の発達」『京都大学大学院教育学研究科紀要』46、2000、p.138

---

*2　Hacker, D. J., "Self-regulated comprehension during normal reading." in Hacker, D. J., Dunlosky, J. & Graesser, A. C. eds., *Metacognition in educational theory and Practice*, Lawrence Erlbaum Associates, 1998, pp.165-191.

*3　岡本真彦「発達的要因としての知能及びメタ認知的知識が算数文章題の解決におよぼす影響」『発達心理学研究』2（2）、1991、pp.78-87

*4　Myers, M. & Paris, S. G., "Children's metacognitive knowledge about reading." *Journal of Educational Psychology*, 70（5）, 1978, pp.680-690. 彼らの研究で得られたデータは、読解についてのメタ認知的な認識度を調査するために今日でも広く利用されている。

は2年生でもある程度理解していた。この結果から、2年生でも文章理解についてそれなりの知識を得ているが不十分であること、児童期を通じて読解方略や読解目的についての知識（自己制御的な読みを可能にするような知識）が獲得されるということがわかった。

　自己制御的な学習とは、自分の学習の進捗を管理し、学業目標を達成するために必要に応じて学習方法を効果的に選び、実行の結果に対して修正を行い、目標達成するまで自己の行動を調整しながら努力し続ける自律した学習のことである[*5]。「PDCA」のサイクルも、自己制御的な学習に近い考え方である。「PDCA」とは、何かを実行する際、「P（Planning）：計画を立てる」「D（Do）：実行する」「C（Check）：実行したものを評価する」「A（Action）：次に活かす」というプロセスを踏めばよいとする考え方である。

　メタ認知能力の高まりは、これまでのものの見方に変化を与える。生活の面でも、例えば、家族のなかにいる自分を客観的に見ることが可能になる。発達段階から考えると、小学校高学年の子どもたちは、家庭内での自分の役割やほかの家族の状況などについて理解できるということである。これまであたりまえのものとして過ごしてきた生活について、客観的科学的に捉え直し、生活は自分たちでつくっていくものであることを学び始めるには、小学校高学年は適切な時期といえるだろう。

③学習動機の分化

　低学年のときは、「ほめられる」ことが学習への動機づけとなるが、高学年になると「わかる」ことが必要になる。家庭科でも、なぜ調理することが必要なのか、なぜ縫うことが必要なのか、なぜ環境を大切にすることが必要なのか、という疑問に応えるような授業を展開していかなければ、学習への意欲にはつながらない。教師自身が、そのような問いに応えられるような知識をもち、教材研究をしていくことが求められる。なぜ調理方法がいろいろあるのだろう。なぜさまざまな布や縫い方があり、なぜ掃除や住居の手入れが必要なのだろう。また、小学校の段階で消費活動について学ぶのはどうしてだろう。このような疑問に対して、教師は、子どもにわかる言葉で応えていかなくてはならない。本書を通じてしっかり学んでほしい。

2.1.2 自尊感情の低下

　自尊感情とは、自分に対する自信のことである。自尊感情の研究では、米国の社会学者ローゼンバーグによって作成された、自尊心尺度が有名である[*6]。この尺度を用いた多くの研究が、ポジティブな結果を示している。例えば、自尊心が高い者ほど精神的な健康が高い[*7]、対人関係形成能力が高い[*8]、自尊心が低い者ほど非行や反社会的な行動をとる傾向

---

*5　Zimmerman, B. J., "A Social Cognitive View of Self-Regulated Academic Learning," *Journal of Educational Psychology*, 81（3）, pp.329-339.

*6　Rosenberg, M., *Society and the adolescent self-image*, Princeton University Press, 1965.

*7　Diener, E. & Diener, M., "Cross-Cultural Correlates of Life Satisfaction and Self-Esteem," *Culture and Well-being*, 39, 2009, pp.71-91.

*8　Buhrmester, D., Furman, W., Wittenberg, M. T. & Reis, H. T., "Five domains of interpersonal competence in peer relationships," *Journal of Personality and Social Psychology*, 55, 1988, pp.991-1008.

にある[*9]、摂食障害になりやすい[*10]といった結果が示されている。また、自尊心が高い者は学業成績がよいことも報告されている[*11]。

このような研究からは、自分に自信があればさまざまな場面で意欲的になれること、その結果、学校生活も豊かになることが予測される。しかし、日本を含む7か国の満13〜29歳の若者を対象とした意識調査では、日本の若者の自尊感情は低いことが示されている（図0-3）。さらに、東京都教育委員会が都内の公立学校に対して実施した調査では、小学校高学年から自尊感情の低下傾向が見られる（図0-4）。自尊感情を高めていくことが、現代社会では学校教育の大きな教育的課題である。

それでは、自尊感情を高めるためにはどうしたらよいのだろうか。東京都教育委員会では、自尊感情について取り組んだ授業研究をまとめて、表0-2のような指導の必要性をまとめている。

小学校高学年から始まる家庭科の授業が、児童の自尊感情を高めるためにできることはあるだろうか。家庭科を学ぶ意義として、自分にとって必要な選択をして生きていける力（自立）を育むことがあげられるが、この自立を身につけていることと、児童の自尊感情が関連していることを示す研究がある[*12]。生活に関する技能と知識を身につけることが、子どもたちの自尊感情を高めると示唆している。小学生を対象とした調査では、家族のために自分

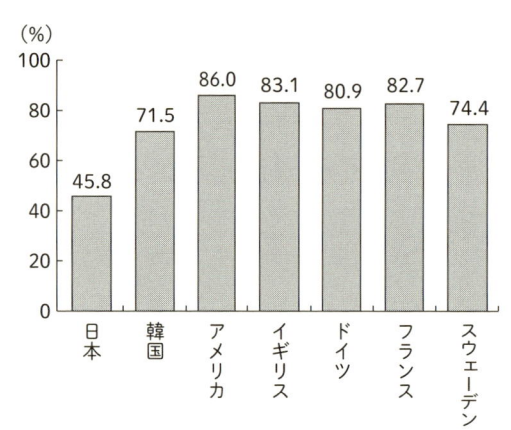

注）「次のことがらがあなた自身にどのくらいあてはまりますか」の問いに対し、「私は、自分自身に満足している」に「そう思う」「どちらかといえばそう思う」と回答した者の合計。

図0-3　質問項目「自分自身に満足している」の国別比較
出典：内閣府「平成26年版子ども若者白書」、2014

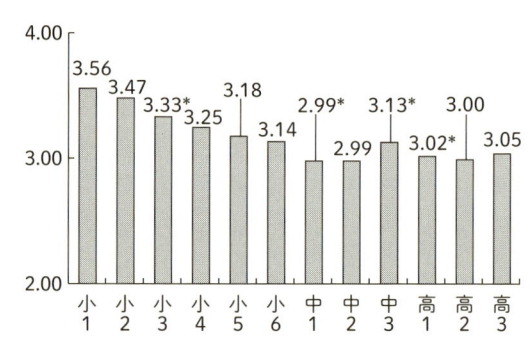

注）＊印は、統計上、有意差が見られたことを示す。グラフは、1.00から2.00の目盛りを省略して示している。

図0-4　自尊感情に関する調査
出典：東京都「自尊感情や自己肯定感に関する研究（1年次）」『東京都教職員研修センター紀要』8、2008

*9　Donnellan M. B., Trzesniewski, K. H., Robins, R. W., Moffitt, T. E. & Caspi, A., "Low Self-Esteem is related to aggression, antisocial behavior, and delinquency," *Psychological Science*, 16, 2005, pp.328-335.
*10　Shaw, H. E., Stice, E. & Springer, D. W., "Perfectionism, body dissatisfaction, and self-esteem in predicting bulimic symptomatology: Lack of replication," *International Journal of Eating Disorders*, 36, 2004, pp.41-47.
*11　Hansford, B. C. & Hattie, A. J., "The relationship between self and achievement/performance measures," *Review of Educational Research*, 52, 1982, pp.123-142.
*12　大島真理子・荒井紀子「子どもの自尊感情と家庭科学習課題との関連」『第49回日本家庭科教育学会大会・例会・セミナー研究発表要旨集』、2006

表0-2　自尊感情を高めるための発達段階に応じた指導上の留意点（高学年を抜粋）

観点	項目	指導上の留意点（高学年）
A 自分への気づき 自分のことを肯定的に認められるようにする	1 活動を評価し、その子自身を認める	新しい行動や考え方を見つけて実行したり、以前よりもよくなったことを評価する
	2 活動を自己決定させる	今、何ができるのか考え、確実に取り組むことができるようにする
	3 活動のルールや目標をもたせる	自分たちで決めたルールを守って行動できるようにする
B 自分の役割 自分がまわりの人の役に立っていることに気づかせる	1 自分がまわりの人の役に立っていることを実感させる	学級や学年のためにできることを考え、工夫して活動できたことに気づかせる
	2 自分の力でできることがあると気づかせる	自分の考えに自信をもち、リーダーとして小集団をまとめて活動させる
	3 まわりの人からの肯定的な評価を受ける場を設定する	さまざまな活動で、互いの考え方や行動のよさを肯定的に認め合えるようにする
C 自分の個性と多様な価値観 自分のよさや同じ事柄に対して多様な考え方があることに気づかせる	1 自分の考えを大切にさせる	自分らしさを発揮するとともに、まわりと異なる考えや得意なことなどを大切にして表現できるようにする
	2 考え方や行動の多様性を理解させる	同じ事柄に対して、さまざまな考え方があり、それが集団にとってもよいことに気づかせる
D 他者との関わりと感謝 多様な関わりを経験させ、まわりの人の存在の大切さに気づかせる	1 グループで話し合ったり活動したりして、多様な関わりを経験させる	班や当番などのグループで考えをまとめたり、仲間と協力して活動したりできるようにする
	2 まわりの人に支えられていることを実感させる	友だちなどがいて学校生活が充実しているとともに、一人ひとりの活動は、多くの人の考えや助けがあってうまくいっていることに気づかせる
E 自分の可能性 達成感を味わわせたり努力の過程を認めたりして、やればできるという気持ちを高める	1 できたことやその過程を認め、達成感や充実感を味わわせる	目標をもって取り組み、困難を克服したことに気づかせる
	2 否定的な面に対する気持ちを切り替えさせる	失敗や間違いは大切な経験であることを理解し、実行していることを評価する
	3 他者も困っていることがあると気づかせる	自分だけでなく、友だちにも困難や悩みがあるということに気づかせる

出典：東京都「自尊感情や自己肯定感に関する研究（1年次）」『東京都教職員研修センター紀要』8、2008を一部改変

にできることをしようとする児童が多く、家庭の仕事や技能に関する項目と自己肯定感の間に相関関係が認められた[13]。さらに、家族関係や家族との会話状況など、家族に関する項目が自己肯定感に関する項目と強い相関関係を示したことから、児童の自己肯定感を高める上で家族の一員としての認識を高めていくことの重要性が明らかとなった。また、一般に、高学年期は仲間から認められることが自尊感情の向上につながると指摘されている。家庭科のグループ学習においても、個々が仲間から認められるような経験をすることで、自尊感情を高められる可能性がある。家庭科の授業の特性から、自尊感情を高めるような授業がどのように展開できるのか考えてほしい。

　東京大学とベネッセ教育総合研究所の共同研究によれば、勉強が「嫌い」から「好き」になった子どもは、「嫌いなまま」の子どもより、「自分の良いところが何かを言うことができる」「難しいことや新しいことにいつも挑戦したい」（「とてもあてはまる」＋「まああてはまる」）と回答している。学習意欲の向上は、子どもの肯定的な自己評価と連動しているようだ[14]。

＊13　河合衿香・志村結美「小学生の家族の一員としての認識と自己肯定感の関係性」『第58回日本家庭科教育学会大会・例会・セミナー研究発表要旨集』、2015
＊14　東京大学社会科学研究所・ベネッセ教育総合研究所共同研究「子どもの生活と学びに関する親子調査2016」、2017

2.2 家族の状況

　小学生を取り巻く家族の状況はどうなっているだろうか。2015（平成27）年までの推移を統計資料から見てみよう。2016年以降の情報は自分で調べてみてほしい。

　まず世帯構造別世帯数を見ると、核家族世帯が最も多いが、単独世帯が増えていることがわかる（図0-5）。核家族世帯を世帯種類別に見てみると、夫婦のみが増えている（図0-6）。また、ひとり親世帯も増えてきている。さらに、平均初婚年齢と出生時の平均年齢を見てみよう。

　2015（平成27）年の女性の平均初婚年齢は29.4歳である。男性は31.1歳である。晩婚化が進み、第1子出生時の年齢は、30.7歳となっている（図0-7）。つまり、子どもたちの保護者の多くは初任者教員より年齢が高く、着任後しばらくはその状況が続くことが予想される。

　日本と諸外国の合計特殊出生率の推移を図0-8に示した。合計特殊出生率は、その年次の15～49歳の女性の年齢別出生率を合算したもので、ひとりの女性がその年次の年齢別出生率で出産すると仮定して、一生涯に産む子どもの人数を算出したものである。日本では、2015年（平成27）年が1.45、2016（平成28）年が1.44であった。フランスやスウェーデンでは、いったん落ち込んだ出生率が回復しつつあるのがわかる。少子化を改善するための支援や政策が功を奏しているのだろう。

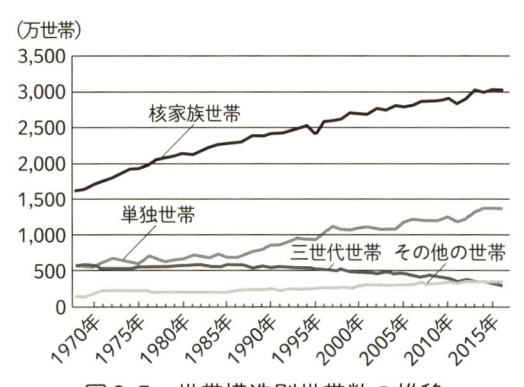

図0-5　世帯構造別世帯数の推移
出典：厚生労働省「国民生活基礎調査の概況」を基に作成

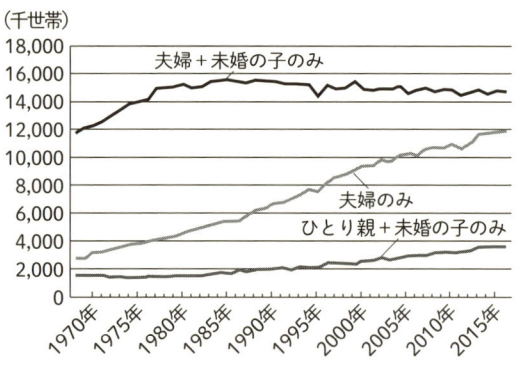

図0-6 核家族世帯における世帯構造別世帯数の推移
出典：厚生労働省「国民生活基礎調査の概況」を基に作成

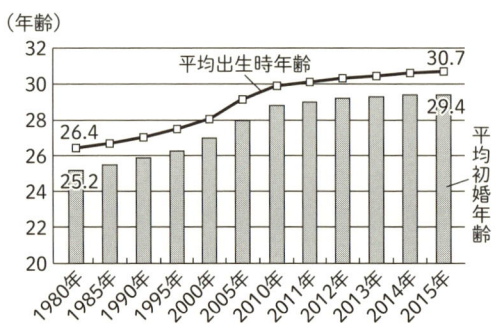

図0-7 平均初婚年齢（女性）と母親の第1子出生時の年齢
出典：厚生労働省「人口動態統計」を基に作成

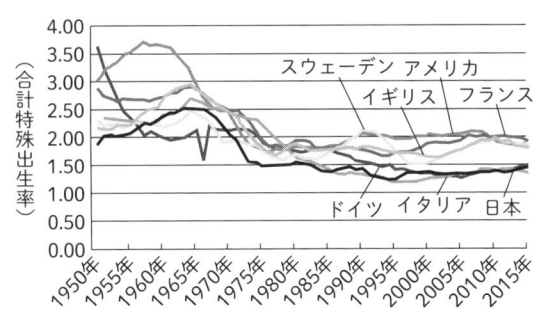

合計特殊出生率

国・地域	年次	合計特殊出生率
フランス	2015	1.92
スウェーデン	2015	1.85
アメリカ	2015	1.84
イギリス	2015	1.80
ドイツ	2015	1.50
日本	2015	1.45
イタリア	2015	1.35

注）資料：1959年までUnited Nations "Demographic Yearbook" 等、1960年以降はOECD Family database（2017年5月更新版）及び厚生労働省「人口動態統計」を基に内閣府作成。

図0-8　世界各国の出生率
出典：内閣府「少子化対策 すぐに分かる少子化に関するデータ」を一部改変

 2.3 小学校高学年と家族との関係

　小学生は、家族をどのように捉えているのだろうか。小学4年生から6年生を対象に実施した調査では、保護者からペットや草花まで、幅広く家族を捉えていることがわかる（図0-9）。子どもたちにとっての「家族」を大切にし、その家族のために役立てられるような技能と知識を家庭科では身につけていく。また、家族と学校のどちらが好きか尋ねると、家をあげる子どもが多いことがわかる（図0-10）。多くの子どもにとって、家が大切な居場所となっているようだ。

　「子どもの生活と学びに関する親子調査2015」によれば、小学生は、中学生、高校生に比べて家族と過ごす時間が長いことがわかる＊15。また、首都圏の小学生の母親を対象に実施された「イマドキ小学生の生活体験に関する調査」＊16のうち、小学校5年生・6年生に関する結果を見ると、例えば包丁でリンゴの皮がむけるかどうかについては、女子の方が「できる」傾向にあるが、6年生で「できない」「やらせたことがない」という子どもは75.4%（4人に3人）もおり、「できる」が74.3%（小学6年生）だった20年前とは大きな差がある。「缶

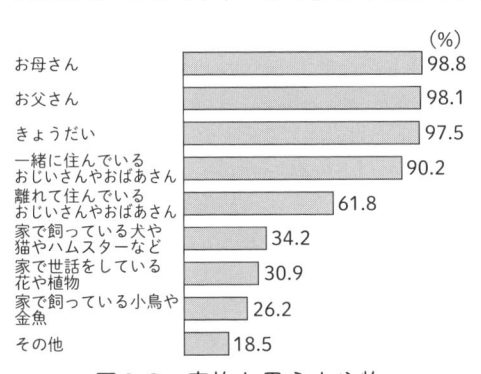

図0-9　家族と思う人や物
出典：ベネッセ教育総合研究所「居場所としての家族」、2002

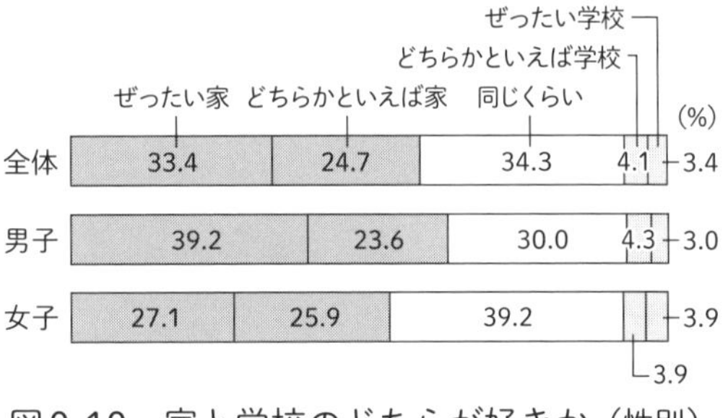

図0-10　家と学校のどちらが好きか（性別）
出典：ベネッセ教育総合研究所「居場所としての家族」、2002

＊15 東京大学社会科学研究所・ベネッセ教育総合研究所共同研究「子どもの生活と学びに関する親子調査2015」、2016
＊16 象印マホービンでは、首都圏の小学生の母親を対象に「イマドキ小学生の生活体験調査」を実施している。このテーマによる調査は1995（平成7）年に一度実施しており、20年後に再調査することによりこの間の変化を探ってみようと企画したそうだ。

切りで缶詰を開ける」については、20年前の調査では、「できる」が5年生で68.8%、6年生では83.1%であったが、今回の調査では5年生で29.6%、6年生で32.2%と、こちらも大きく後退している。これらの調査結果からも、家庭科で生活習慣の重要性を学ぶことや自分で生活を整えられる技能と知識を身につけることが必要だとわかるだろう。

2.4 家庭科を学ぶ意義

　私たちが生涯のうちに経験する家族は、大きくいうと2つあるだろう。ひとつは、自分が育つ（育ててもらう）家族である。血のつながりの有無にかかわらず、養育してもらっている家族を指す。もうひとつは、これから自分がつくる家族である。成長発達して、パートナーを得る、子どもを育てるといった、自らの意志で築き上げていく家族を指す。家庭科では、この2つの家族のために役立てられる知識や技能を身につけていく。

　子どもでも大人でも、自分の今の家族について考えることがつらい場合があるだろう。「家の人に聞いてみましょう」「家に帰ってやってみましょう」という教師の言葉をむなしく感じる子どもがいるかもしれない。しかし、今学んだことを将来の自分の家族のために活かすというイメージをもつことができたら、家庭科の学習にも意欲的に取り組めるのではないだろうか。教師はこの2つの家族をイメージして、「今学習している内容は、未来につながる力になる」と子どもたちが思えるように授業を展開していくことが必要だ。家庭科で学んだ衣食住に関する基礎的基本的な技能と知識は、自分を育ててくれる家族のためにも、これからつくっていく家族のためにも活かすことができる。そのような力で誰かの役に立つことができる、また、自分も支えてもらっていると実感できれば、子どもたちの自尊感情も高くなり、自分をかけがえのない存在と捉えることもできるだろう。

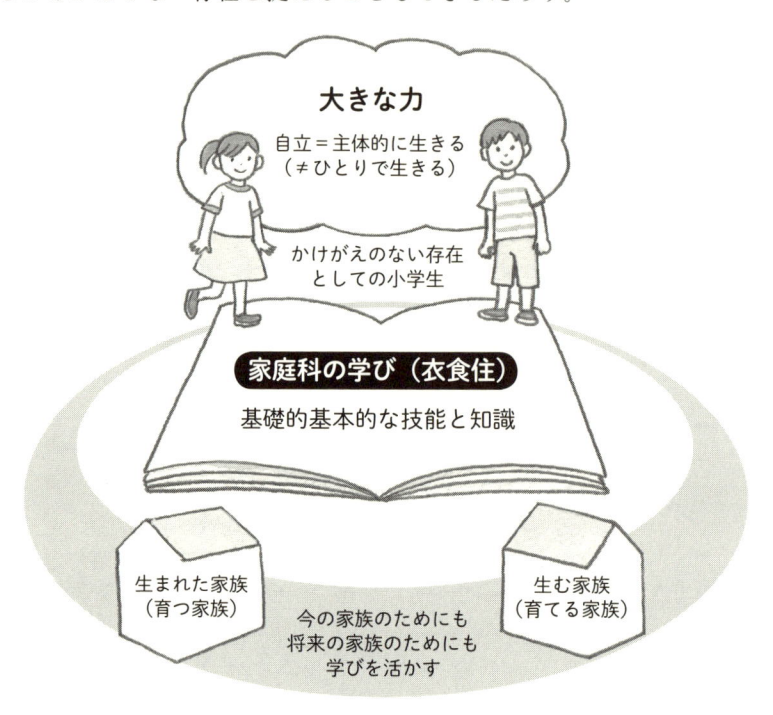

第1章 家族・家庭生活

本章のねらい
□ 現代における家族の構造、家庭生活の意義を捉えよう
□ 家庭生活を支える仕事と生活時間について理解しよう
□ 児童虐待と子どもの貧困について知っておこう
□ 安全基地としての家族の機能を理解しよう
□ 小学校の授業で「家族」を取り上げる際の配慮や工夫について
　考えよう

1 家庭生活とは何か

2017（平成29）年に公示された小学校学習指導要領では、家庭科改訂の趣旨及び要点として「家庭生活や社会環境の変化によって家庭や地域の教育機能の低下等も指摘される中、家族の一員として協力することへの関心が低」く「家庭での実践や社会に参画することが十分ではない」課題が見られること、「家族・家庭生活の多様化や消費生活の変化等に加えて、グローバル化や少子高齢社会の進展、持続可能な社会の構築等、今後の社会の急激な変化に主体的に対応することが求められる」ことを踏まえたとしている。これを受けて、本節では、家族や社会の構成員として「主体的に」家庭での実践や社会に参画する生活者を育むことを視野に入れつつ、「家庭科」の本質である「家庭生活」について述べる。

家庭科が扱う領域のうち、「A家族・家庭生活」は、「(1) 自分の成長と家族・家庭生活」、「(2) 家庭生活と仕事」、「(3) 家族や地域の人々との関わり」、「(4) 家族・家庭生活についての課題と実践」の4項目で構成されている。

「(1) 自分の成長と家族・家庭生活」に関して身につけたいことは、「ア 自分の成長を自覚し、家庭生活と家族の大切さや家庭生活が家族の協力によって営まれていることに気付くこと」だと示されている。また、学習指導要領の「解説」では、家庭は「衣食住、消費や環境に係る生活を営む場である」と定義されており、そこで気づくべきこととして、「自分の成長を支え、家族の健康、快適で安全な生活を支えるために重要であること」「その家庭生活は家族によって成り立っていること」を第1にあげている。そこで本節では、まず「1.1 家庭生活の構造」として次の事項について解説する。1つには家庭生活とは「生活を営む場」であること、2つには家庭生活では、「家族の健康、快適で安全な生活を支える」という「人間活動力の再生産」と、「自分の成長を支え」るという「人間活動力の拡大再生産」が行われていること、3つには「家庭」とその構成要素である「家族」との関係である。

続く「1.2 家庭と社会との関わり」では、学習指導要領の「(3) 家族や地域の人々との関わり」の項目に関連して述べる。この (3) では、家族や地域の人々との関わりについて、「ア (ア) 家族との触れ合いや団らんの大切さについて理解すること」「ア (イ) 家庭生活は地域の人々との関わりで成り立っていることが分かり、地域の人々との協力が大切であることを理解すること」を知識として身につけるよう取り上げられている。

「解説」では、「食事や家庭の仕事などを共に」しながら家族との「コミュニケーション」をはかる「団らん」を、「家族とのつながりを深める重要な生活行為」と位置づけている。すなわち家庭の構成員である家族が共同で生活を支え合うためには、それぞれが自立して生活を営む力を身につけ、その力を駆使して生活を主体的に営むとともに、障害などで不自由な家族員を支え合うことが必要である。このような視点から、本節の1.2では、家庭の仕事を担う人々の「自立と共同」についてまず述べる。

ア（イ）に示す「人々との関わり」「地域の人々との協力」について、「解説」では、「家庭生活が、家族の協力だけではなく、地域の人々との関わりで成り立っていること」や、「家族の人数が減ったり、高齢者が多くなったりする地域社会の中で、そこに住む様々な人々と共に協力し助け合って生活するために」必要な日常の関わりや思いやりなどについて理解することが求められている。そこで、本稿では家庭機能の社会化を整理し、家庭の外側にある地域社会で生活を支える仕組みと関わり方についても取り上げる。

1.1 家庭生活の構造

1.1.1 生活とは何か

私たちが生きていくためには、栄養や睡眠を摂り、排泄し、病気にならないように衛生的な環境を保つといった活動などが必要である。これらの活動を通して疲労を回復しエネルギーを蓄え、生きていく力が湧いてくる。これを人間活動力・労働力の再生産[1]（以下「人間活動力の再生産」と称す）という。生活とは、この人間活動力の再生産を指す。また、新しい命を生み育てることを人間活動力の拡大再生産ともいう。

食べることは、人間活動力の再生産のひとつである。食べるためには、田畑を耕して食物を生産する、狩猟や牧畜などによって食肉を獲得する、殺菌し、おいしく消化しやすいように調理するといった労働が必要となる。衣生活においても同様である。自給自足の時代には、自分たちの生活に必要な分だけ、これらの財・サービスを作り出していた。ただし、農耕などの活動すべてをひとりでまかなうことはできない。そこで、部族単位の大きな家族コミュニティ（以下「部族」と称す）を形成し、みんなで協力しながら必要な財・サービスを生み出してきたのである。

このように、生きるために必要なものを生産し（生育・調理・洗濯・掃除・介護など）、それを消費する（食べる、着る、休息をとるなど）すべての活動の総体を「生活」といい、それは大家族コミュニティを単位に行われていた。

1.1.2 「労働（社会生活）」と「生活（家庭生活）」の分離

人間は動物と違い、道具や火を使って効率的に生産する知恵をもっている。道具の発達は生産力を飛躍的に増大させ、自分たちの消費量以上の生産を可能にしてきた。消費する以上の量を生産できた場合はそれを保存し、危機に備える。例えば、豊作時の米を蓄え、飢饉のときに食いつなぐ、あるいは危機に瀕している部族に米を分け与える代わりに支配することができる。それぞれの部族で得意な生産技術が発展していくと、次第に自家消費ではなく、交換（販売）を目的に生産するようになる。交換によって必要な物資を得られるなら、蓄財した生産物は富になる。交換が盛んになると貨幣が登場し、貨幣が富として蓄積される。

自分たちで消費するための生産労働は無償であり、交換を目的とし貨幣を得る労働は有償

---

[1] 宮崎礼子・伊藤セツ編『家庭管理論』有斐閣、1978、pp.5-6

となる。こうして労働は無償労働と有償労働に分離した。有償労働としての活動はもっぱら「労働（社会生活）」として行われ、無償労働としての活動は「生活（家庭生活）」として行われる。すなわち、有償労働と無償労働が分離した段階で、私たちが生きるための活動も「労働（社会生活）」と「生活（家庭生活）」に分離したのである。

　例えば「調理」なら、自分（家族）が食べるために調理する場合は「無償労働」であり、レストランの厨房で客に提供するメニューを調理すれば「有償労働」である。したがって、前者の調理は「生活（家庭生活）」活動であり、後者の調理は「労働（社会生活）」活動だといえる。現在の生活は、家庭生活と社会生活の両方で支えられている。

1.1.3 近代社会の「生活」の仕組み

　図1-1は近代社会の生活の仕組みを示している。前述したように、生きていく（人間活動力を再生産する）ためには、食物、衣服、住居、水・火などさまざまな財・サービスが必要であり、これらは、近代社会では主に社会経済のなかで生産され販売・提供される。私たちはそれらを購入（狭義の消費）して活用し（純消費）、人間活動力を再生産している。これらが行われる場が「家庭」であり、そこで展開される活動が生活のための活動である。

　現代社会では、生活に必要な財・サービスの大半は企業が生産し、商品として販売する。図1-1では、企業の例として廃棄再利用（リサイクル）の業者、工場や農家、商店、公共機関をあげている。生産者としての「工場や農家」には、被服・食品・住宅（電気機器などを含む）はもとより、本や映画などの生産も含まれる。「商店」が象徴しているのは主にサービ

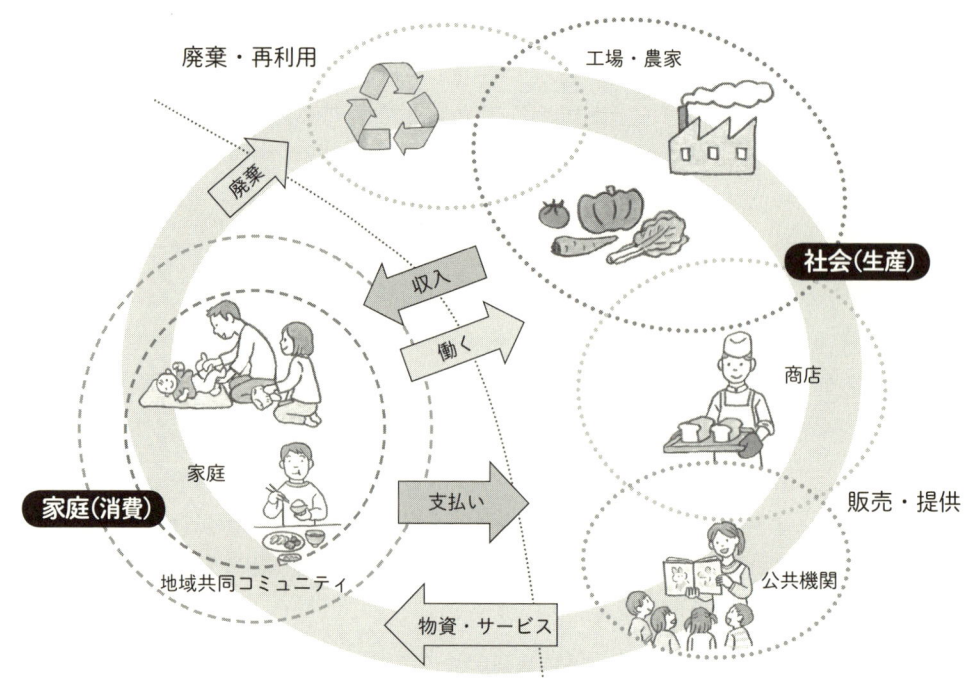

図1-1　生活の仕組み
出典：筆者作成

ス業であり、流通・通信（インターネット含む）、金融・保険業、教育、福祉・医療、インフラ（電気、ガス、水道、道路）などが該当する。なお、学校教育や保育・介護といった福祉サービスなどは、公共機関が無償で提供するものもある。

　私たちは、「商店」で販売される財・サービスを購入し、それを活用して人間活動力を生み出している。販売されている財・サービスを購入することを一般に「消費」といい、購入者は「消費者」と呼ばれる。しかし、生活者（消費者）が財・サービスを購入（狭義の消費）しただけでは、人間活動力の再生産はなされない。食物を購入（狭義の消費）しても、食べずに廃棄してしまっては生きる力が生み出されない。それを食べて（純消費）初めて生きる力が生まれるのである。したがって「狭義の消費」と「純消費」は、家庭科では区別して考える必要がある。

　そこで家庭科では、生活活動に注目して、「消費者」ではなく「生活者」という用語を好んで使う。なぜなら「消費者」とは財・サービスを購入する人を表し、主に人の経済活動の側面を示す用語だからである。しかし人は金銭のやりとりをせずとも、豊かな生活活動を営んでいる。自家消費のための家庭内の無償の労働や、ボランティア活動や余暇活動などの無償の活動が、より豊かな人間活動力を生み出している。また、子どもや高齢者を見守るボランティア活動や地域環境を整備する自治会活動などは家庭内にとどまらず、地域共同コミュニティでも行われ、私たちの生活を支えている。

1.1.4「家庭」と「家族」

　家庭という語は、日本の経済が発達した明治中期頃から用いられるようになった「ホーム」の訳語として定着したとされる[2]。「家庭」とは、近代化とともに生産機能をもつ農家・自営業などが減少し、「家族が生産機能を失い、家族員の誰かが労働者として社会の生産の場へ出ることによって貨幣（賃金）を獲得し、その貨幣で社会的に生産された生活手段を購入してそれを消費することを通して家族員の生命及び労働力を再生産する機能に純化してくる過程で、家族集団をさす概念として出てきた」[3]という。雇用者は企業で働いて賃金を受け取り、その賃金で必要な財・サービスを購入して生活をする。すなわち近代になって生産性が向上するにつれ、もっぱら生産活動を担って必要な財・サービスを販売する場としての「社会」と、財・サービスを購入して人間活動力を再生産する場としての「家庭」が分離した。その結果、人間活動力の再生産が注目され、その活動が営まれる場の概念として「家庭」が生まれたといえる。

　一方「家族」とは、「いかなる時代、いかなる民族にあっても、性的関係にある男女と、そこから生まれた新しい生命（子）およびそれらと血縁関係にある人々を基本的な構成員とする何らかの形態の集団」[4]とこれまで定義されてきた。

---

*2　宮崎礼子・伊藤セツ編『家庭管理論』有斐閣、1978、p.25
*3　同上、p.26
*4　A・ポルトマン／高木正孝訳『人間はどこまで動物か―新しい人間像のために』岩波書店、1951

生産力が低い自給自足の時代では、大家族コミュニティの構成員全員が協力して働かなければ、必要な財・サービスは手に入らなかった。したがってこの時代の人間関係の集合体を示す「家族」と、生活活動の営みを示す「家庭」は一致していた。しかし、生活に必要な財・サービスが「家族」でなくもっぱら「企業」で生産されるようになると、家族という共同体に属さずひとりで暮らしていても財・サービスは購入できるので、人間活動力の再生産は可能となる。これに伴ってコミュニティが細分化するため、生活の単位は縮小していく。

　「家族」は人の集団を示すのに対して、「家庭」は生活活動の機能を示しており集団の有無は不問である。単身生活者が多くなっている今日では、彼らは「家族」という集団は形成していないが、生活活動は行っており、したがって「家庭」生活は営まれていると解釈され始めている。

　国勢調査では、生活の単位を「世帯」という概念で把握している。「世帯」の定義は、「住居と生計を共にしている人の集まり又は一戸を構えて住んでいる単身者」である。現代社会において生活の営みは消費（生活財の購入）、すなわち生計の単位で把握できることから、「世帯」は「家庭」とほぼ同義と捉えることができる。

　「家庭」の概念が定着するなかで、「家族」は生活の単位ではなく、血縁関係、あるいはそれに類する人間関係という意味合いが強く意識されるようになる。さらに、単身赴任や進学に伴う一人暮らしなど、生計が同一であっても居住が異なる世帯が増加していくなかで、同居の有無にかかわらず、家族意識をもつ人の集団を「家族」とする傾向も出てきている。図1-2は妻の家族意識の調査結果であるが、同別居に関わりなく、親族に対する家族意識が高い。

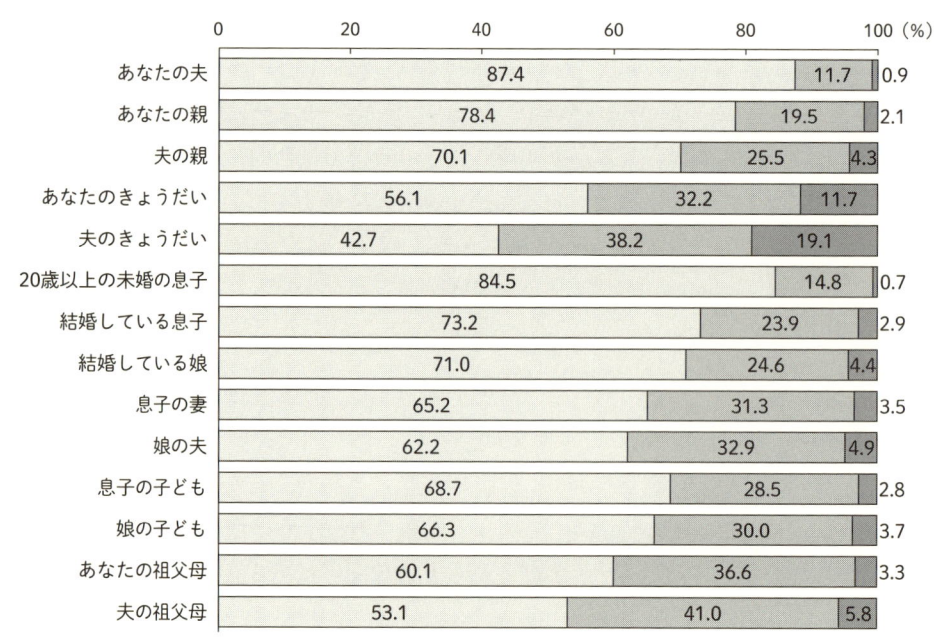

図1-2　各親族に対する妻の家族意識

出典：国立社会保障・人口問題研究所「全国家庭動向調査」、2013を基に筆者作成

028

1.1.5 家庭の変化を「世帯」で把握する

家族・家庭の変化は、国勢調査の「世帯」で把握できる。図1-3は、1985（昭和60）年から5年ごとに国内の世帯数の変化と1世帯当たりの人数を示したグラフである。人口の減少にもかかわらず世帯数は増加し続け、なかでも単身世帯が増加しており、それに伴い1世帯当たりの人数は減少し続けている。すなわち生活の単位はますます縮小傾向にある。なお、世帯構造別の世帯数の状況は、序章第2節で詳述している。

世帯数
1世帯当たり人員
世帯数（千万世帯）
1世帯当たり人員（人）
5
4
3
2
1
0
3.14
2.99
2.82
2.67
2.60
(20.8)
(23.1)
(25.6)
(27.6)
(27.6)
1985
1990
1995
2000
2005

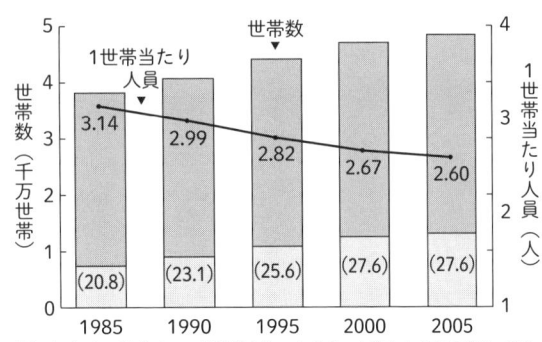

注）（　）内の数値は、一般世帯全体に占める一人暮らし世帯の割合（%）。

図1-3　一般世帯数、一人暮らし世帯数及び1世帯当たり人員の推移

出典：総務省統計局「国勢調査」、2005

1.2 家庭と社会との関わり

1.2.1 家庭の仕事を担う人々の「自立と共同」

学習指導要領の「解説」で、家庭科は「協力・協働」「健康・快適・安全」「生活文化の継承・創造」「持続可能な社会の構築」の4つの視点を踏まえて「自立し共に生きる生活の創造」を目指すことを掲げている。「自立」と「共生」は家庭科教育における重要な視点である。

「自立」の概念は、家政学の家庭経営学領域で取り上げられてきた。自立とは一般に「ひとりだちすること」であり、他者からの世話や指示を受けず自らの力で自身の生活を営んでいることとされる。しかし、「子どもの自立」「女性の自立」「男性の自立」などのように、さまざまな局面の自立を具体的に考えると、複数の自立概念が出てくる。例えば天野は「一般に自立と言うとき①経済的自立能力、②精神的自立能力、③生活技術的自立能力を兼ね備えていることを前提にしている」[*5]と3つの自立を示し、坂本は「身体的自立、精神的自立、生活的自立、社会的自立、経済的自立」の5つを示した[*6]。なお、1994（平成6）年の国際人口開発会議では女性のreproductive health and rights（性と生

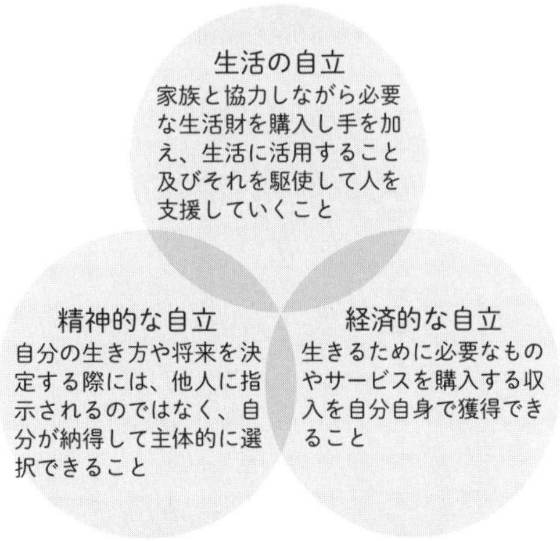

生活の自立
家族と協力しながら必要な生活財を購入し手を加え、生活に活用すること及びそれを駆使して人を支援していくこと
精神的な自立
自分の生き方や将来を決定する際には、他人に指示されるのではなく、自分が納得して主体的に選択できること
経済的な自立
生きるために必要なものやサービスを購入する収入を自分自身で獲得できること

図1-4 3つの自立

出典：天野寛子「生活技術」宮崎礼子・伊藤セツ編『家庭管理論 新版』有斐閣、1989 、pp.157-198を参考に筆者作成

＊5　天野寛子「生活技術」宮崎礼子・伊藤セツ編『家庭管理論 新版』有斐閣、1989 、pp.157-198
＊6　坂本武人編著『自立と選択の家庭経営』ミネルヴァ書房、1993 、p.90

殖に関する健康と権利）が認知され、「性的自立」が意識されるようになってきた。

　家庭科は、生活に必要な知識技術（家事労働能力など）を伝え、生活を営む力を育むことを目的としている。したがって、男性が女性に依存せず生活の技術的自立ができることを特に重要視している。同時に、女性は生活費を男性に依存しているケースが多いことを問題とし、生活していくために必要不可欠な経済的自立も重視している。さらに自分の生き方を主体的に決定し創造していくために、自己決定権である精神的自立を掲げる。

　なお、伊藤は、「人間は全て生活者」であり、「ある目的に向かって生活を築く」としている。その過程で、人権思想が普遍的なものになるに従い「どんな人間も自立した人間として他と人間関係を結ぶ」ことが重要として、「自立」を基本的な人権として位置づけた[7]。また、袖井は「自立」を「自分の力では生活を営むことが困難なものが、何らかの援助を得て自分の力で生活できるようになり、自分の生き方に自信や誇りを持つようになること」[8]とまとめ、依存や援助をも含む自立概念を提示した。

　このような依存や援助を前提とした「自立」概念は、社会福祉領域で発達した。厚生労働省社会保障審議会福祉部会は、「自立」について、「福祉分野では、人権意識の高まりやノーマライゼーションの思想の普及を背景として、「自己決定に基づいて主体的な生活を営むこと」、「障害を持っていてもその能力を活用して社会活動に参加すること」の意味としても用いられている」[9]と言及している。

　家族や地域社会からの支援を前提とした自立は、地域共同のなかで保障される。支援を受ける生活者は、同時にその支援体制の担い手・提供者となる。このような相互扶助も、自立の概念に含まれ始めている。

1.2.2 家庭生活の社会化と地域社会

　家庭生活の社会化とは、「労働力再生産という家庭生活の基本的機能の一部」が、家計費や生活手段として、「私的・個別的家庭内から、社会的なものに置き換えられる」[10]ことを指す。つまり、教育費などが公的に支給されたり、裁縫が既製服などの社会労働の生産物によって代替されたり、社会分業の一環に編入されたりすることを意味する。家庭生活の社会化は、経済学でいう「社会化」である生産過程の社会化、労働の社会化と両輪をなしている。

　家庭生活の社会化は、具体的には家事労働の社会化という局面で捉えられる。それを伊藤は表1-1のように整理した。

　家事労働の社会化は、私的労働による代替、互助的労働による代替、公的労働による代替の3つに大きく分けられる。

＊7　伊藤セツ「生活者の自立とは何か」日本家政学会生活経営学部会編『福祉環境と生活経営―福祉ミックス時代の自立と共同』朝倉書店、2000、pp.1-10
＊8　袖井孝子「高齢者の自立―その意味を問う」『女子教育問題』50、1992、pp.4-9
＊9　厚生労働省社会保障審議会福祉部会「社会福祉事業及び社会福祉法人について（参考資料）」（第9回配付資料）、2004
＊10　伊藤セツ『家庭経済学』有斐閣、1990、p.256

表1-1　家事労働の社会化

家事労働の分類	私的労働（産業労働）による代替		互助的（協同組合的）労働による代替	公的労働による代替
	サービスとして	商品として		
Ⅰ　購入労働	配達、ネット販売サービス		産直システム	ふるさと納税
Ⅱ　消費労働				
（1）自家生産的	家庭菜園サービス	野菜、肉	共同菜園	
（2）保管	貸倉庫など	冷蔵庫		
（3）追加加工的				
料理	出張パーティー、調理サービス	加工食品	子ども食堂、高齢者食事サービス	給食
裁縫	リフォーム	既製服	不用品交換会	福祉施設での衣類支給など
家庭大工	大工	DIY商品		
（4）修繕				
洗濯	クリーニング	電気洗濯機		
（5）環境整備				
整理整頓	片付業者	整理整頓グッズ	自治会や管理組合による掃除	老人ホームや保育所などの福祉施設の整理整頓掃除など
掃除	ハウスクリーニング	掃除機		
ゴミ処理	ゴミ回収業者	ダストボックス		
食器洗い		皿洗い機		
Ⅲ　上記のⅠ・Ⅱ全体	家事代行業			
育児	ベビーシッター		共同保育	保育所
教育	塾、家庭教師	通信教育テキスト	無料学習塾	学校
看護	在宅医療	医療機器	助け合いサークル	公立病院
世話	介護ヘルパー	介護ロボット		老人ホーム
サービス全体	家事代行業			

（注：A欄「家事労働」は Ⅰ～Ⅱ（5）、B欄「サービス」は Ⅲ以下）

出典：伊藤セツ『家庭経済学』有斐閣、1990を参考に筆者作成

　日本では私的労働による代替が最も発達しており、加工品、既製服、電化製品などの商品や、ネットサービスや介護労働などの各種サービスに至るまで多様である。互助的共同的労働による代替は、賛同する人々が集まって組織をつくり共同経営しているもので、利用者と労働者は同じ会員であることが多い。家庭内の労働と同様無償だが、私的家庭内のことではなく、家庭の外で必要とされる活動である。公的労働による代替は、公立の学校や福祉施設などが提供する生活に必要な財・サービスを指す。

　生活単位が縮小するにつれ、家事労働の社会化、家事の外部化はますます進行し、その周辺でほかの世帯と共同する互助的労働が発達してきている。ここではそれを「生活の共同」とする。例えば、古くは里山の共同管理であり、現在では集合住宅の管理組合による共同財産・共同使用部分の管理である。ＰＴＡや子ども会など、教育に関する生活の共同部分も多い。

　一方、企業や公的労働による提供がニーズに追いつかず、生活者がそれを補う共同的組織を形成してサービスを提供する場合もある。例えば、高齢者を介護・介助するために助け合いの組織をつくり、高齢者生活支援サービスが提供される。共同保育、子ども食堂、無料塾、多重債務者自立支援活動組織など、生活者のニーズに合わせてさまざまな組織がつくられ、

生活を支えている。「生活圏」を捉える概念が「地域」であるとすれば、この組織は「地域での生活共同」ということができる。

「生活の共同」は地理的にも身近な人々で構成され、意思に関わりなく生活共同を構成する当事者が必然的に参加する。それに対して「地域での生活共同」は目的を同じくする人々の集まりであり、最近ではインターネットの普及もあって参加者は全国に広がることもある。また、当事者に限らず、活動に賛同する多くの支援者も参加している。最近はNPO法人化が進み、組織的専門的な経営がなされる組織も増えてきた。このように、今日の生活は、各家庭の周囲に「生活の共同」や「地域での共同」が発達している（図1-5）。家庭の外に広がった生活の共同の部分は、生活を支える組織として必要不可欠なものとなっている。

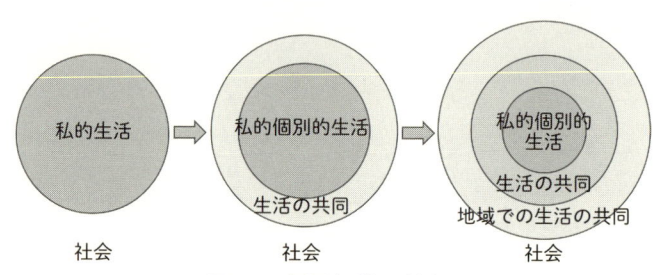

図1-5 生活経営の枠組み

出典：大竹美登利「持続的で改善チャンネルのある生活における生活経営力」日本家政学会生活経営学部会編『暮らしをつくりかえる生活経営力』朝倉書店、2010、p.158

2 家庭の仕事と生活時間

第1節でふれたとおり、学習指導要領の家庭科が扱う領域のひとつに、「家庭生活と仕事」がある。この項目では、「ア 家庭には、家庭生活を支える仕事があり、互いに協力し分担する必要があることや生活時間の有効な使い方について理解すること」としている。そこで本節では「家庭生活を支える仕事」と「生活時間」を取り上げる。

「解説」では、「家庭での生活は、着たり食べたり住まうことに関わる仕事、家族に関する仕事等があり、それらの仕事の積み重ねによって、健康、快適で安全な家庭生活を営むことができることに気付くようにする」とされ、さらにこれらの「仕事を分担したりする」ことがめあてとなっている。そこで本節「2.1 家庭生活を支える仕事」では、まず「家庭生活を支える仕事とは何か」（2.1.1）を確認し、続いて家事労働に焦点を合わせ、「家事労働とは何か」（2.1.2）を明らかにし、最後に家族員の関わりも含めて「家事分担」（2.1.3）を取り上げる。

「解説」ではさらに、「生活時間が生活の中で行われている様々な活動に使われている時間であり、個人が自由に使う時間、食事や団らんなど家族と共に過ごす時間、家庭の仕事など家族と協力する時間等があること」や、「家族が互いの生活時間を工夫し、共に過ごしたり、仕事を分担したりする」ことについても理解できるよう求めている。生活時間とは、24時間の人間の全活動を記録したものである。そこで、生活活動を把握する生活時間調査の方法を2.2.1で述べる。次にさまざまな人の生活時間の相違を捉え、時間を工夫して共有時間を探るために生涯にわたる生活時間配分の相違（2.2.2）を把握する。さらに家族との共有時間の可能性と課題（2.2.3）を探る。

2.1 家庭生活を支える仕事

2.1.1 家庭生活を支える仕事とは何か

家庭生活（暮らし）を支える仕事（労働）とは何だろうか。国連第4回世界女性会議（1995〔平成7〕年／北京）で採択された「行動綱領」には、私たちが必要とする労働を男性のみならず女性も担っており、この活動（労働）を把握するために国連機関などがデータ収集に努めることが明記されている[11]。

これを受けて国連のINSTRAW（国際婦人調査訓練研修所）[12]は、国民経済計算体系（以下「SNA」）のなかに勘定されている経済活動①②③④と、SNAには含まれないが経済活動の周辺（サテライト、衛星）で経済の発展に貢献している活動⑤⑥⑦に整理した（図1-6）。前者

---

[11] 内閣府男女共同参画局ウェブサイト内に和訳が掲載されている。「第4回世界女性会議 行動綱領」第4章Fの156、同Hの206などを参照。
[12] 2010年の国連総会決議にてINSTRAWを含むジェンダー関連4機関が統合され、「ジェンダー平等と女性のエンパワーメントのための国連機関（UN Women）」として新たな機関が設立された。

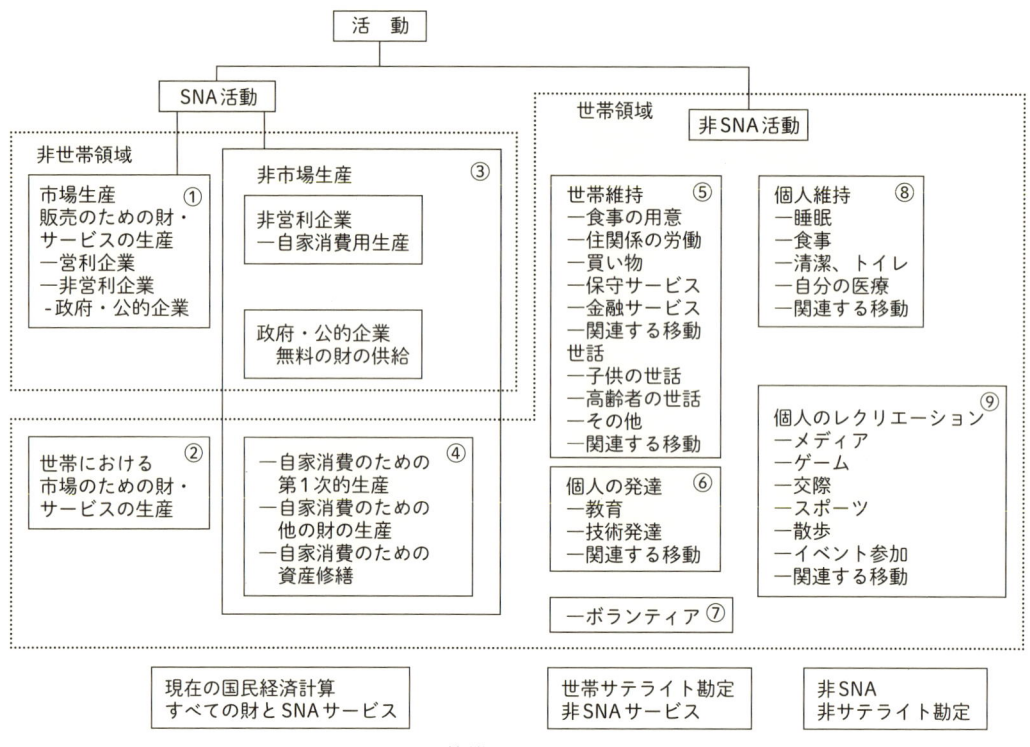

図1-6　SNAを基準とした行動分類の枠組み

出典：INSTRAW, *Measurement and Valuation of Unpaid Contribution: Accounting Through Time and Output,* United Nations, 1995, p.15 を基に筆者訳・作成

が有償労働、後者が無償労働である。なお⑧⑨は、SNAにおいては世帯サテライト勘定でもなく、食べたり寝たりリラックスして過ごすなど、命を継続していくための基本的な生命活動である。

　家庭生活を支える仕事とは、SNAである有償労働と、世帯サテライト勘定である無償労働を指すといえよう。有償労働も無償労働も家庭生活に必要なモノやサービスを生み出す労働という点は共通しているが、対価の有無という点で異なる。第1節で述べたように、例えば「調理」は、社会的経済活動のなかで行われればSNAにカウントされる有償労働、家庭内で行われればSNAにカウントされない無償労働となる。

　単身者は、賃金を得るための有償労働にも、衣食住を管理する無償労働にも携わっていることが一般的である。家族など複数人で共同生活を送っている場合は、誰かが有償労働に関わり、誰かが無償労働に関わっているが、各構成員が両方の労働に関わっているとは限らない。例えば乳幼児は有償労働にも無償労働にも携わらず、家族に依存している。

　図1-6では無償労働として「⑤世帯維持・世話」「⑥個人の発達」「⑦ボランティア」をあげる。「⑤世帯維持・世話」は、狭義の家事労働である。昨今、日本では被災者などへの生活支援活動である「⑦ボランティア」が盛んになっている。そこでは炊き出しなどの調理活動や泥出しなどの清掃活動が無償で提供されている。「⑥個人の発達」を無償労働とするかどうかは見解が分かれるところである。社会政策学者の藤本武は、レジャーや学習で人間性

を開花発展させる活動を社会的文化的活動として、「個人の発達」は労働に含まないとしている*13。また、無償労働と解釈する場合も、企業の労働の一環として行われる研修は有償労働の一部として賃金が支払われるが、小中高大学・専門学校などでの学習には賃金が支払われず、同じ行動でも有償と無償がある。

2.1.2 家事労働とは何か

　家事労働とは、これまではINSTRAWによる活動分類の「⑤世帯維持・世話」のみを指してきた。INSTRAWの定義を受けて、狭義の家事労働に対して、⑥⑦も含む広義の家事労働を、前者と区別して無償労働と呼ばれることが一般的となってきた。

　家事労働にどのような内容が含まれるかは、生活時間分類などで具体的に示されるが、調査によって分類の仕方は異なる。表1-2は、筆者らの家政学のグループが行った生活時間調査での家事労働分類である。天野は、家事労働を①生活手段を整える労働（ハウスキーピングともいう）、②サービス労働（育児・教育・世話・看護・介護など）、③家政管理の労働に分類した*14。①は狭義の家事労働であり、購入と消費労働に分けられる。さらに消費労働を自家生産的労働、保管、追加的加工、手入れ・整理・修繕、環境整備に分類してその内容を示した。直井は家事を①「もの」を扱う家事、②「ひと」に関する家事、③「データ」を扱う家事に分類し、その特徴を示した*15。

表1-2　1985年生活時間調査の家事分類

調理	食事作り、下ごしらえ、明日の弁当の準備、配膳、離乳食作り、菓子作り、調乳
食事の片付け	後片付け、食器洗い
住生活管理	各部屋の掃除、風呂場・トイレの掃除、ごみ捨て、戸締まり、庭掃除、草刈り、植木・植物の世話、庭仕事一般、棚つり、家の修理、インテリア等住管理、公共の場の掃除・草むしり、団地の草むしり
衣生活管理	洗濯、洗濯物干し・取り込み・たたむ・しまう、アイロン掛け、衣替え、つくろい、布による生活必需品の制作（保育園の寝巻き入れの制作など）、ふとん敷き、ふとん片付け、ふとん干し、ベッドメーキング
裁縫・編物	和洋裁、編物、そのための型紙つくり、ミシン掛け（前項に含まれるものは除く）
買い物	日用品の買い物、本・タバコの買い物、デパートでの買い物、買って来たものの片付け
私的育児・教育	おむつ替え、子供の世話、子供の散髪、保育園の送迎、子供をしつける、子供をしかる、子供との教育的話し合い、遊び・ゲームの相手、勉強の相手、子供のスポーツ等の応援・見学、子供の習い事のつきそい
社会的育児・教育	父母会・母の会会議・その集会参加、子供のクラス懇談会、個人面談、授業参観、PTA・学校行事参加、運動会見学
世話	配偶者の世話、老人・家族の身のまわりの世話、家族の散髪
家政管理	家計簿記帳、献立作成、家政管理のためのメモをとる、預貯金管理
その他	家政に関連する公共サービスの利用（預貯金預け入れ・引き出しのために金融機関へ行く等）、セールスマンとの応対、子供のアルバム整理、車洗い、風呂の準備、動物の世話、家庭菜園

出典：大竹美登利・伊藤セツほか「大都市ニュータウン在住の雇用労働者夫妻の生活時間と生活様式（第2報）生活時間の全般的分析」『日本家政学会誌』38（10）、1987、p.913

＊13　藤本武編著『最近の生活時間と余暇』労働科学研究所、1974
＊14　天野寛子「家事労働―家事・育児・介護」宮崎礼子・伊藤セツ編『家庭管理論 新版』有斐閣、1989、pp.180-198
＊15　直井道子編『家事の社会学』サイエンス社、1989

これらは家庭の管理主体者から家事労働を捉えたものであるが、子どもの視線で家事労働を捉えると、さらに詳細な内容が見えてくる（表1-3）。この表から見るように、子どもたちは家事労働の一部を分担しているが、それは家事労働全体のほんの一部であることがわかる。ただし、家庭科の「家庭生活の仕事」で子どもたちが分担するものを上げる場合には、こうした細かなレベルでの把握が必要となる。

2.1.3 家事分担

①子どもの家事分担

家庭の仕事に対する子どもたちの関わりを、「子供と家族に関する国際比較調査」の結果から見てみよう（図1-7）。日本の子どもたちは、アメリカと韓国に比べてあまり家事を分担していないのが特徴である。「何もしない」子どもはアメリカ・韓国とも5%以下だが、日本は15.6%である。

ただ、各項目の程度については、この調査では明示されていない。「食事の準備や後片付け」という場合、家族の食事の準備をほぼ全部担っているのか、表1-3に示したような手伝いの範囲なのか、さらに部分的なもの（箸を並べる程度）なのかは不明である。

筆者らが高校生を対象に行った調査[16]では、普段家でしている仕事について、「食事を作る」「食器を洗う」「洗濯する」「洗濯物を取り込む」「洗濯物をたたむ」「お風呂の掃除」「ごみ出し」「部屋のそうじ」「衣服のボタン付けやほころび直し」「食品や日用品の買い物」「普段している仕事はない」「その他」の12項目の選択肢を設けた。結果、40%を越えて行われ

表1-3　子どもたちがしているお手伝い

かんたんな料理をつくる
ごはんをよそう
ごはんの時茶わんやはしを並べる
ごはんの時テーブルの上をふく
食べた後の食器を流しへ運ぶ
食器を洗う
食器をふく
自分の下着を洗たくする
洗たくものをとりこむ
洗たくものをたたむ
洗たくものをタンスにしまう
ハンカチなどにアイロンをかける
ふとんをしく
ふとんを上げる
みんなで使う部屋をそうじする
自分の部屋のそうじをする
自分の机の周りのそうじをする
トイレのそうじをする
おふろを洗う
おふろに水を入れる
玄関のクツをそろえる
ゴミを外へ出す
夕飯の買い物に行く
朝、新聞をとってくる
近所に回覧板を回す
犬のさんぽに行く
小鳥のせわをする

出典：ベネッセ教育総合研究所「モノグラフ・小学生ナウ—Vol.4-5 手伝い」、1984より抜粋

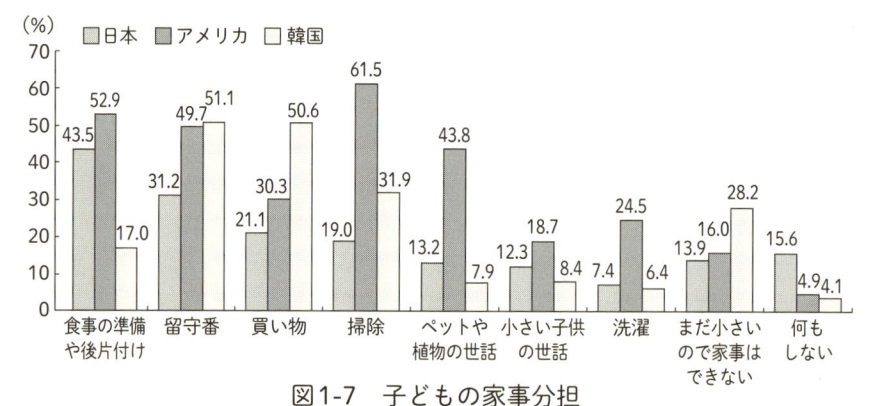

図1-7　子どもの家事分担
出典：内閣府「子供と家族に関する国際比較調査」、1995

---

*16 大竹美登利ほか「高校生男女の達成意欲における分極化と教師の支援のあり方に関する研究」（科学研究費助成事業〔科学研究費補助金〕研究成果報告書）、2012

ていたのは「部屋の掃除」「食器を洗う」「お風呂の掃除」「洗濯物を取り込む」であり、比較的多くの生徒が家の仕事をしていた。

　男女別で見ると、「日用品の買い物」「普段している仕事はない」を除いて男女間に有意な差があり、「食事を作る」「食器を洗う」「洗濯する」「洗濯物をたたむ」「衣服のボタン付けやほころび直し」「部屋の掃除」の割合は女性の方が、「お風呂の掃除」「ゴミ出し」「その他」は男性の方が行っている比率が高く、女性は衣食に関わる仕事、男性は住に関わる仕事の比率が高いという特徴があった。

② 男女の家事分担

　1995（平成7）年の行動綱領による提案以後、各国が比較可能な生活時間調査に取り組むようになり、近年ではOECDから29か国の有償労働時間と無償労働時間の結果が公表されるようになってきた。そのうちの15か国を図1-8に示した。

　この結果から読み取れるのは、第1に、女性の無償労働時間が男性より圧倒的に長いことである。男性の無償労働時間が最も長いデンマークでも、男性186分に対し女性243分と、女性の方が1時間近く長い。第2に、どの国も女性の有償労働時間は男性より短い。女性の有償労働時間が最も長い中国でも、男性390分に対し女性291分と1時間以上も短く、収入の低さに関係する。第3に、有償労働時間と無償労働時間を合計し

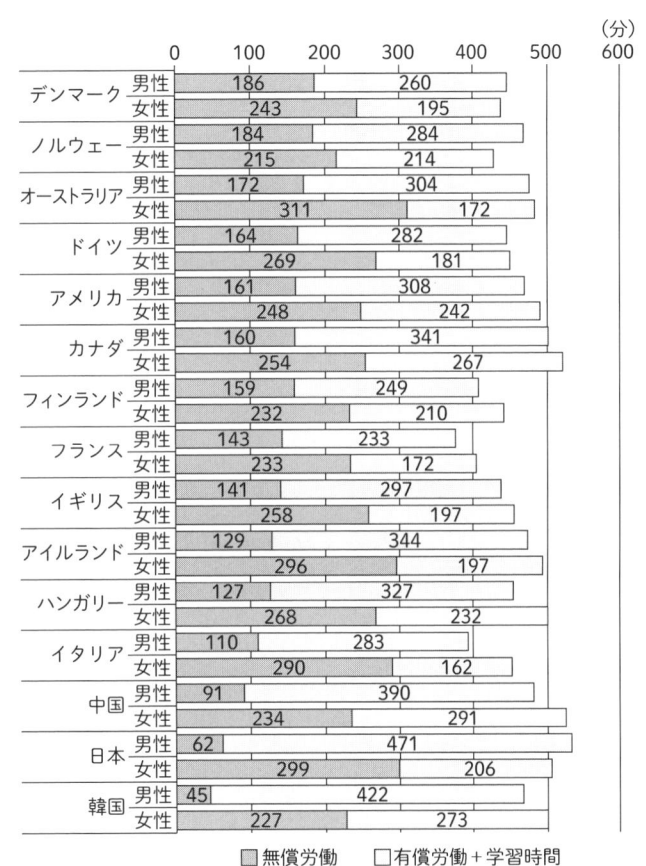

図1-8　無償・有償労働時間の男女比較

出典：「OECD加盟国ランキング」2014年版を基に筆者作成

た全労働時間は、女性の方が男性より長い国が多い。上記15か国中、男性の方が長いのは3か国、女性の方が長いのは12か国である。第4に、男性の無償労働時間は、男女平等が進んでいるとされる北欧諸国で長く、日本や韓国、中国などの東アジアは短い。男性の無償労働時間は、デンマーク186分、ノルウェー184分、フィンランド159分に対し、中国91分、日本62分、韓国45分と、東アジア3か国はOECD加盟国中最も短く、伝統的性別役割分業が根強い。

こうした男性の無償労働時間への参画状況が、家族のあり方にも大きく影響している。図1-9は、各国の男性の無償労働時間と出生率の関係をプロットしたものである。男性の無償労働時間が短い日本の出生率は低く、長いノルウェーやオーストラリア、アメリカなどは出生率が高い。男女の共同作業が最も求められる子どもを産み育てる機能に、男性の無償労働への関与が影響を及ぼしていることがわかる。「男は仕事、女は家庭（家事・育児）」という性別役割分業を払拭し、男女が平等に有償労働と無償労働を分担して、子どもを産み育てることに前向きな社会になってほしいものである。

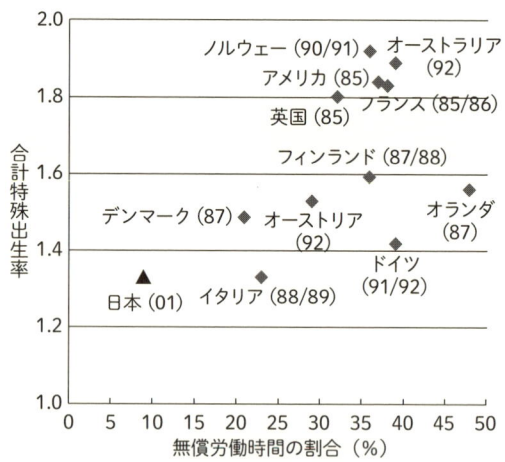

注）資料：UNDP, "Human Development Report", 1995
総務省「社会生活基本調査」（平成13年）

図1-9 男性の家事・育児時間（無償労働）と出生率

出典：内閣府「政府の少子化対策について」、2006

2.2 生活時間

2.2.1 人の生活活動の把握─生活時間調査とその分類

　私たちの生活活動の全体像は、生活時間調査で把握できる。生活時間調査とは、一日24時間を、どんな活動に何時間費やしたかを測るものである。小学校家庭科でも生活時間の学習が取り上げられている。

　生活時間調査にまず必要なのは、生活行動の分類方法である。日本では、これまで多くの研究者や公的機関が生活時間調査研究に取り組んできた。例えば労働生理学者の篭山京は、1943（昭和18）年に労働者の生活時間調査を行い、生活は「労働」「休養」「余暇」から成り立っていること、人は生存のために食べる・寝る・排泄・入浴などの生理的活動を行い、これを支えるために必要なモノやサービスの生産及び消費活動（消費労働、家事労働などと称す）が必須であり、さらに学習などの社会的文化的活動を通して人間発達を遂げるという生活構造論を確立した[17]。また、社会政策学者の藤本武は、一日の生活時間を3つの角度（労働者の生活維持／労働力の面から消費過程と再生産の過程／労働者の自由と拘束）から捉え[18]、さらに家政学者の稲葉ナミは収入労働時間と家事労働時間を合計した全労働時間という概念をつくり、共働き世帯の妻の過重労働を明らかにした[19]。NHK放送文化研究所は1941（昭和16）年に初めて生活時間調査を行い、1960（昭和35）年からは5年ごとに調査を実施している。また、経済企画庁国民生活局が1975（昭和50）年に生活時間調査を実施し、その翌年からは、総理府（現総務省）統計局が5年ごとに社会生活基本調査のなかで時間調

＊17 篭山京『国民生活の構造』長門屋書房、1943
＊18 藤本武「生活時間の本質とその構造について」『労働科学』27（5）、1951、pp.223-232
＊19 稲葉ナミ「共稼ぎ夫婦の生活の時間的構造について1」『家政学雑誌』6（2）、1955、pp.64-68

査を実施している。表1-4はこれらの生活時間分類を筆者が整理したものである。

表1-4　生活時間の分類

区分	時間の性格			例	
収入労働時間	収入労働	拘束	労働	勤務時間、自営業の仕事時間、内職的労働、通勤	有償労働
家事労働時間				炊事、洗濯、裁縫、掃除、買い物、育児・教育、世話・介護、家計管理	無償労働
社会的文化的生活時間	消費生活	自由	余暇	学業、通学	
				社会的活動（ボランティア活動、自治会・管理組合活動、消費・地域組織活動、PTAなどの育児教育組織活動など）	有償労働
				新聞・雑誌、教養・娯楽、遊び、スポーツ	
生理的生活時間		必需	休養	睡眠、休息、食事、入浴、排泄、医療	

出典：大竹美登利ほか『家庭総合―明日の生活を築く』（文部科学省検定済教科書高等学校家庭科用9 開隆堂 家総310）、2017、p.242を一部改変

2.2.2 生涯にわたる生活時間配分の相違

　図1-10は、社会生活基本調査結果から、一日当たりの生活時間配分を、年齢階層別・男女別に示したものである。睡眠などの「生理的生活時間」は、高齢になるにしたがって緩やかな増加傾向にあることが読み取れる。「学業」は20歳を超えると急速に減少し、生涯にわたって学ぶ生活スタイルは確立していない。一方「仕事時間」を見ると、男性では20～60歳に台形を描き、その後は急速に低下する。女性は25～29歳と50～54歳の2つを頂点としたM字を描く。また、「家事時間」を見ると、男性は生涯にわたって少ないが、女性は男性の仕事と同様の台形を示す。「余暇時間」は働き盛りの年齢で減少し高齢で増加しており、余暇は高齢期を中心に展開されているとわかる。

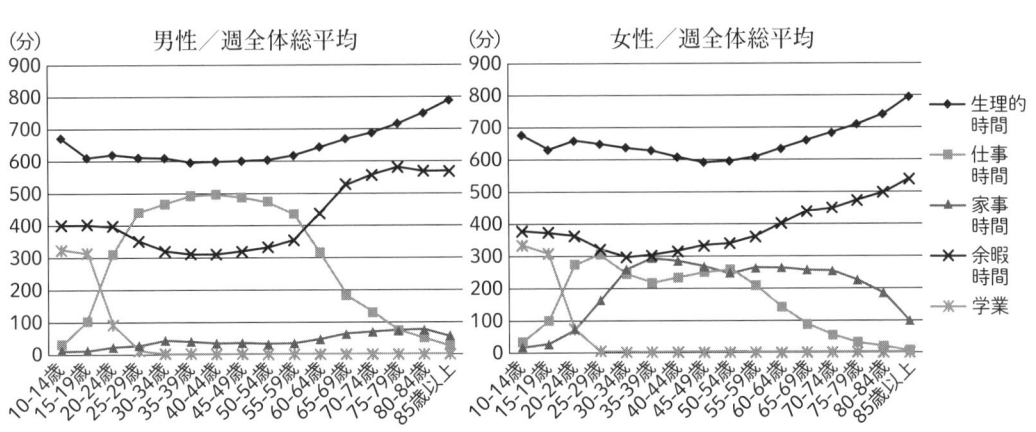

図1-10　一日当たりの生活時間配分（年齢階層別・男女別）
出典：総務省統計局「平成23年社会生活基本調査」を基に筆者作成

2.2.3 家族と共に過ごす時間

　小学校家庭科では、生活時間調査を踏まえて、家族で共に過ごす時間などを工夫することをめあてとしている。小学生が家族と過ごす時間について、筆者らが行った生活時間調査から見てみよう。図1-11は、小学生が一日のうちで父母といた時間を、母の就労形態別・行動

別に示したものである。最も長く親と一緒にいるのは睡眠時間である。次に長いのが余暇的時間で、父母間で大きな相違はない。次に長いのが食事の時間であり、どの世帯も父より母と一緒に食事をしている時間が長く、母の就業形態に関わりなく父不在の様子がうかがえる。家事時間は最も短いが、父と一緒か、母と一緒かに大きな相違がなく、先に見たように日本の子どもたちは家事参加率が低いことが原因と考えられる。

　このように、小学生は寝る時間を除いて父母と過ごす時間が少ないが、これは親のワークライフバランスの改善などにゆだねられる部分が多いと思われる。

　生活時間の調査から、現代の家庭や社会の状況が浮かび上がってくる。このような視点を取り入れつつ、家庭生活の工夫や改善を考えていく必要があるだろう。

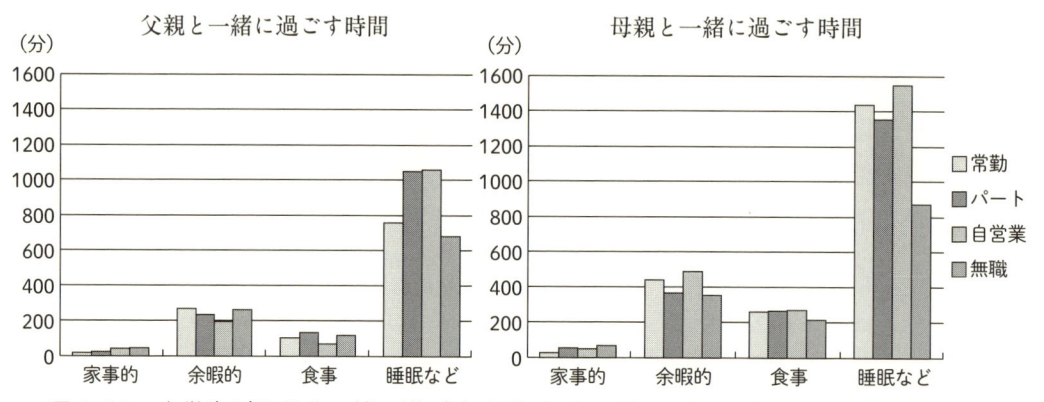

図1-11　小学生が父母と一緒に過ごす時間（母親の就労形態別／一日当たり・週平均）
出典：志茂和賀子・大竹美登利「多摩ニュータウン在住の子どもの生活時間—母親の就労形態別主な行動と一緒にいた人」（日本家政学会第54回大会発表）、2008を一部改変

3　家族の現状と心理的機能

　家庭科の授業を通して家庭生活について考えるうちに、自分が不適切な扱いを受けていることに気がつく子どもがいるかもしれない。そのような子どもの声を受けとめ、学校が児童生徒を救うことにつなげなくてはいけない。本節では、児童虐待と子どもの貧困についてふれる。そして、家族の心理的機能についても考えたい。

3.1 児童虐待

　児童虐待相談の対応件数は年々増え続けている[20]。増加要因はいろいろ考えられるが、いずれにしても不適切な養育が増えていることは確かである。小学校の家庭科では家族を取り上げ、中学校以降の家庭科では、乳幼児についての理解、関わり方など「保育」について学ぶ。虐待を受けている児童生徒が、幼い子どもに対して同じような関わり方をしないように、そして、子育てはいろいろな人の助けを借りて行うものだということや、そのために必要な知識が身につけられるような授業を、中学でも高校でも必修内容として展開している。
　また、教育現場では、児童虐待防止に向けた取り組みが推進されている。例えば、文部科学省は次のような通知を出している。児童虐待に関する速やかな通告をいっそう推進するうえで、留意すべき事項を整理し、教育委員会や学校などに勧告したものである。

1. 事実が明らかでなくても、児童虐待だと判断される場合は通告義務が生じること。
2. 学校のはたらきかけにより状況の改善が見込まれる場合でも、通告の必要がないなどと判断せず、市区町村の児童福祉担当部署や児童相談所と連携して保護者等への対応を図ること。
3. 保護者との関係悪化を懸念して通告をためらわないこと。また、要保護児童対策地域協議会を活用すること。
4. 通告は、保護者と児童生徒の双方を支援する意義があると、改めて認識すること。
5. 児童虐待を疑うきっかけを見逃さず、校内の連携を図ること。また、児童相談所等と連携して、研修等を積極的に実施すること[21]。

　児童虐待の対応は、早期発見・通告・情報提供が重要である。教職員は、関係機関と協力・連携して対応していくことが不可欠である。

---

[20] 厚生労働省「児童相談所での児童虐待相談対応件数とその推移」、2017
[21] 文部科学省「児童虐待に係る速やかな通告の一層の推進について」(通知)、2012 (一部要約)

3.2 子どもの貧困

　子どもの相対的貧困率は1990年代半ば頃からおおむね上昇傾向にあり、平成27（2015）年には16.3%となっている。子どもがいる現役世帯の相対的貧困率[22]は15.6%であるが、そのうち、大人がひとり（単親）の世帯の相対的貧困率は50.8%と、大人が2人以上いる世帯に比べて非常に高い水準となっている[23]。

　OECDによると、わが国の子どもの相対的貧困率は2010（平成22）年の時点でOECD加盟国34か国中10番目に高く、OECD平均を上回っている（図1-12）。子どもがいる現役世帯（世帯主が18歳以上65歳未満）のうち、大人がひとりの世帯の相対的貧困率はOECD加盟国中最も高い。また、東京都の調査などから貧困と児童虐待との関連が読み取れる（表1-5）。ここでは、貧困が及ぼす生活への影響と、特に深刻となっているひとり親と貧困の問題を扱う。

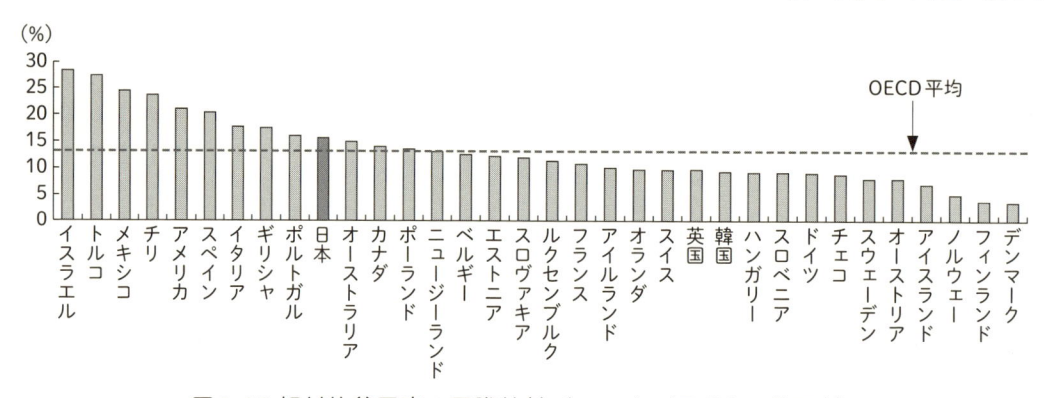

図1-12 相対的貧困率の国際比較（2010年／子どもの貧困率）
出典：内閣府「平成26年版子ども・若者白書」、2014

表1-5 虐待が行われた家庭の状況

	家庭の状況		あわせて見られる他の状況上位3つ		
1	ひとり親家庭	460件（31.8%）	①経済的困難	②孤立	③就労の不安定
2	経済的困難	446件（30.8%）	①ひとり親家庭	②孤立	③就労の不安定
3	孤立	341件（23.6%）	①経済的困難	②ひとり親家庭	③就労の不安定
4	夫婦間不和	295件（20.4%）	①経済的困難	②孤立	③育児疲れ
5	育児疲れ	261件（18.0%）	①経済的困難	②ひとり親家庭	③孤立

出典：東京都福祉保健局「児童虐待の実態II―輝かせよう子どもの未来、育てよう地域のネットワーク」2005、p.44

3.2.1 貧困と生活

　貧困は、長きにわたって子どもの生活環境に影響を及ぼす。特に、家庭の所得と学力・学歴との関係については、さまざまな調査によって実証されてきた。また、文部科学省の「子供の学習費調査」によると、家庭が自己負担する教育支出（学習費）のうち、約6〜7割が学校外教育費（学習塾や習い事などの費用）であることが明らかになっている[24]。

---

[22] 相対的貧困率とは、OECDの作成基準に基づき、等価可処分所得（世帯の可処分所得を世帯人員の平方根で割って調整した所得）の中央値の半分に満たない世帯員の割合を算出したものを用いて算出（厚生労働省定義）。
[23] 厚生労働省「平成28年国民生活基礎調査の概況」、2017
[24] 文部科学省「平成26年度版子供の学習費調査」、2015

学校外教育と学力との相関関係を見ると、学校外教育を受ければ受けるほど学力は高くなっていることがわかるが（図1-13）、経済的に厳しい家庭にとってはその負担も難しいと予測される。これも、学力差を広げる結果につながっているのだろう。

また、学力面だけでなく、健康の格差も広がる可能性が危惧される。カナダでの調査によれば、家庭の所得状況によって子どもの健康に格差が生じており、しかも成長に伴って差が広がることが示されている（図1-14）。

家庭科では、生活に必要な基本的知識・技能を子どもたちに教える。例えば、健康を支える栄養素の基本とそれを摂取できる食品、基本的な調理方法、清潔を保つための洗濯の仕方などを小学校の家庭科で学ぶ。こうした知識や技能が子どもたちの力となり、どんな状況でも、健康に生きていけるようにするのが家庭科の役割である。

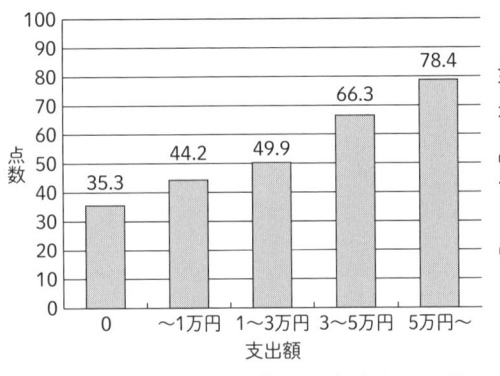

図1-13　学校外教育費月間支出額別、算数学力平均値

出典：明治大学千田亮吉研究会教育分科会「親の所得が生み出す教育格差とその世代間連鎖」、2009

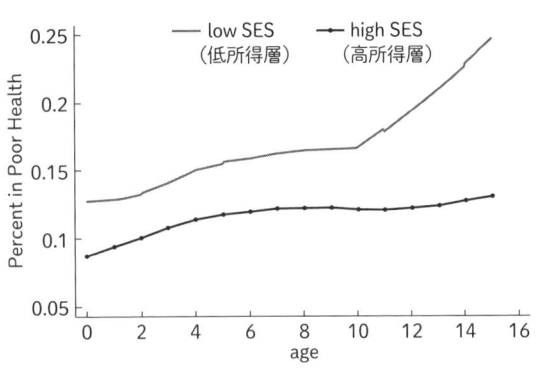

図1-14　カナダの子どもの健康格差

出典：Currie, J. & Stabile, M., "Socioeconomic Status and Child Health: Why Is the Relationship Stronger for Older Children?," *American Economic Review*, 93（5）, 2003, p.1817

3.2.2 ひとり親

序章2.2で示したように、昨今ではひとり親世帯の割合が増えている。ひとり親世帯は多様な家族形態のひとつであり、形態そのものには何も問題はない。ただし貧困と結びつくケースが多く、その結果、子どもに厳しい生活を強いる場合がある。実態を見てみよう。

日本のひとり親世帯、特に母子世帯は、母親の就労率が非常に高いにもかかわらず、経済状況が厳しい。政府や子どもの父親からの援助が少ないことが主な要因といわれている[25]。表1-6に示すように、母子世帯の就業率は8割を超えている。しかし非正規雇用が多く、収入としては平均給与所得を下回っている。さらに、育児時間を比較したデータでは、共働き世帯の母親の平日の育児時間が平均113分に対して、平日の育児時間は平均46分と非常に低くなっている[26]。低賃金のために長時間労働を余儀なくされているためなのか、さらなる調査研究が待たれるが、厳しい現状が浮かび上がってくる。

---

[25] 阿部彩『子どもの貧困―日本の不公平を考える』岩波書店、2008
[26] 同上

では、どうしてこのような格差が生じてしまうのであろうか。格差が生じる構造を、女性のライフコースから検証してみよう（図1-15）。

女性の就業率は、第一子出産後に低くなる。つまり、子どもが授かると仕事を辞めてしまう女性が多い。そして出産後の夫婦間の葛藤を経て離婚した後、親権を母親が取ることが多く、ひとり親として子どもを育てていくことになる。その際、収入や身分がある程度保障される常勤雇用者である割合は少なく、非正規雇用者である割合が高くなる。また、子どもの父親が養育費を払い続ける割合も非常に低いという現状もある。産休・育休をとって出産前後も働き続けられるような環境が整っていれば、経済的に安定した状態で子どもを育てられる可能性も上がる。

表1-6　ひとり親家庭の就業状況

	母子世帯	父子世帯	一般世帯
就業率	80.6%	91.3%	女性64.4% 男性81.6%
雇用者のうち正規	43.0%	87.1%	女性45.6% 男性80.1%
雇用者のうち非正規	57.0%	12.9%	女性54.4% 男性19.9%
平均年間就労収入	181万円 正規　　：270万円 非正規：125万円	360万円 正規　　：426万円 非正規：175万円	平均給与所得 女性269万円 男性507万円

注）母子世帯・父子世帯は平成23年度全国母子世帯等調査、一般世帯は平成26年労働力調査、平成22年分民間給与実態統計調査。
出典：厚生労働省「ひとり親家庭等の現状について」、2015

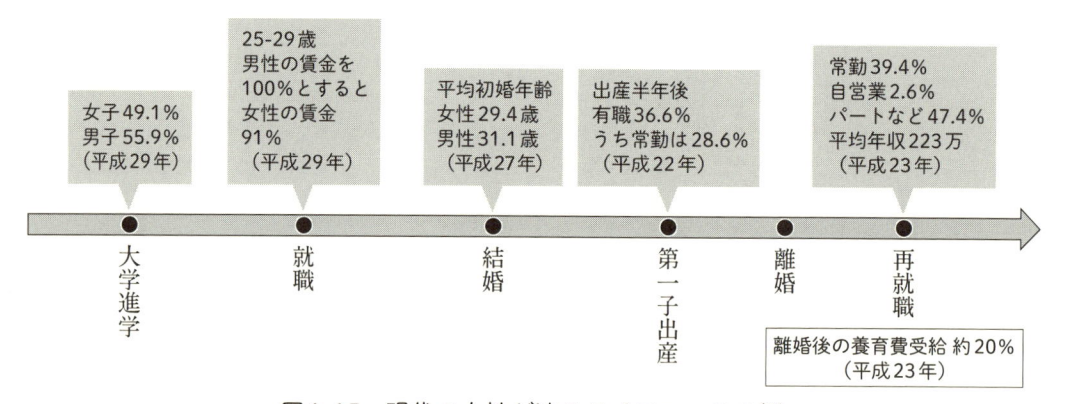

図1-15　現代の女性が辿るライフコースの例
出典：内閣府「平成29年版少子化社会対策白書」「平成29年版男女共同参画白書」、厚生労働省「平成29年賃金構造基本統計調査の概況」などを参考に筆者作成

家庭科の学習は、児童の今の生活にも役に立つが、将来の生活を見据えて今できることは何かを考えるきっかけになる。思春期、あるいは青年期前期にある子どもたちは、得てして近視眼的に自分の生活を捉えてしまう。家庭科の学習内容が、子どもたちの現在の生活だけでなく、将来の生活をも支えていることをまず教師が理解し、子どもたちに伝えていくことが求められている。

3.3 家族の心理的機能

家族は、そこで生活している人たちにとって安心・安定できる場所であることが望まれる。特に子どもが生活する環境として、一番大切なことである。ここでは、子どもが生活する環境としての家族の機能について考える。

3.3.1 愛着（アタッチメント）

　人が特定の対象に対して抱く親密で情緒的な絆のことを「愛着」または、「アタッチメント attachment」と呼ぶ。イギリスの児童精神科医であるボウルビィ（J. Bowlby）は、戦争などで家族と引き離された孤児には発達上の困難があるという実態を調査し、愛着理論を提唱した。特定の人に対する愛情の絆が、子どもの成長発達にとって非常に大切であることを示したのである。

　幼い子どもは、泣いて養育者の注意を引こうとしたり、抱っこしてもらおうと近寄ったり、目で追ったりする愛着行動を示す。こうした行動に応答していくことで、子どもは養育者に信頼感をもち、安心して過ごすことができる。また、「自分は愛される価値がある」と、ポジティブな自己イメージをもつことができる。こうした過程を経て、安定した愛着関係が築けると、養育者を安全基地として子どもは外の世界を探索することができるようになる。

　発達心理学分野においては、エインズワース（M. D. S. Ainsworth）が開発した「ストレンジ・シチュエーション法」を用いて愛着を検証する研究がなされている。子どもと養育者を一時的に分離し再会させるという手順で、子どもの反応により愛着を分類するというものである。子どもの反応のタイプは、A（回避型）、B（安定型）、C（アンビバレント型）の3つに分類される。各タイプの詳細については割愛するが、ここでは、安定した愛着関係が形成されないと、その後生きるうえでさまざまな困難が生じることを知っておいてほしい。例えば回避型の場合、幼児期の仲間関係がうまくいかず、さらに助長されると非行などの問題行動をとることがある。アンビバレント型では、他児の注意を引こうとしたり、衝動的で欲求不満になりやすい一方で、受け身や従属的な態度をとる傾向も指摘されている。

　それでは、どうすれば安定した愛着関係が形成されるのだろうか。これは養育者側の要因と子ども自身の要因と、両方の側面から考える必要がある。例えば、子ども側の要因として考えられるのは、養育者の養育行動を引き出すシグナルが弱い場合である。何らかの障害や早産などによって、泣き声が弱かったり表情が見えにくかったりすると、子ども自身は不快感や不安感、喜びを伝えようとしても、養育者に伝わりにくい場合がある。また、子どもは生まれながらにして気質と呼ばれる性格的な特徴があり、それが育てにくさとなる場合がある。トマスらによる研究では[27]、生理的機能が規則的で、新しい刺激に対して積極的に対応し、順応も早く機嫌がよいことが多い「扱いやすい子」、生理的機能が不規則で、新しい刺激に対して回避的な反応を示し、新しい状況に慣れにくい「扱いにくい子」、新しい状況や人に対して回避的に反応し、慣れるのが遅い「出だしの遅い子」、そして「平均的な子」の4タイプに気質が分類できることを示している。「扱いにくい子」の場合、養育者をサポートしてくれる人がいれば、安心して子育てをすることができるだろう。

　養育者側の要因については、鬱的な傾向があり子どものシグナルに適切に応えられない場合や、自らが虐待など不適切な養育を受けており、それを自覚していない場合などには、子

---

[27] Thomas, A., Chess, S., Birch, H., Hertzig, M. & Korn, S., *Behavioral individuality in early childhood*, New York University Press, 1963.

どもとの愛着関係が形成しづらい。子どもにとって望ましい関わり方を学ぶ機会がなければ、自分が受けたような不適切な養育をしてしまう可能性がある。特に少子化社会では、養育者と子どもが関わっている様子を目にする機会が少なくなっている。必修授業としてある家庭科のなかで、どのような関わり方が適切なのかを学ぶことが求められる。

3.3.2 低年齢児保育

子どもにとって愛着関係が大切ということと、就学前施設における低年齢児保育とは矛盾しないのかという問いは常にある。これに対し、厚生省（現厚生労働省）は「厚生白書」のなかで次のように言及している。

> 1-5 　3歳児神話には、少なくとも合理的な根拠は認められない。
>
> 　3歳児神話というのは本当だろうか。3歳児神話とは「子どもは3歳までは、常時家庭において母親の手で育てないと、子どものその後の成長に悪影響を及ぼす」というものである。
>
> 　3歳児神話は、欧米における母子研究などの影響を受け、いわゆる「母性」役割が強調される中で、育児書などでも強調され、1960年代に広まったといわれる。そして、「母親は子育てに専念するもの、すべきもの、少なくとも、せめて3歳ぐらいまでは母親は自らの手で子どもを育てることに専念すべきである」ことが強調され続けた。その影響は絶大で、1992（平成4）年に行われた調査結果においても、9割近い既婚女性が「少なくとも子供が小さいうちは、母親は仕事をもたず家にいるのが望ましい」という考えに賛成している。
>
> 　しかし、これまで述べてきたように、母親が育児に専念することは歴史的に見て普遍的なものでもないし、たいていの育児は父親（男性）によっても遂行可能である。また、母親と子どもの過度の密着はむしろ弊害を生んでいる、との指摘も強い。欧米の研究でも、母子関係のみの強調は見直され、父親やその他の育児者などの役割にも目が向けられている。3歳児神話には、少なくとも合理的な根拠は認められない[28]。

質的に高い低年齢児保育であれば、子どもの育ちに問題がないことを多くの研究が示している。例えば、NICHD（アメリカ国立小児保健・人間発達研究所 National Institute of Child Health & Human Development）では、全米10地域の1,364家族を対象に調査を行ったが、低年齢児保育が直接的に母子間の愛着関係に影響を与えるという結論は得られていない。

日本でも縦断的な研究が行われている。菅原ますみらは、1984年から1986年に神奈川県内の公立病院で受診した1,260人の妊婦を対象に、子どもが14歳に成長するまでの問題行動などを郵送や面接によって調べた（14歳まで調査できたのは270世帯）。子どもの問題行動は

---

*28 厚生労働省「厚生白書」、1998

「騒がしい」「ののしり」「かんしゃく」など21項目を設けて、母親に聞いて判定した。母親の4人に1人は、子が3歳未満のうちに復職している。子どもの問題行動について、幼児期に母親が就労に復帰した場合と復帰していない場合とで比べると、衝動的・攻撃的な問題行動は、5歳までは就労に復帰した母親の方が低く、8、10、14歳になると差がなかった。また、子どもに対する愛情はどの段階でも就労による違いはなく、10歳の段階で子どもから見た母子関係の良好さについても差はなかった。幼児期の母親の就労が子どもの問題行動をむしろ抑制しているような結果について、「子育てに多くの人がかかわる「開かれた育児」が、ルールを学ぶ機会を子どもに与えているのではないか」とされている。菅原は、「母親が働くことで、子どもの人格がゆがむことはない。子育ては社会全体で支援することが大事だ」と提言している。

3.3.3 授業づくりのポイント

　家族を授業で扱うのは難しいと感じる教師は少なくない。もちろん、事前に子どもたちの状況をよく理解しておくことは必須である。教材研究もしっかり行い、授業の目的と照らし合わせて効果的な教材を考える必要がある。「母子健康手帳や幼少期の写真を持ってくる」「親から小さいときの話を聞いてくる」という課題に取り組むことが難しい家庭もある。親にいろいろと話を聞けない子どももいるだろう。

　授業の目標を考えたとき、必ずしも上記のような方法でなくとも、授業は展開できるはずである。ここでは、絵本を用いた授業の展開を紹介しよう。横浜国立大学の堀内かおる教授は、家族を描いた絵本を100冊選んで紹介している。秋田大学の附属小学校では、その絵本を使って小学校家庭科の授業を展開し、子どもたちに家族の機能を考えさせる授業を行っている。下記の文献を参考にしてほしい。

・堀内かおる「男女共同参画の視点による絵本に描かれた家族像の分析―家庭科教材としての有用性について」『横浜国立大学教育人間科学部紀要 I 教育科学』13、2011、pp.157-173
・望月一枝・佐々木信子・長沼誠子編著『秋田発 未来型学力を育む家庭科』開隆堂出版、2011

第2章 食生活

本章のねらい

□ 現代の食を巡る状況を多面的に捉えよう

□ 食事の役割と日常食の大切さについて理解しよう

□ 体に必要な栄養素や働きについて理解しよう

□ 安全においしく調理するための基礎知識・技能を身につけよう

□ 伝統的な日常食である米飯・味噌汁の調理について理解しよう

□ 本章の学びを授業づくりに生かすとともに、読者自身の食生活
　に役立てよう

健康をつくる基盤となる食の知識

　健康で長生きしたいというのは、万人の願いだろう。日々の生活のなかで健康を維持増進していくこと、これは一生涯にわたる課題である。健康は、遺伝などの生物学的な要因、その人が暮らす地域の環境、運動習慣や睡眠時間や食生活などのライフスタイル、介護保険や医療保険などの保険体制の充実、といったさまざまな要素に左右される。

　家庭科の食物領域で修得する基礎知識は、健康と直接結びつくものである。高校までの一連の家庭科学習においては、栄養素の生理的な役割、食品と栄養素の関係、具体的な食物摂取の方法としての調理、特に献立作成や調理の基礎的技術の習得について学んでいく。小学校では基礎的な知識として、5大栄養素とその働き、簡易に3つに分類した食品群及びバランスのとれた一食分の献立の簡単な例を扱う。調理実習では、調理の基礎となる、洗う、ゆでる、炒める、調味、盛りつけといった手順について学習し、また、和食の基礎となる味噌汁調理、炊飯を経験する。

　現在の食生活を巡る状況に目を向けると、食物領域の学習の大切さがいっそう浮かび上がってくるだろう。食育基本法（2005〔平成17〕年制定）を見てもわかるように、課題は多岐にわたっている。食育に関する法律は世界でも初めての例で、画期的なことである。基本的な柱は以下のとおりである。

　　食を大切にする心／食への感謝の念の醸成／心身の健康の増進と豊かな人間性の形成／子どもの食育における保護者、教育関係者の役割／食に関する体験活動と食育推進活動の実践／伝統的な食文化への配慮及び農山漁村の活性化と食料自給率への貢献／食育推進運動の展開

　制定当時、文部科学省・農林水産省・厚生労働省の3省が関わったことからも、現代の日本の食を巡る問題は広範囲に及ぶことがわかる。家庭科の食物領域の学習では、これに先んじて食物の学習を積み上げてきたが、食育基本法で提起された課題を踏まえて学習を進めることが大事である。また、食育基本法に基づき食育推進基本計画が策定され、施策の目標や基本方針について示している[*1]。食育とは、家庭、地域、学校、職場と、多くの場でなされるべき実践なのである。

　家庭科の食の領域では、食育の観点からも、基礎的な知識、実生活に結びつく献立作成、食品選びまで教えることを目標にしたい。

＊1　食育基本法では、2016（平成28）年度以降、農林水産省に設置される食育推進会議が食育推進基本計画を作成することを規定している（第26条）。

1 現代の食生活の課題

 ## 1.1 食の欧米化と生活習慣病の増加

　戦後、私たちの食生活は徐々に変化してきた。食生活の欧米化とともに、摂取エネルギー量と飽和脂肪酸[*2]の摂取量が増加している。それは食品摂取状況にも反映され、図2-1に示すように、米といもの摂取量が減少し、牛乳・乳製品と肉や魚の摂取量が増加している。

　また、生活習慣も変化し、家事の電化と車社会化による運動量の低下と、コンビニエンスストアや長時間営業のスーパーマーケットの出現で、深夜まで働いている人でも、いつでもどこでも食べたいときに食べられる環境になったことが、肥満や生活習慣病の増加を加速させた。死因別の死亡数の推移を見ると、エネルギー過多、脂肪過多による糖尿病などの増加が問題となっている（図2-2）。昭和30年代では全国で10万人だった糖尿病患者が、現在では予備軍も含めて2,000万人となっている。

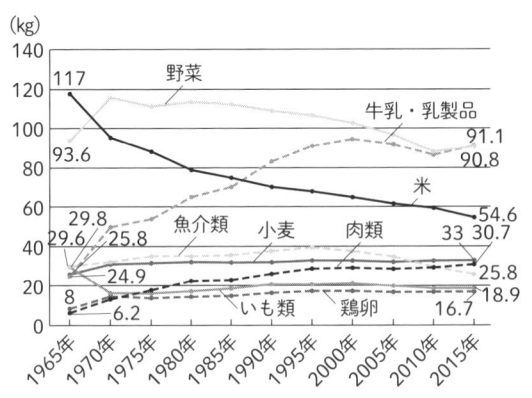

図2-1　国民一人当たりの品目別供給量の推移
出典：農林水産省「平成27年度食料需給表　国民1人・1年あたり供給純食料」を基に筆者作成

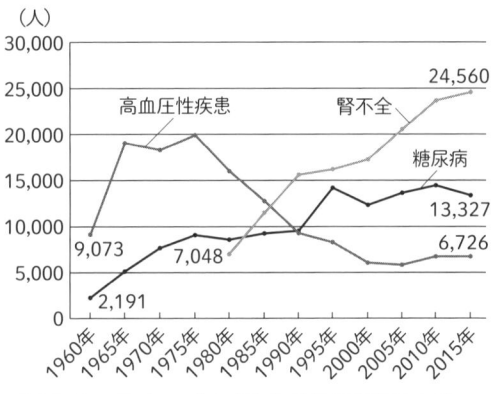

図2-2　日本の食に関する死因別死亡数の推移
出典：厚生労働省「平成27年度患者調査」を基に筆者作成

　日本の食生活で特徴的なのは、家庭の食卓に各国の食事が登場することである。中国の家庭では中国料理、イギリスの家庭ではイギリス料理が中心だが、日本の家庭ではカレー、スパゲッティ、ハンバーグ、麻婆豆腐など各国の料理が登場する。これは戦後以降の傾向である。また、PFCバランスも変化し（図2-3）、1965（昭和40）年に比べると、摂取するエネルギー量のうち炭水化物の比率が減り、脂質の摂取増加によってアメリカやフランスのバランスに近づいている。二千年近く米中心だった日本の食生活が、戦後急激に変わり、それが国民の健康にも多大な影響を及ぼしていると考えられる。

＊2　脂肪酸のうち、炭素鎖に二重結合をもたないもの。主に動物性油脂に含まれる。

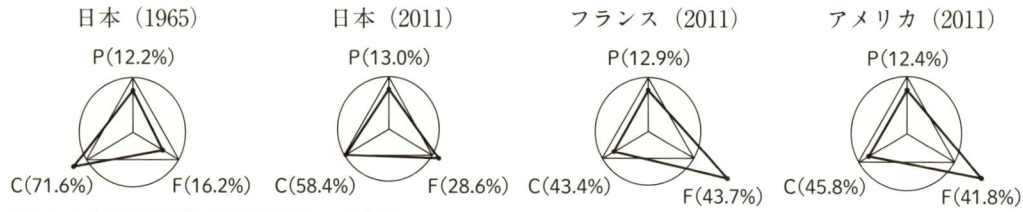

日本（1965） 日本（2011） フランス（2011） アメリカ（2011）

日本人の食事摂取基準（2015年版）の目標量

P：タンパク質（Protein）13-20%　　F：脂肪（Fat）20-30%　　C：炭水化物（Carbohydrate）50-65%
注）各項目は日本人の食事摂取基準（2015年版）の目標量の中央値（PFC比率 P：16.5%、F：25.0%、C：57.5%）を100としている。

図2-3　国別及び時代別PFC熱量比率
出典：農林水産省「平成27年度食料需給表」を基に筆者作成

 ## 1.2 食料自給率

　わが国はもともと農耕に適した気候と地形に恵まれていたが、産業構造の変化に伴って農業人口はわずかとなり、国内での食料生産は著しく減少した。

　食料自給率をカロリーに基づいて計算すると、1960（昭和35）年の79%から低下の一途を辿り、2000（平成12）年以降はほぼ40%である。金額に基づいた計算では、1960年の93%以降、価格や生産量の変動によって多少増減しながら低下し、2015（平成27）年には66%となっている（図2-4a）。また、1970（昭和45）年の自給率（供給熱量に基づく）の値を見ると、フランス104%、イギリス46%、アメリカ112%、ドイツ68%、韓国80%、日本60%であり、日本は高くなかった。さらに2010（平成22）年になるとフランス130%、イギリス69%、アメリカ130%、ドイツ93%と比較して、減少したのは韓国47%、そして日本39%である[*3]。日本は特に低い食料自給率である。

　一方、品目別自給率（図2-4b）を見ると、米以外の品目は1960年当初から100%を割り込

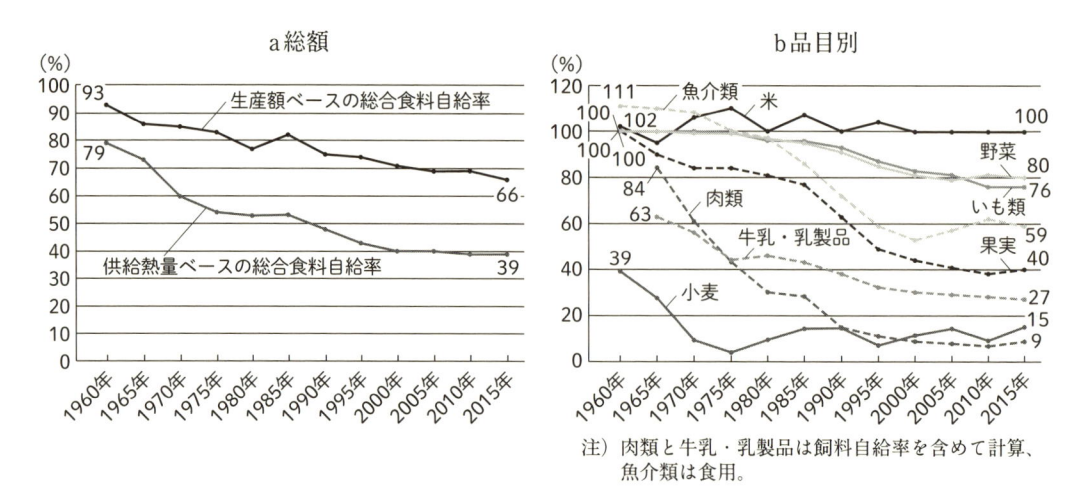

注）肉類と牛乳・乳製品は飼料自給率を含めて計算、魚介類は食用。

図2-4　食料自給率の推移
出典：農林水産省「平成27年度食料需給表」を基に筆者作成

＊3　農林水産省「食料需給表」、FAO "Food Balance Sheets" などを基に農林水産省で試算した（酒類等は含まない）。

んでおり、いずれも横ばいか下降傾向にある。国内で生産される食肉だけの自給率は比較的高いが、飼料の多くを輸入に頼っているため、飼料自給率も反映すると、図2-4bに示すとおり非常に低い値になる。例えば、2015年に国内で生産された豚肉は消費量の52%を占めているが、飼料自給率を考慮すると6%に過ぎない。

1.3 食料輸入と環境問題

　前述のとおり、現代の日本は食料の大部分を海外からの輸入に頼っている。食料を海外に大きく依存することの問題点として、ここでは大きく3点あげておこう。第1に食料の輸送負荷がかかり、特に二酸化炭素の排出量が大きくなる。食料の輸送量（kg）に輸送距離を掛け合わせた指標「フード・マイレージ」によって、輸送負荷を数値化し、比較することが可能である。図2-5に、世界各国の輸入食料に係るフード・マイレージを示した。2001（平成13）年の日本の輸入食料総量は約9,000億t・kmと算出された。これは韓国やアメリカの約3倍に相当し、世界のなかでも抜きん出ている。

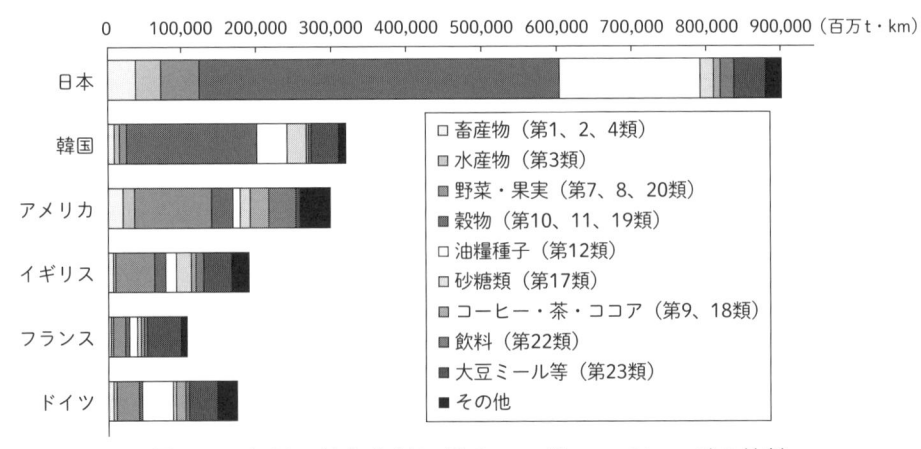

図2-5　各国の輸入食料に係るフード・マイレージの比較

出典：中田哲也「フード・マイレージについて」（食料・農業・農村政策審議会企画部会地球環境小委員会、林政審議会施策部会地球環境小委員会、水産政策審議会企画部会地球環境小委員会 合同会議資料）、2008、p.6

　第2に、収穫地から消費地までの長距離の輸送に耐えられるよう、食品添加物扱いのポストハーベスト農薬*4が農産物に施されることが多い。ポストハーベスト農薬は、輸送・保管中のかびや細菌の繁殖を抑制するが、食品への残留量が懸念されている。流通上の安全基準はあるものの、ポストハーベスト農薬、栽培時に使用される農薬とも、オルトフェニルフェノール（OPP）やマラチオンなどの化学物質を多く含んでいる。これらの化学物質は、体内に摂取されるとホルモンと同様の作用を示す可能性が示唆されており、環境ホルモンと呼ばれることもある。消費者がその摂取を避けるためには、ポストハーベストフリーや有機栽培品を選ぶ、調理の際に皮を厚めにむいて捨てる、ゆでこぼすなどの工夫を行う必要がある。

　第3に、輸出国の状況によって日本の食料事情が左右される危険性があげられる。例えば、

---

*4　収穫後の農産物に使用する殺菌剤、防かび剤などのこと。

日本が輸入している農作物は、輸出国の水資源を使用して栽培されている。このような水資源利用をバーチャルウォーター（仮想水）と呼ぶ。日本の仮想水輸入量は日本国内の農業に利用されている水資源量よりも多いと試算されており、主に北米に依存している。日本で水不足が起こることは少ないが、今後、温暖化による世界的な気候変動が、日本への輸出国の水資源に影響を及ぼすことが予想される。そうなると、その国の食料状況も変化し、日本への輸出ができなくなる可能性もある。海外からの輸入にはこれらの問題があるので、国内産の食品を食べることを優先して考えたい。

　学習指導要領では、持続可能な社会の創り手になるなどの文言が随所に見られる。「気候変動の対策をとる」「自然環境の悪化を食い止める」など、国内での安定的な食料自給の方法を獲得するためには、自分たちの食の安全だけでなく地球環境の未来も考えて、世界の一員として将来に関わる諸問題を学ぶことが求められている。こういった概念は、すでにユネスコでは「持続可能な開発のための教育（ESD）」として提示されている。なかでも、家庭科の食物領域では「エコ・クッキング」「食品ロス削減」に代表されるように、食材の選択・購入、調理の方法、光熱や水道の使い方、後片づけなど環境配慮を徹底する調理法によって家庭部門からの二酸化炭素排出削減ができ、環境問題に貢献できることを学んでいく。

1.4 食の外部化

　調理する場所及び食べる場所の観点から、食の形態を内食（家庭内で調理して食べる食事）、中食（調理済みの食品を購入し、家庭または職場で食べる食事）、外食（家庭外の飲食施設で食べる食事）の3つに分類することができる。

　図2-6の示すとおり、生鮮食品（家庭内での調理が必要な食材）の購入額が食料支出額に占める割合は減少しており、外食や調理済み食品（惣菜、コンビニ弁当、加工食品など）の利用は、近年増加している。

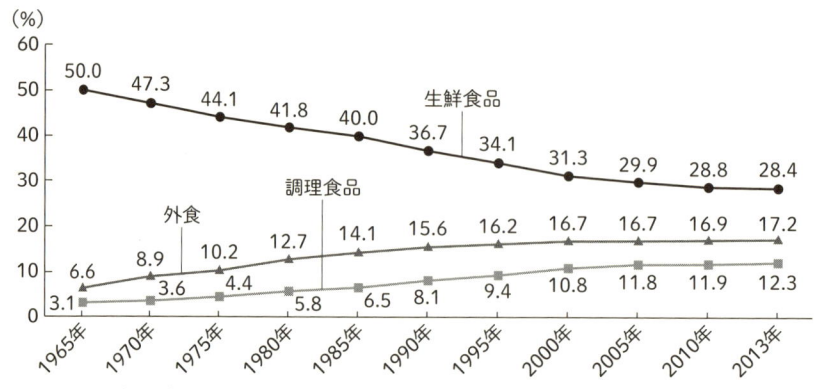

注1）総務省「家計調査」（全国2人以上の世帯）を基に農林水産省で作成。
注2）生鮮食品は、米、生鮮魚介、生鮮肉、卵、生鮮野菜、生鮮果物。
注3）1995年以前は、農林漁家世帯を除く。

図2-6　内食・中食・外食の利用の推移
出典：農林水産省「平成25年度食料・農業・農村白書」、2014

　外食も調理済み食品も便利ではあるが、これらには輸入食材が多用されており、つまりフード・マイレージが高くなる傾向にある。また、外国での食品加工・製造に不安を感じる消費者も多い。さらに、加工段階で食材の廃棄が多くなされている。例えば、中食・外食で多用される冷凍里芋は、大きさや形を揃えるために原料の大半が削り取られ、原料からの歩留まりは約30%とされる[5]。

　また、外食や調理済み食品では、一口目でおいしく感じられるように味つけが濃くなっていることも多く、調理工程を確認することもできない。これらの事実を知ったうえで、何を購入すべきか考えることが大事である[6]。

1.5 食材の旬と地産地消

　一般的に、旬の野菜は栄養価が高く新鮮であるため、野菜を購入する際は日本産の旬のものを選ぶことが望ましい。旬の時期には栽培しやすいので、一般的に農薬の使用も抑えられ、価格も安い。以上の利点に加え、学校給食で旬の野菜を使用することには季節感を学ぶなどの教育的意義が認められる。一方、輸入する安い露地物の旬の野菜と、国内でハウス栽培した野菜ではどちらが環境にやさしいかということは、容易には結論づけられない。輸入する食材に関してはフード・マイレージ問題があるが、ハウス栽培でも栽培コストが大きく、また、栽培用のハウスには塩化ビニルなどがまだ多く用いられており、古くなったハウス材料を処分する際の環境への負荷や処理コストの上昇も懸念される。

　地産地消とは、地元で生産されたものを地元で消費することである。地元の生産者の顔が見えることで、消費者も安心して購入することができる。また、輸送に時間がかからないことは食材の新鮮さ、おいしさにつながる。さらには、輸送に伴う二酸化炭素の排出が抑えられる、国内での食料自給率が向上するといったメリットもある。

　一方、その土地の気候風土に左右されるため、完全な地産地消は実現できない、旬の食材以外は購入できないなどの弱点もある。それでも、年間を通じて、食材の旬に合わせた四季折々の食事をとること、地元の食材を生かすことには多くのメリットがあるので、地産地消は今後もいっそう推進されるべきだろう。

＊5　中食で用いられる食品添加物は表示義務がない。また、調理済みの食品は食品選びの観点からすると安心安全に不安が残る。
＊6　同時に、減少している内食の利点についても考えることが大事である。

1.6 授業づくりのポイント

　健康への興味・関心が生まれる場面として、家庭科の食領域に期待される役割は大きい。
　食事の内容が現在から将来までの体の基礎となり、健康を維持・増進させるということを、児童にしっかり伝えていきたい。病気と縁遠い子どもにも、毎日バランスのとれた食事をする意味を考えさせ、栄養の摂取についてきちんと理解させるためには、ただ情報を与えるだけでは不十分である。病気のリスクの少ない若い世代が食への興味を深めることは難しいかもしれない。ゆえに、常に実際の食生活と関連づけた指導を心がけよう。授業数時間分を一連の流れとみなし、個々で計画を立てたり、最終的に実習などに結びつけたりするような工夫をしていく。

　食生活全般及び健康、食料品・農産物などに関するデータは常に更新が必要である。そのため、最新のデータにアクセスする方法を確認しておく。以下に参考となるウェブサイトを示すが、省庁での担当部署の変化などもあるので、授業で取り扱う際にはあらかじめ確認しておこう。特に、健康に直結しやすい食の分野は、医療従事者だけでなくさまざまな領域の個人がインターネット上で意見を述べたり、テレビや新聞などの報道機関において扱われたりする。しかし、根拠に乏しい情報も混在しているので、客観的・科学的根拠を常に確認できるように、知識・情報の取捨選択が行えるように指導するのも必要である。

健康に関する情報	国民健康・栄養調査　▶　厚生労働省 http://www.mhlw.go.jp/bunya/kenkou/kenkou_eiyou_chousa.html	健康に関する情報は、全般的に厚生労働省が取りまとめている。
	国民生活基礎調査　▶　厚生労働省 http://www.mhlw.go.jp/toukei/list/20-21.html	食生活全般及び健康に関する年次推移を確認できる。
	健康日本21（第2次）　▶　厚生労働省 http://www.mhlw.go.jp/seisakunitsuite/bunya/kenkou_iryou/kenkou/kenkounippon21/kenkounippon21/	国民の健康増進を総合的に推進していくための基本的な方針がまとめられている。平成25年度から10年間の計画であるため、最新の情報にアクセスするように心がけたい。なお、このウェブページから諸外国の栄養政策を確認することもできる。
食料品に関する情報	農林水産統計データ　▶　農林水産省 http://www.maff.go.jp/j/tokei/	食料品・農産物などに関する年次推移は農林水産省にて取りまとめているが、国会図書館や総務省統計局では関連するリンクをまとめて掲載している。
	農林水産に関する統計　▶　国立国会図書館 https://rnavi.ndl.go.jp/research_guide/entry/theme-honbun-102084.php	
	政府統計の総合窓口　▶　総務省統計局 https://www.e-stat.go.jp/	
	農林水産物の旬　▶　農林水産省 http://www.maff.go.jp/j/p_gal/syun/	食材の旬に関してまとめられている。このほか、食品関連の企業のウェブサイトなどにカレンダー形式で掲載されていることもある。

2 食事の役割と日常食の大切さ

 2.1 食事の役割

2.1.1 生命と健康の維持

　食事を摂らないと空腹感を覚えるだけでなく、生命に危険が及ぶことは自明である。特に、成長期の子どもの順調な発育のためには、体重1kg当たりのタンパク質やカルシウムなど栄養素の摂取が成人よりも多く必要である。また、人間は体重の変化はなくても体組織の代謝回転が行われていて、常に構成成分の分解と合成が繰り返されている。例えば、筋肉組織は1年ですべて入れ替わるといわれる。組織の種類によっては2、3日で新しい細胞と置き換わるものもある。このように、常に適正な栄養素を補給しなければ、体は以前と同質な組織や細胞を作ることができない。それらを考えると、毎食、毎日の食事内容を大切にしなければならないし、それはとりもなおさず栄養バランスのとれた食事を三食きちんと摂取することが大切ということである。本来、このことを十分理解していれば、日常の食事を大切にする気持ちが生まれ、健康の保持増進ができると考えられる。

　1.1にも示したように、近年の食習慣の変化が肥満や生活習慣病の増加をもたらし、糖尿病、高血圧症、脂質異常症、心疾患、脳血管疾患、悪性新生物（がん）などの患者数を増加させたが、ほとんどすべての疾患が食生活と密に関係している（表2-1には、がんとの関連を示す）。エネルギーの過剰摂取による肥満は先進国に共通する課題である。男性はいずれの国・年代でも肥満が増加している。一方、日本の女性は各年代とも食事の総量を減らしていることから、牛乳・乳製品及び野菜の摂取不足によるカルシウムや鉄、カリウムなどのミネラルの不足が見られ、やせが増加しているのが特徴である。

表2-1　食事や栄養とがんとの関連

リスクの増減	要因	がんのできる場所	リスクの増減	要因	がんのできる場所
確実に増加	肥満	食道・大腸・乳房・子宮体部・腎臓	確実に減少	運動	結腸
	アルコール	口腔・咽頭・喉頭・食道・肝臓・乳房	減少させる可能性大	果物・野菜	口腔・食道・胃・大腸
	カビ毒	肝臓		運動	乳房
	中国式塩蔵魚	鼻咽頭	減少させる可能性あり／データ不十分	食物繊維 大豆 魚n-3系脂肪酸 ビタミン類 ミネラル類	
増加させる可能性大	保存肉	大腸			
	塩蔵食品・塩分	胃			
	熱い飲食物	口腔・咽頭・食道			
増加させる可能性あり／データ不十分	動物性脂肪 いくつかの発がん物質				

出典：WHO/FAO「食物・栄養と慢性疾患の予防」2003を基に筆者作成

2.1.2 社会的・文化的な役割

　古くから、日本は「八百万の神の国」といわれてきた。八百万の神への信仰から、生活の
さまざまな場面で人々は感謝の気持ちを表していた。効率的な生産方法や流通網が整ってい
なかったり、保管技術が未熟であった頃は、食料は非常に貴重なものと考えられていた。
「お米1粒には7人の神が宿る」といわれ、一粒の米も無駄にはしない食生活が存在した。そ
して、食卓では、食に関する日本文化の継承が行われていた。例えば、食前食後の挨拶であ
る「いただきます」「ごちそうさま」は、食品の生産者への感謝の気持ちや命を与えてくれ
た動植物への感謝の気持ちを表す言葉であること、一緒に食卓を囲む人たちが気持ちよく食
べるための箸のマナーや配膳のマナーがあること、食材に関する旬の季節や味の多様性があ
ることなどである。

　しかし、現代の生活では、家族の個人個人の生活リズムが独立し、食卓を囲む団らんの機
会の減少、生活リズムの乱れなどが見られる。特に、子どもの抱えている食の問題点を象徴
する言葉として「6つの「こ」食」といわれる。家族が個人で違うものを食べる個食、ひと
りで食べる孤食、食べる量が少ない小食、小麦製品ばかり食べる粉食、ある一定のものしか
食べない固食、味つけの濃い濃食などがある。これらの「こ」食に陥らないように気をつけ
て、幼いうちから正しい食習慣を身につけるために家庭教育が大きな役割を担ってきていた
が、学校教育のなかでも手助けできるようにしていきたい。

　食事の様式はさまざまな観点から分類することが可能である。代表的な分類に関して表
2-2に示す。

表2-2　食事の様式

摂取形態による分類

内食	家庭内で調理して食べる食事
中食	調理済みの食品を購入し、家庭または職場で食べる食事
外食	家庭外の飲食施設で食べる食事

＊「1.4 食の外部化」で言及

摂取目的による分類

日常食	離乳食、介護食を含む
供応食	結婚式などで供される
行事食	節句などで供される
特別栄養食	妊産・授乳食、治療食など
特定給食施設食	学校給食、病院食など

＊「2.1.3 日常食の基礎」で言及

食事の提供形態による分類

- 定食形式
- カフェテリア形式
- アラカルト形式
- ディナー形式
- ブッフェ形式

料理様式による分類

日本料理	本膳料理、会席料理、懐石料理、精進料理、普茶料理、卓袱料理など
西洋料理	フランス料理、イタリア料理、ドイツ料理、スペイン料理、ロシア料理など
中国料理	北京料理、広東料理、上海料理、四川料理など
その他の料理	トルコ料理、エスニック料理、フュージョン料理など

＊「2.5 世界の食文化」で言及

出典：和田淑子・大越ひろ編著『改訂 健康・調理の科学（第2版）』建帛社、1998を基に筆者作成

2.1.3 日常食の基礎

　食事を摂取目的別に分類すると、日常食、供応食、行事食、特別栄養食などに分けられるが、日常食についてライフステージ別に捉えると、離乳食、幼児食、学齢期の成長段階の食事、成人の食事、老年期の食事、介護食などがある。一口に日常食と言っても、食べる人間が違えばその食材の種類や調理方法に違いが出る。日常の食事を整えるための基本は、以下のようなステップに分けられる。

①一日に必要な栄養素の量を知る。

②①で知った栄養素の量を、どの食品からどのように摂ればよいかがわかる。

③②の食材を使って栄養バランスのとれた食事のための献立を立てることができる。

④安全、安心な食品選びができる。

⑤調理を手際よく行う。

⑥食卓や食事をとる場の室礼など、自分や家族、同席者が楽しく食事を摂ることができる環境を整える。

2.1.4 体に必要な栄養素の役割

　体に必要な栄養素は、体をつくる、体を動かす、体の調子を整えるという3つの働きをもつ、五大栄養素を基準に考える。図2-10（後述）に示すように、体を動かす栄養素として炭水化物と脂質があげられる。これらが足りない場合は、体をつくるべきタンパク質が体を動かす栄養素となる。それゆえに、長期的に炭水化物や脂質の摂取が不足すると、体をつくっている筋肉細胞や体の免疫を司っている免疫細胞の数が減少し、健康に支障が出る。タンパク質は主に体の構成成分になるが、さまざまな酵素や栄養素の吸収を行う担体になるなど、体の調子を整える役割も担っている。体の調子を整える栄養素としては、ビタミンや無機質もある。これらは細胞内の情報伝達や酵素の補因子として、酵素が働くのを助けるために必須である。脂質は皮下脂肪として貯蔵されるだけでなく、60兆個の細胞の細胞膜の構成成分となっている。加えて近年、脂肪細胞からは多くの生理活性物質[*7]が分泌されていることが判明し、体内最大の分泌臓器といわれるまでになっている。

🍚 2.2 生活リズム

　朝食欠食の問題が取り上げられて久しいが、減少するどころか漸増している。文部科学省は「早寝早起き朝ごはん」をスローガンとして、学童期の朝食抜きに警鐘を鳴らしているが、最近では幼児の朝食抜きも増えている。

　朝食欠食の原因のひとつに夜ふかしがあげられるだろう。日本の父親の帰宅が遅いことや、習い事や学習塾の後に学校の宿題をすることなどによって、夜ふかしの習慣がついてしまうと考えられる。体力・学力検査と朝食抜きの調査を文科省が継続的に行っているが、小中学

＊7　わずかな量で体の調子に作用する物質。ホルモン、神経伝達物質、サイトカインなど。

生とも各教科共通して朝食抜きの生徒の得点が低くなっている（図2-7）。ある大学において行われた対照実験では、大学生でも同様の傾向が見られた。また、朝食抜きは年齢が上がるにつれて増え、小中学生では男女とも5〜6%だったものが20〜29歳では男性約30%、女性25%である。また、2000（平成12）年から漸増しているのも特徴である。

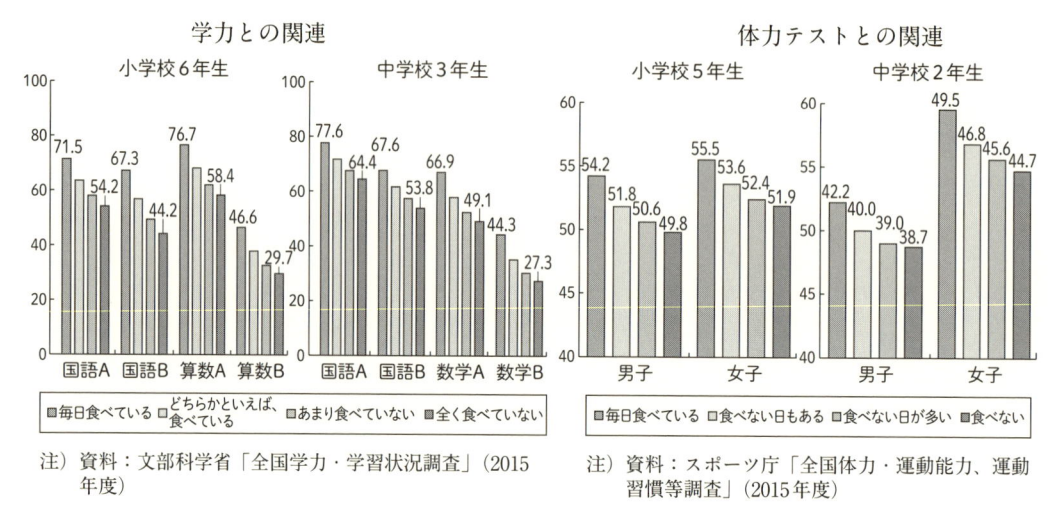

図2-7　朝食摂取と各学科の児童・生徒の学業成績の関係
出典：農林水産省「平成27年度食育白書」、2016

🍚 2.3 人とのつながり

　人にとって、食べることは自然な欲求である。農産物の生産量が一定でなかった古代では、希少な食べ物はおもてなし料理の食材として珍重され、宴ではそれらの種類の数を競っていたと推察できる。現代においても、食事を共にすることが、しばしば人間関係を円滑にする。親しい人との食事は楽しいものであり、食卓を囲む人と仲良くなる効用がある。親戚との会食、職場での懇親会、国賓を迎え宮中晩さん会が開かれることなどがよい例だろう。

　楽しく食べる工夫としては、親子や親しい人と一緒に調理する、記念日に家族の好みの料理を用意する、食卓で材料を調理する（鍋料理、手巻き寿司、ホットプレートでの調理など）といった例がある。このような場面では会話が弾み、打ち解けた雰囲気づくり、楽しめる食卓づくりになる。

　また、共食の習慣は食育の原点ともいえる。食卓を一緒に囲みながら、食べ物の知識を教えたり、マナーを伝えたりできるからである。

　マナーの基本は一緒に食事をする相手を不快にさせないことだが、日本人としては箸の正しい持ち方（図2-8）を身につけることが大事だろう。箸の持ち方は、手指の巧緻性の上がる3歳頃から毎日根気よく教えていくことが大事で、小学校入学時は正しい持ち方を意識させるよいチャンスでもある。箸を正しく持てる教員は4割程度ともいわれており、教員自ら正しい箸使いができるようになり、指導していけるように心がけてほしい。

食事を楽しくするために、給食の時間に行える実践が多々ある。まず、生徒同士で協力しながら配膳することで、正しい配膳マナーや食事に対する興味を引き出すことができる。また、クラスメイトと共に食事をすることにより、授業中にはできない会話ができ親しさが増す。また、今まで知らなかった食材の魅力や行事食についてのトピックスを栄養教諭、担任などから聞くという機会にもなるわけである。

①中央を右手で持ち上げる

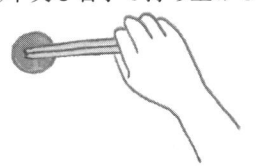

②左手で下から支える

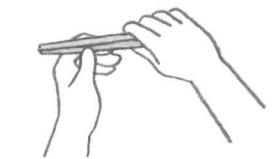

③右手を下に回す

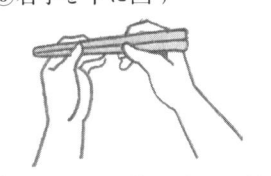

④中指で上の箸を支えて持つ

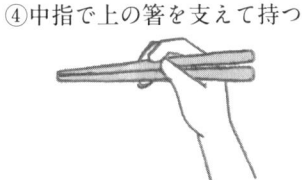

マナー違反となる箸の持ち方

ねぶり箸	なみだ箸	寄せ箸	渡し箸
箸の先や箸に付いたものをなめる	箸から汁気をポタポタとたらす	食器を箸で引き寄せる	食事の途中で食器の上に渡し置く
刺し箸	**箸渡し**	**立て箸**	**噛み箸**
料理に箸を突き刺して食べる	箸と箸で食べ物のやりとりをする	ご飯の上に箸を突き立てる	箸の先をかじる
迷い箸	**指し箸**		
箸を持ったまま料理の上を動かす	食事中に箸で人を指す		

正しい持ち方

図2-8　箸の持ち方（右利きの場合）／やってはいけない持ち方

出典：筆者作成

🍚 2.4 日本食とは

日本料理とは、米を中心とする料理様式であり、いわゆる和食のことである。表2-2にも示したが、日本料理には時代ごとにさまざまな様式が確立されている。

平安時代に貴族の供応の料理様式として生まれ、室町時代には武家の供応のための様式として確立した本膳料理は、昭和の中頃まで婚礼などの「ハレ」の日に食べられていた。現在の家庭の日本料理の基礎は、江戸時代に商家の旦那衆が句会の折に食べた贅をこらした会席料理である。安土・桃山時代に千利休が確立した質素を旨とする懐石料理とは当初、意を異にしていたが、現在は、日本料理の専門店でも懐石と会席料理の区別は明確ではない。

和食一辺倒だったわが国の家庭の食卓には、前述したとおり、戦後の食の欧米化によって各国料理が並ぶようになった。学校給食で提供されたメニューを食卓でも提供するようになったためといわれている。

戦前は「ハレ」の日と「ケ」の日の食事がきちんと区別されていた。普段の「ケ」の日の食事は非常に質素で、子どもは、ご馳走が並ぶ「ハレ」の日、つまりお祝いのための特別な食事を楽しみにしていた。しかし現代のような飽食の時代では、毎日の食事が「ハレ」の日に匹敵するものになっている。次の世代の担い手である子どもたちに、ユネスコの無形文化遺産にも登録された、季節感を大切にする、繊細な細工をするなど独特な食文化を有する「和食」の重要性や、「ハレ」の日の特別な食事についても伝える必要があるだろう。

表2-3 日本の行事

行事	月日	行事食
正月	1月1日〜3日	屠蘇酒、雑煮、お節料理
七草（人日）	1月7日	七草粥
鏡開き	1月11日	鏡餅入り汁粉
小正月	1月15日	小豆粥
節分	2月3日	炒り豆
ひな祭り（上巳の節句）	3月3日	白酒、草餅、ひし餅
春分（彼岸の中日）	3月21日頃	ぼた餅
こどもの日（端午の節句）	5月5日	ちまき、柏餅、しょうぶ酒
七夕（七夕の節句）	7月7日	そうめん
盂蘭盆	7月13日〜15日	野菜・果物、だんご、精進料理
重陽の節句	9月9日	菊酒、菊飯→茶酒、栗飯
月見	9月15日	月見団子、里芋
秋分（彼岸の中日）	9月23日頃	おはぎ
七五三	11月15日	千歳飴
勤労感謝の日（新嘗祭）	11月23日	新しい穀物で餅または赤飯
冬至	12月22日頃	かぼちゃ
大晦日	12月31日	年越しそば

出典：石川寛子編著『食生活と文化—食のあゆみ』弘学出版、1998、p.166

　日本では四季折々の変化を大切にして、季節の特徴を活かした行事が行われてきた。特に季節の節目を節句と呼び、節句ごとの行事食も伝承されている（表2-3）。

　和食の行事食で最も華やかなものは正月料理であろう。古来日本では年神様を敬い、年神様に正月に来てもらうために師走に大掃除をし、家の入り口に門松を立て床の間に鏡餅を飾り、年末にお節料理[8]を作っておく。正月のお節料理は、海老は腰が曲がるまでの長寿、伊達巻きは巻物から学問成就、きんとんは金運、黒豆は「まめに」働く、ごまめは五穀豊穣（五万米）、数の子は子孫繁栄、といっためでたい内容のものばかりを揃えている。かつては地域・家庭ごとに特色のあったお節だが、近年は市販のものを購入することも増え、全国ほぼ同じような内容になっている。一方、お雑煮は各地方各家庭の特色が残っていることが多い。

🍚 2.5 世界の食文化

　世界には、各国の文化に沿った独特の食文化が存在する。前述の表2-2に、料理様式による分類を示した。中国料理、フランス料理、トルコ料理は、食する人口が多いため世界3大料理といわれている。中国料理では古くから食への関心が深く、あらゆる食材・部位を用いたり、乾燥させた食材などを巧みに利用している。また、土地が広大なため、世界のさまざま文化の影響を受けており料理の幅が非常に広い。

---

*8　もともと五節句の料理を「御節供」としていたが、最近では正月の料理のみを指す。

　フランス料理は、ギリシャから伝わったワインやパン、オリーブオイルなどを古代ローマ帝国が改良し、ヨーロッパ全土に普及させたものを起源とする。その後、アンリ2世に嫁いだイタリアのメディチ家の息女がフランスに、カトラリー*9や食事作法、さまざまな料理を伝え、現在のフランス料理のもとをつくった。

　トルコ料理は、ローマ、ペルシャの影響を受けているとされる。スパイスを豊富に使う点などが特徴的で、イスラム教信者が多い国々で食べられているが、現在はエジプトから中東、インドネシアまで広範囲の地域にわたっている。

　世界の食文化では、宗教によって食べられる食材を制限していることもある。例えば、ユダヤ教もイスラム教も豚を食べてはいけない、ヒンズー教では牛を食べてはいけないなどである。こういった信仰をもつ人々と食事をするときは、禁忌の食材を理解し、同席者もその食材を食べないのが基本的なマナーというものである。

2.6 授業づくりのポイント

　食育の推進に関する国の方針は農林水産省が統括している（2016年4月以降。それ以前は内閣府）。食育基本法が制定されて以来、食育に関するさまざまな施策が公布されている。近年は食育に関するイベントなどが盛んに開かれており、積極的な情報収集に努めてほしい。また、家庭ごとにさまざまな文化があるので、その多様性を活かしつつ、日本の伝統文化としての「和食」「箸使い」なども指導することが望ましい。小学校高学年で家庭科学習が始まる前から、学校給食など食に関わる時間や生活科の調べ学習などを活かして食への興味・関心を引き出すことができるとよいだろう。

食育資料	食育の推進　▶　農林水産省 http://www.maff.go.jp/j/syokuiku/	食育全般の情報は、農林水産省がとりまとめている。
	食に関する指導の手引　▶　文部科学省 http://www.mext.go.jp/a_menu/sports/syokuiku/1292952.htm	
	小学生用食育教材「楽しい食事つながる食育」　▶　文部科学省 http://www.mext.go.jp/a_menu/shotou/eiyou/syokuseikatsu.htm	授業で実際に活用できるように、文部科学省が食育に関する教材を作成・公開している。参考にするとよいだろう。
	食生活学習教材（中学生用）　▶　文部科学省 http://www.mext.go.jp/a_menu/shotou/eiyou/1288146.htm	
学校給食	学校給食について　▶　学校給食会連合会 http://www.zenkyuren.jp/lunch/aim.html	会食に関する指導の場として学校給食を捉える。
	学校給食の目標　▶　学校給食会連合会 http://www.zenkyuren.jp/pdf/leaf_mokuhyou.pdf	
絵本 図鑑	髙野紀子『「和」の行事えほん1 春と夏の巻』あすなろ書房、2006 髙野紀子『「和」の行事えほん2 秋と冬の巻』あすなろ書房、2007 髙野紀子『テーブルマナーの絵本』あすなろ書房、2011	低学年のうちから、読み聞かせの時間などを用いて、食材の季節感や正しいテーブルマナーなどに接する機会を設けよう。
	森枝卓士『みんな、何を食べている？ 世界の食事おもしろ図鑑—食べて、歩いて、見た食文化』PHP研究所、2009	図鑑などを活用して、世界の食文化への関心を高めることもできる。

---

*9　食卓用のナイフ、フォーク、スプーンなどの総称。

STEP UP　学校給食

学校給食は、1889（明治22）年に、山形県鶴岡市の私立忠愛小学校で貧困児童のためにおにぎりを中心とする昼食が出されたことが始まりといわれている。それが徐々に広がり、1932（昭和7）年に国庫補助による貧困児童への給食が実施された。

戦後は、1949（昭和24）年に文部、厚生、農林3省次官通達で学校給食実施の普及が奨励され、戦後の学校給食の方針が定まり、東京、神奈川、千葉で学校給食が再開した。1952（昭和27）年には全国で給食が実施されるに至った。次いで、1954（昭和29）年に学校給食法が制定され、学校給食の所要栄養量などが定められている。給食開始当初からアメリカからの脱脂粉乳と小麦が提供され、昭和30年から40年代はパン食が主流であったが、1976（昭和51）年には米飯が学校給食制度上明確に位置づけられ、米飯給食が全国で実施されるようになった。

2009（平成21）年、現代日本の食の問題点に焦点を合わせて学校給食法が54年ぶりに改正され、「食に関する正しい理解と適切な判断力を養う」点など、いわゆる「食育」を重要視した方向が示された。2017（平成29）年の時点で、給食から摂取する成長期の子どもの栄養素の所要量は、一日分の必要な栄養素量に対してカルシウム55%、タンパク質40%、ビタミン類33%と定めている。

学校給食の指導は、学級の特別活動と位置づけられ、学級担任の役割が大きい。給食の時間を使って、食育などを栄養教諭や栄養職員と共に行うことができる。例えば、学校の所在地の地域性を生かした独特なメニューが提供されたり、さまざまな行事食が提供されたりと、多様な工夫がなされている。また、会食の楽しさを経験することができるように、学級担任以外の教師、地域住民、保護者などとの会食が計画されるケースも見られる。

学校給食の目標は、以下のとおりである。
①適切な栄養の摂取による健康の保持増進を図ること。
②日常生活における食事について正しい理解を深め、健全な食生活を営むことができる判断力を培い、及び望ましい食習慣を養うこと。
③学校生活を豊かにし、明るい社交性及び協同の精神を養うこと。
④食生活が自然の恩恵の上に成り立つものであるということについての理解を深め、生命及び自然を尊重する精神並びに環境の保全に寄与する態度を養うこと。
⑤食生活が食に関わる人々の様々な活動に支えられていることについての理解を深め、勤労を重んずる態度を養うこと。
⑥我が国や各地域の優れた伝統的な食生活についての理解を深めること。
⑦食料の生産、流通及び消費について、正しい理解に導くこと。

朝食欠食児童が増えるなか、給食の重要性が見直されている。

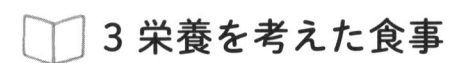# 3 栄養を考えた食事

3.1 献立の要件と献立作成

　献立作成はまず、一日のエネルギーの割合を朝:昼:晩でどのような配分にするかを決める。通常は0.8〜1:1:1くらいの割合で考える。

　次に、どのような献立を立てるかであるが、最初に考えたいのは「誰のためのいつの献立か」という視点である。対象者と、日常食か、供応食か、行事食かによって、内容が変わる。また、食材の旬を考えるとおのずと使えない食材、積極的に使いたい食材が出てくる。さらに、経済的な観点から使えない食材もあるだろう。また、食文化の観点から日本料理か西洋料理か、中華料理などの選択も場合によっては必要である（図2-9）。

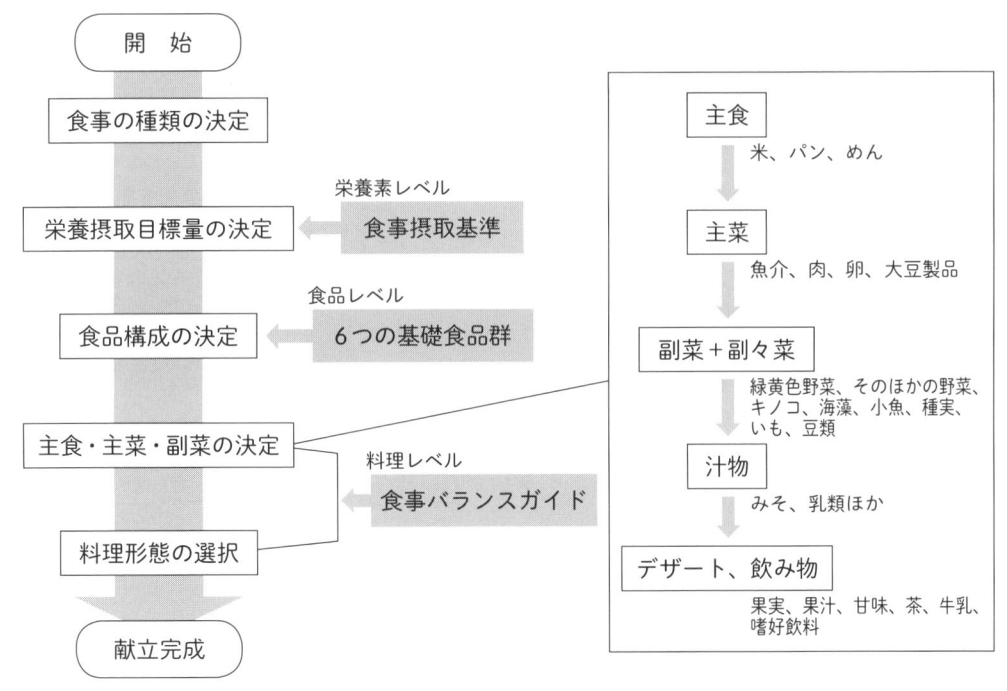

図2-9　献立作成のフローチャート
出典：筆者作成

　作成の手順としては、まず主食を考える。次に主菜であるタンパク源の魚、肉、大豆製品、卵製品について決める。次に、副菜、副々菜を考え最後に汁物を決める。また食後のデザートや飲み物を考えてもよい（図2-9右）。

　ほかにも、醤油や塩だけで味つけするのではなく、酢の物や香辛料などバラエティーに富む調味になっているか、調理方法は多彩であるか、おいしそうに見える彩りがよい食材が入っているか、といった点も考慮したい。

3.2 食品の栄養的な役割と組み合わせ

　どの栄養素も体に不可欠であるが、単独ですべての栄養素を網羅している食品はない。そこで、食品を組み合わせて調理品とし、さらにそれを複数組み合わせることで、バランスのとれた食事ができる。

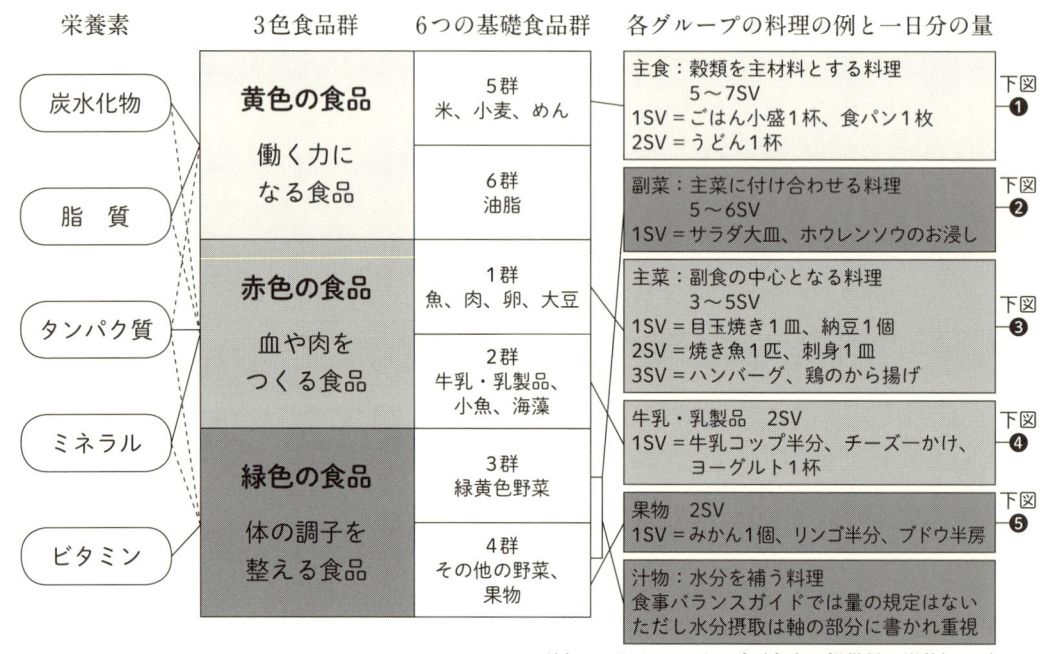

注）SV とはサービング（食事の提供量の単位）の略。

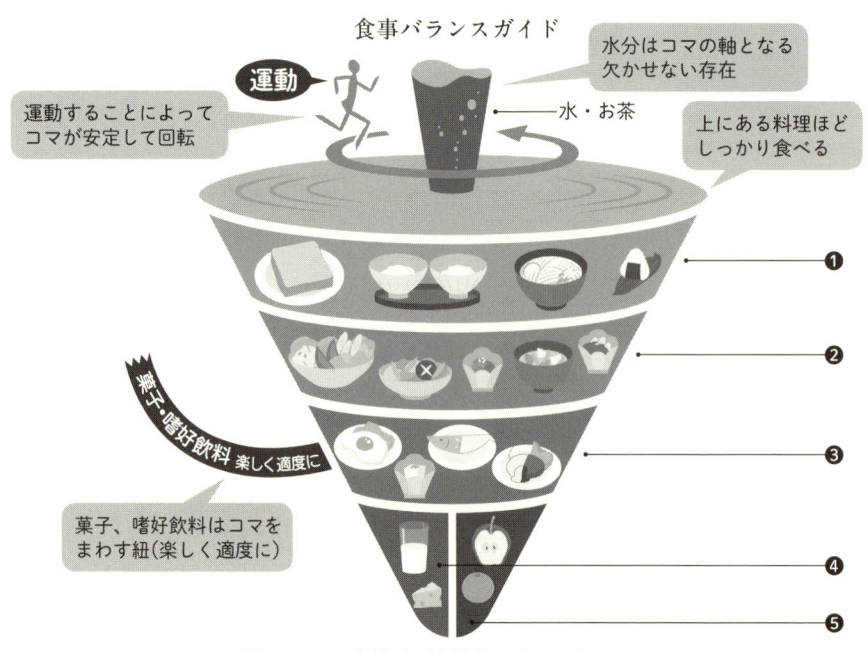

図2-10　食物と栄養素の組み合わせ

出典：厚生労働省「楽しく食べる子どもに―食からはじまる健やかガイド」、2004、p.54 及び農林水産省・厚生労働省決定「食事バランスガイド」を基に作成

　小学校での家庭科では、食品のもつ働き、すなわち栄養素をわかりやすい形で学習するために「3色食品群」を用いる（図2-10上）。授業で取り扱うときは、児童の実際の食生活を踏まえてそれぞれの食品の説明をするなど、児童自ら栄養摂取について関心をもつように指導したい。その際、小学校以降の家庭科学習も視野に入れて、「6つの基礎食品群別摂取量」への展開も意識するとよいだろう。

　成長期には、3色食品群中の「赤色」の食品が大事である。体ができていくこの時期は、体重1kgあたりのタンパク質の必要量が大人よりも多い。また、ミネラルの摂取量を意識することも重要である。例えば骨の基となるカルシウムについては、大人が一日に必要とする目安（600mg）と、小学生の必要量がほぼ同じである。小さい胃の容量で大人と同量の栄養素を摂取するには、食品を吟味しなくてはならない。小学生は、食事以外にも、栄養価を考えたおやつを食べて栄養素を補う必要がある。「黄色」の食品（油脂と炭水化物）を十分摂らないと、タンパク質からエネルギーを摂取することになり、成長のために使われない。「緑色」の食品も、エネルギーを効率よく産生するために十分摂ることが望ましい。近年の野菜摂取不足が問題視されているので、これらについてもしっかり考える必要がある。

　前述したように、複数の食品を含む調理品を組み合わせることで、バランスのとれた食事ができる。一日30品目摂取が好ましいといわれるのも、このためである。文部科学省・厚生労働省・農林水産省が連携して策定した「食生活指針」では、「野菜・くだもの、牛乳・乳製品、豆類、魚なども組み合わせて」摂取することを推奨している。また、最近は、炭水化物を制限するダイエットや米の消費減少に見られるように、穀類をあまり摂らない傾向があるが、過剰に制限すると健康を損なうので、「ごはんなどの穀類をしっかりと」摂ることも提唱している。

3.3 食事バランスガイド、食事摂取基準、6つの基礎食品群別摂取量の目安

　栄養素についての知識の有無で、生活の質が大きく変わる。現在、成人向けに食品摂取を指導する際に多く用いられるのは、「食事バランスガイド」（図2-10下）である。食事バランスガイドは、家庭科の男女必修化（中学校：1993〔平成5〕年／高校：1994〔平成6〕年）の実施以前に卒業した成人男性でも食事に関するマネジメントをできるようにする目的で定められているため、簡便に利用しやすいが、献立のなかの食材については考慮されない、器の大きさなどで量が左右されやすいなどの欠点がある。

　最も正確に栄養素の摂取量の目安を示すのが「日本人の食事摂取基準」である。2020年版では、健康の保持増進、生活習慣病の発症予防・重症化予防に加えて、高齢者の低栄養予防・フレイル予防も策定の方針として定められている。ライフステージごとの栄養素摂取量として、エネルギーについては1種類、栄養素については5種類の指標を設定し、適宜使い

*10 推定エネルギー必要量：エネルギーの過不足のリスクが最も小さくなる摂取量。
　　推定平均必要量：半数の人に不足状態が起こらないと考えられる摂取量。
　　推奨量：ほとんどの人が満たしていると推定される摂取量。
　　目安量：科学的根拠が十分ではないが、不足状態がほとんど見られないと推測される量。
　　目標量：生活習慣病の発症及び重症化予防のために当面の目標とすべき摂取量。
　　耐容上限量：ほぼすべての人が日常的に摂取しても健康障害を起こさない上限の量。

分けている*10。ただし、細かい栄養素摂取量は、計算ソフトがないと算出することが難しいので、一般的な家庭では、食事の栄養管理には6つの基礎食品群別摂取量を基に献立を立てるのが好ましい。小学生のうちから、簡便にまとめられている「3色食品群」に親しむことは、生涯の健康管理のためにも有意義である。

3.4 授業づくりのポイント

栄養素に関する情報を、食品面と栄養素の面で把握していく。すべてを教えることはできないが、児童からのさまざまな質問に答えるためには多くの情報を把握しておいた方が心強い。この項に関しては、1.6にも記したが、調理実習の前段階の授業数時間分を一連の流れとみなし、献立を個々で立てたり、調理実習の注意点として具体的に示していくような工夫をする必要があるだろう。また、栄養教諭の配置されている学校では、食領域の授業を栄養教諭と連携して展開することも可能である。

栄養に関する情報	日本人の食事摂取基準　▶　厚生労働省 http://www.mhlw.go.jp/stf/seisakunitsuite/bunya/kenkou_iryou/kenkou/eiyou/syokuji_kijyun.html	5年ごとに改訂されるため、最新のものを確認する。改訂の要旨も「概要」としてまとめられている。
	食事バランスガイド　▶　農林水産省 http://www.maff.go.jp/j/balance_guide/	作成の経緯に関する説明や食育教材、6つの基礎食品群に関する情報などが示されている。
	日本食品標準成分表　▶　文部科学省 http://www.mext.go.jp/a_menu/syokuhinseibun/index.htm 食品成分データベース https://fooddb.mext.go.jp/	5年ごとに改訂されるため、最新のものを確認する。改訂の概要も掲載されている。

STEP UP　食物アレルギー

給食指導や調理実習の安全管理は担任や担当教員の責務であるが、特に食べ物は体に直接的かつ短時間に影響をもたらすので、細心の注意が必要である。事前に児童・生徒の体調を整える指導も大切だ。食物アレルギーに関しては、全教職員が共通の情報を共有し、緊急時に対応できる体制が必要となる。

元来、生物には病原体などの有害物質から体を守る「免疫」というシステムが存在する。免疫では、非自己のタンパク質（抗原）が体内に侵入した際、生体内ではそれに対抗するタンパク質（抗体）を産生し、この抗体が抗原と結合することで抗原を無毒化する。通常、食物のタンパク質は消化され、その抗原性を失うが、食物アレルギーの場合、抗原となる食品中のタンパク質が消化されにくく、生体に非自己と認識されるため、過剰な免疫反応が引き起こされる。幼少期は食物アレルギーを起こしやすいが、その理由としては①消化吸収システムや粘膜のバリア機能が未発達なので抗原が侵入し

やすいこと、②免疫寛容[*11]が働きにくいことなどがわかってきた。

食物アレルギーは、表2-4にあるように、皮膚、消化器、呼吸器、循環器、神経系など全身に症状が現れる。全身性の強い症状が現れた際には、すみやかにアナフィラキシー補助治療薬（エピペン®）を用い、また救急搬送しなくてはならない。食物アレルギーの原因物質（食物アレルゲン）の症例は、全体の約70%が鶏卵・牛乳・小麦であり、また上位10品目で全体の90%を占める（図2-11）。食物アレルギーの事故を防ぐために、口にする食材の選定には十分注意することが大切である。

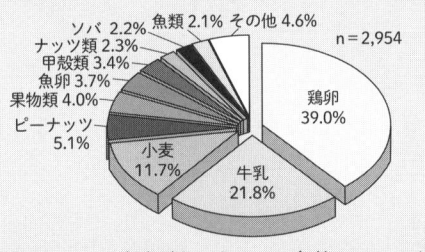

n＝2,954
鶏卵 39.0%
牛乳 21.8%
小麦 11.7%
ピーナッツ 5.1%
果類類 4.0%
魚卵 3.7%
甲殻類 3.4%
ナッツ類 2.3%
ソバ 2.2%
魚類 2.1%
その他 4.6%

図2-11　全年齢における食物アレルギーの原因物質

出典：今井孝成ほか「消費者庁「食物アレルギーに関連する食品表示に関する調査研究事業」―平成23年 即時型食物アレルギー全国モニタリング調査結果報告」『アレルギー』65（7）、2016、p.943

表2-4　アレルギーの臨床重症度

グレード	皮膚	消化器	呼吸器	循環器	神経
1	部分的なかゆみ、むくみ、じんましん、皮膚の赤みなど	口や食道の違和感や腫れ、かゆみなど	のどの違和感や腫れ、かゆみなど	―	―
2	全身のかゆみ、むくみ、じんましん、皮膚の赤みなど	吐き気一過性の腹痛、嘔吐、下痢	軽いくしゃみ、せき、鼻汁、鼻がつまる	―	動きたくない
3		繰り返す腹痛、嘔吐、下痢	繰り返すくしゃみ、せきひどい鼻汁、ひどく鼻がつまる	脈が速い	不安感が出る
4			のどが締めつけられ、息が吸いにくくなるゼーゼーいう、咳き込み呼吸困難など	不整脈血圧低下	強い不安感
5			呼吸停止	非常に激しく脈を打つ心停止に至ることも	意識喪失

注）症状のグレードは最もグレードの高い臓器症状にて判定する。グレード1はアナフィラキシーではない。

出典：日本小児アレルギー学会「食物アレルギー診療ガイドライン2012」、2012／文部科学省「アレルギー疾患対応資料（DVD）映像資料及び研修資料」を基に筆者作成

---

*11　免疫寛容：特定の抗原に対して免疫反応を示さない状態（例えば自己のタンパク質には免疫反応は起こさない）。

4 調理の実際

4.1 食の安心安全

4.1.1 食品の購入

　食品は、安心安全な店で購入するのを前提とする。安心安全な店とは、適切な栽培方法や飼育方法で生産管理された食材を、責任をもって出荷する業者から仕入れている店のことである。少々高価でも、そのような店では安心して食材を購入できる。

　日本では多くの食品が廃棄されている。食べられるはずの食品廃棄物は「食品ロス」と呼ばれ、これは現代の食の問題点のひとつである。外食での食べ残し、販売店での売れ残りの処分などが原因と考えられているが、家庭にも原因は見受けられる。調理の際に食材の可食部を過少に見積もり、廃棄分を増やす「過剰除去」、作り過ぎた調理品をそのまま廃棄する「食べ残し」、購入したのに保管中に消費期限や賞味期限[*12]を過ぎてしまい調理せず廃棄される「直接廃棄」などである。環境配慮を徹底するエコ・クッキングの前に、まずは食材購入時の注意、食材管理の方法などから工夫していきたい。地球環境に配慮して物を購入する消費者をグリーンコンシューマーという。例えばフードロスを防ぐために、余分な買い物を控える。買い物にも、車でなく徒歩や自転車で行くなど、環境に配慮した交通手段を選ぶ。フード・マイレージや食料自給率を考え、自国で生産している食品を買い、フェアトレード（p.101脚注[*16]参照）の食品を購入する。

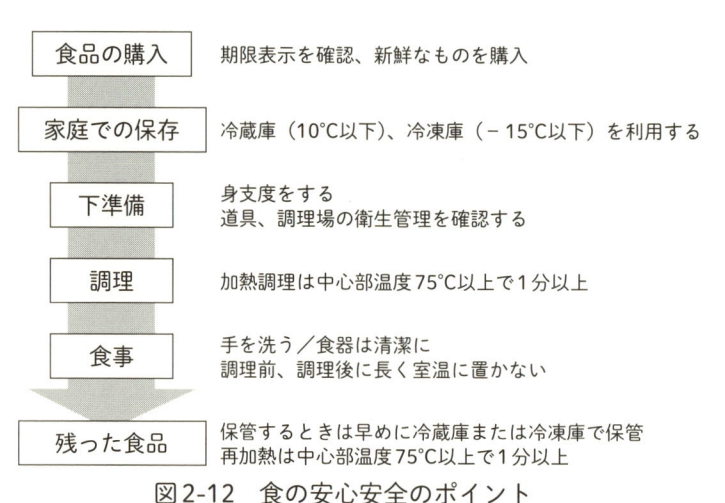

図2-12　食の安心安全のポイント

出典：厚生労働省「家庭でできる食中毒予防の6つのポイント」を基に作成

[*12] 食品には、安全においしく食べられる期間がそれぞれ表示されている。消費期限：短期間（おおむね5日間）で品質劣化する食品の食用可能期限。必ず期限を守る。
　賞味期限：長期間保存の効く食品の食用可能期限。3か月を超えるものは年月で表示。

4.1.2 食品の保存

　購入した食品は速やかに冷蔵庫や冷凍庫などに入れ、使う直前まで保管する。旬の野菜は翌日くらいまでなら室温で保管してもよい。旬でない野菜は冷蔵庫での保管が望ましい。いずれも、水分が蒸発しないように注意する。卵は、食中毒の原因となる細菌が殻に付着していることが多いので、冷蔵庫に入れる前に水洗いすると安全である。

4.1.3 食中毒

　食の安心安全で注意すべき点のひとつは、食中毒である。食中毒は表2-5に示すように、細菌ウィルスによるものと自然毒によるものとに分けられる。学校で起こる食中毒の件数が多いのはジャガイモのソラニンやチャコニンによるものであるが、最も患者数が多いのは感染性食中毒である。夏場はサルモネラや大腸菌群、冬場はノロウィルスなどに特に注意が必要である（表2-5）。調理実習時の注意点は4.2に後述する。きちんと身支度を整えて調理を始めても、食中毒が発生することがある。そのような場合、原因物質は食材に付着している細菌であることが最も多い。加熱調理をすれば死滅するので、中心温度が70℃3分、または80℃1分以上になるように、全体を加熱することが大事である。調理実習での食中毒の多くは卵が原因であり、半熟状態では細菌の死滅温度に達していないことから、火をよく通すことを心がける。特に、生肉・生魚は細菌ウィルスが発生しやすく、十分に加熱していないと食中毒を起こす可能性が高いので、小学校では生肉・生魚の使用は禁じられている。

表2-5　食中毒の原因物質

		病因物質	原因食品
細菌ウィルスによる食中毒	感染型	腸炎ビブリオ	海産魚介類及びその加工品
		サルモネラ属菌	食肉、卵、魚介類及びその加工品
		カンピロバクター	食肉及びその加工品・生乳
		病原性大腸菌	汚染された食品
	毒素型	ボツリヌス菌	ハム・ソーセージ・飯寿司・缶詰・びん詰
		ブドウ球菌	弁当・おにぎり・すし・あん類・クリーム・サラダ
	中間型	セレウス菌	でんぷん性の食品
		ウエルシュ菌	肉・魚介類の加熱調理品
		ノロウィルス	生かきなどの二枚貝
自然毒による食中毒	動物性	テトロドトキシン	ふぐ
		シガテラ毒	熱帯・亜熱帯の毒魚
		まひ性毒素	あさり・ほたてがい・むらさきがいなどの貝類
	植物性	ムスカリンなど	毒キノコ
		ソラニン・チャコニン	ジャガイモ
		マイコトキシン	かび
化学物質		ヒスタミン	チョコレート・魚介類・一部の野菜
その他		寄生虫	魚介類

出典：筆者作成

🍚 4.2 調理実習室の管理

　小学校の家庭科室は、被服の実習室と調理の実習室を兼ねていることが多い。その場合、

調理実習の前には、被服実習の糸くずや針などが落ちていないか事前にチェックする必要がある。まな板、包丁、布巾にカビなどが生えていないかの確認も必須である。布巾は3色用意し、食器用、調理用具用、台拭き用と使い分けさせる。終了後は煮沸消毒をするとよい。

また、体や衣服についている細菌を食べ物に移さないための身支度として、袖を隠すタイプのエプロン（割烹着や白衣など）が必要である。サロンエプロンの場合は、衣服の袖をまくって作業をさせる。また、長髪の女子は特に三角巾の脇から毛髪を出さないように指導する。コンロの火が髪に燃え移る事故を防ぐためである。病気の可能性がある場合には直接食材にふれるような作業を分担させない。

調理中は落ち着いて作業をすることが大切である。走りまわったり、急に動いたりしないようにさせる。また、包丁を持って移動するときは刃を下に向けることや、人に渡すときは柄を相手側に向けるなどの注意も事前にしておく必要がある。

表2-6に示した調理器具があると、基本的な料理の種類に対応できる。これら調理器具も、①使用後はきれいに洗う、②乾燥させて保管する、③日にちが経過していたら、使い始めに埃や汚れがないかチェックしたり水洗いさせたりする、といった注意が必要である。

表2-6　調理器具の名称

調理用具	フライパン、両手なべ、片手なべ、やかん、ボウル、ざる、まな板、ふきん、しゃもじ、万能包丁、さいばし、玉じゃくし、フライ返し あると便利：おろし金、キッチンばさみ、計量カップ・スプーン、網じゃくし、皮むき器、密閉保存容器
食器	茶わん、汁わん、どんぶり、皿、箸、スプーン、フォーク、湯のみ、ティーカップ、グラス類
家電製品	冷凍冷蔵庫、電気炊飯器 あると便利：オーブントースター、電子レンジ
加熱器具	ガスコンロ または ＩＨヒーターなど

出典：筆者作成

4.3 計量

計量は調理の基本であり、特に塩味は強過ぎると食べられなくなるので要注意である。計量には、はかり、計量カップ、計量スプーン[13]がある。調味料は、それぞれ嵩と重量の比率（嵩比重）が異なるため、材料の表記に示されている単位（体積か重量か）できちんと量る。和食は、塩味、醤油味、味噌味、酢の物など、素材の味を生かすために、調味料も単独または2、3種類に留めるのが基本である。内食は中食や外食と違って好みの味つけができる利点がある。

4.4 材料の洗い方

野菜や果物、魚の丸モノなどの食材は表面をすり洗いする。葉物野菜は溜めすすぎの要領

---

*13 調理の実用書には、小さじ（小1、5ml）を1Ts、大さじ（大1、15ml）を1Tbsと書くものがある。

で洗いおけに水を満たし、茎の間に入った泥や砂の汚れを除く。洗うことで、農薬なども除去できる。洗米は、炊飯の項目に後述するが、4〜5回水を換えながら指先で撹拌するように洗う。こするように「研ぐ」のは、最近の米の質がやわらかくなっているので強過ぎるといわれている。無洗米は、基本的には洗わず水を加えて炊く。

🍚 4.5 材料の調理

　まな板の上で材料を切るときは、乾いたもの以外は、まな板をぬれ布巾でふいてから使用する。まな板の上に水分の膜ができ、まな板に付着している雑菌などからの感染を防ぐことができ、汚れの沈着も防止できる。また、最後に汚れを洗剤で落とし、熱湯消毒するかよく乾燥させて保管する。紫外線殺菌ができる殺菌庫があるとなおよい。包丁の種類は菜切り包丁（和包丁）、万能包丁（洋包丁）、柳刃包丁、中華包丁などがあり、食材や切り方に合わせて使用するのがベストだが、一般家庭や小学校の調理室には、一般的に万能包丁を揃える。包丁もまな板同様の衛生管理にするが、年に1回程度研ぎに出すことが望ましい。

　基本的な切り方を図2-13に示したが、このように多様な切り方がある理由は、見栄えの問題だけではなく、味のしみこみやすさや絡みやすさ、加熱時間の短縮、などの利点がある。

　調理のうえでの最近の課題は、地球環境への配慮をすることで、以下のような例があげられる（STEP UPエコ・クッキングも参照）。湯や出汁を沸かすときはふたをする／揚げ温度にするまでの火力を削減するために、揚げ物を少量の油で揚げる／根菜の皮を利用してキンピラを作る、出汁をとった後の昆布で佃煮を作るなど、食材の廃棄量を少なくすることで、ごみを燃やす量を減らせる／炊飯器やコーヒーメーカーの保温を止める／洗うことが環境汚染の原因となるので、まな板を使わなくてよいものは使わない／研ぎ水を減少させるため開発された商品である無洗米を利用する。

　また、現在の家庭では、加熱器具の主流はガスコンロであるが、IH（4.7参照）などの技術も新しく導入されている。今後のエネルギー政策の方向によっては、そういった新しい技術が家庭での加熱の中心的役割を果たすようになるかもしれない。

あられ切り　ささがき　色紙切り　乱切り
かつら剥き　さいの目切り　小口切り　半月切り　拍子木切り
いちょう切り・扇面切り　角切り　輪切り　千切り
そぎ切り　くしがた切り　短冊切り

図2-13　食材の切り方

出典：荒田玲子『あすの健康と調理─給食調理へのアプローチ』アイ・ケイコーポレーション、2007、pp.27-28を基に作成

4.6 後片づけ

　調理・食事の間、または終了後に、すみやかに調理スペース及び食事スペースの後片づけを行うことは、食の安全安心を考えるうえで重要である。

　調理台の片づけに関しての注意点は以下のとおりである。

　ガスレンジのまわりが油や調味料、出汁などの液体で汚れているので、布巾でよく拭く。汚れが酷い場合は五徳を洗う。ゴキブリなどの害虫が棲みつく原因になるので、調理台の汚れをそのままにしない。流しも汚れているので、三角コーナーや排水溝に詰まった食材の残りはきれいに始末し、害虫を誘引する物質がないように気をつける。洗い水の削減と油汚れの排水への混入を避けるために、皿や鍋の汚れは紙で拭いてから洗う。使用する洗剤量の削減のために、水で汚れが落ちるものは水だけで、少量の油ものならアクリルたわしで洗う。野菜のゆで汁を洗い物用に利用する。洗剤は2、3倍に薄めて使い、使い過ぎない。

STEP UP　エコ・クッキング

　二酸化炭素を削減できる調理を計画・実施することは、「エコ・クッキング」の実践の第一歩である。4.5及び4.6に述べたような工夫で、加熱時間の短縮や保温電力の削減、ゆで汁の再利用、野菜の皮ごとの利用などによって、電気、ガス、水、生ごみ量を削減し、二酸化炭素の排出量全体を削減できると想定される[14]。

　学校教育においても、食生活における環境負荷について学習し、ライフサイクルエネルギーの試算や二酸化炭素排出量の算定、生ごみ減量、ガスや水の効率的な使い方、排水などについて学習した後、調理の場面での生かし方を実習して確認する取り組みも広がっている[15]。

　また、食物から得られる価値や満足度を保持しながら食の持続可能性を表現する一指標として、食物に関するライフサイクルで排出される二酸化炭素量と食物の価値の総合評価得点の割合を環境効率で表すことにより、全体の環境評価を行う検討もなされている[16]。今後、家庭生活の自然環境への影響などを学習していく際には、エコ・クッキングを対象にすることもあるだろう。家電製品の使い方の工夫による、二酸化炭素排出量の削減効果についてまとめているリーフレット[17]があるので、学習補助教材として活用していきたい。また、二酸化炭素排出量に関する日本及び世界のデータは環境庁や全国地球温暖化防止活動推進センターのウェブサイトなどを参考にするとよい[18]。

---

[14] 1世帯4人分の一般的な食事の通常の方法による調理で年間400.9kgと算定される二酸化炭素排出量を305.2kgまで削減できるとの報告がある。長尾慶子ほか「家庭におけるエコ・クッキングの実践がCO_2削減に及ぼす効果」『日本家政学会誌』59（11）、2008、pp.903-910を参照。

[15] 井元りえ　ほか「持続可能な食生活を目指した食教育プログラムの開発」（第1報）『日本家政学会誌』56（8）、2005、pp.541-551及び（第2報）『日本家政学会誌』56（9）、2005、pp.633-641

[16] 津田淑江ほか「食物の環境効率の試算」『日本調理科学会誌』45（4）、2012、pp.297-301

[17] 経済産業省ウェブサイト「家庭の省エネ大辞典」などを参照。

[18] 全国地球温暖化防止活動推進センターのウェブサイト「すぐ使える図表集」などを参照。

4.7 加熱調理の詳細

　小学校の家庭科では生ものを扱わないが、ゆでる、炒める、煮る、炊くという調理法は扱う。生活のなかで火を使うことは、ヒトがほかの動物と違うところであり、その火を食事に使うのが加熱調理である。加熱調理には、前述の調理法以外に、焼く、蒸す、揚げる、オーブン調理などが日常的に用いられている。以下に、違いを詳しく説明する。

　加熱することで栄養素の吸収がよくなる、嵩が減るので生よりも多くの食品を摂取できる、食品に付いている有害な細菌などを死滅させて安全性を高める、タンパク質が熱変性して咀嚼しやすくなり、野菜では細胞が軟化してその物性を変化させ、食べやすくなるといった利点がある。さらに、焦げて香ばしい風味などが加わり、調理品に多様性をもたらすことになる。加熱とは、分子が激しく動いている状態であり、隣り合った分子にその動きを伝えることで、熱が伝わっていくのである。

調理器具への熱の伝わり方による分類

伝導加熱
例）鉄板料理
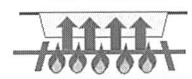

対流加熱
例）煮物など
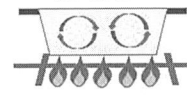

放射加熱
例）オーブンなど
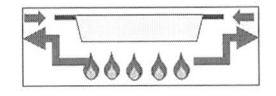

加熱の種類と器具による分類

加熱に使用する器具	加熱名	特長
ガス・炭・薪	伝統的な加熱	簡便
電磁調理器	誘導加熱	なべ底に熱が伝導しなくてはならないので、専用の鍋が必要
電子レンジ	誘電加熱	専用の用具が必要・水分減少が多い

食材に熱を伝える物質による分類

主な調理法	熱を伝えるもの	味つけ	
煮物	出汁	加熱中	湿式加熱 （水または水蒸気による加熱・100℃以下）
蒸し物	水蒸気	加熱前または食卓で	
ゆで物	水	食卓で	
焼き物	鉄板・空気	加熱前	乾式加熱 （水を加えず脱水しながら加熱・150℃前後）
揚げ物	油	加熱前または食卓で	
炒め物	油・金属板	加熱前または食卓で	

図2-14　加熱調理についての分類
出典：筆者作成

　食品が加熱されるときには熱の移動が起こるが、これを伝熱という。熱源から食品までの熱の伝わり方で分類すると、伝導加熱（焼く、炒める、煎る）、対流加熱（ゆでる、煮る、揚げる、沸かす、蒸す）、放射加熱（炭火焼き、グリル焼き、オーブン焼き）の3形態がある（図2-14）。伝導加熱とは熱をもった分子が隣接した分子に熱を伝えることで、加熱された食品の外側から中に向かって熱が伝わる加熱方法である。魚の塩焼きなど、熱源と熱媒体と食品が直接触れている場合に起こる。対流加熱は高温の熱源と食品の周囲に気体、液体が動いて加熱する。食品の片側から加熱する伝導加熱よりも熱効率がよい。放射加熱は、赤外線の一種である遠赤外線の電磁波が食品にあたり、それにより食品分子が振動することにより加熱される方法である。対流加熱も放射加熱も、食品の中心部は外側からの伝導加熱によって加熱されている。

　食材に熱を伝える物質による分類では、主に湿式加熱と乾式加熱に分けることができる。湿式加熱は水を用いて加熱する方法、煮る、ゆでる、蒸す、炊くなど、乾式加熱は水を用い

ない調理方法で、炒める、揚げる、焼くなどである。湿式加熱、乾式加熱それぞれに、食品中の水分量の変化、温度帯などに特徴が現れる。

小学校の調理実習で経験する主な加熱方法は、ゆでる、炒めるなどであるが、卵や根菜類のように水からゆでるもの、ほうれん草など沸騰してからゆでるものがある。ゆでるときは、水が沸騰する過程（鍋肌に泡のつく様子や、泡の大きさと温度の対比など）を観察させておくと、実際の調理で沸騰前に食材を湯に入れてしまうといった事態を防げる。

炒める操作は、主に食材を細かく切り、油を用いて撹拌しながら短時間で火を通し、調味する方法である。食材を細かく切るので表面積が大きくなる分、炒め過ぎに注意する。炒め過ぎると水分が出てしまい、乾式加熱の持ち味が失われてしまう。炒め調理は加熱されやすく、短時間で終わるので、調味料や盛りつける食器などをあらかじめ用意しておく。また、調理終了後、鍋に調理品を入れたまま盛りつけずにいると、加熱時間をいたずらに延ばすことになるので注意する。調理時間が短時間なことから野菜の色が保たれ、加熱に弱いビタミンの損失も少ない。油の食味も加わり、油脂に溶けやすいビタミン類の体内利用効率も高くなる。炒めるときにはバター、オリーブオイル、ラード、植物油が用いられ、材料の3〜5％が適量とされる。また、チャーハンでは米粒全体に油がまわる必要があるので、油は食材の1割程度必要であるとされている。

器具に関して加熱の種類を分類すると、伝統的な加熱のほかに、電子レンジの誘電加熱とIH（Induction Heatingの略）の誘導加熱がある。これらは共に電気を利用した発熱方法で、熱源そのものは発熱しない。電子レンジの誘電加熱は、食品に含まれる水分子を電子レンジから発生するマイクロ波によって振動させることで加熱する仕組みである。短時間の加熱で済むことがエコ・クッキングに貢献する一方で、徐々に加熱することが必要な料理には不向きである。また、電子レンジは全国消費生活情報ネットワーク・システムへ事故の事例が多く寄せられているので注意が必要である＊19。IHの誘導加熱は、まずトッププレートの下にある電磁誘導コイルに電流を流し、コイルの数に応じた磁力線を発生させる。それに伴って磁力が発生し、その磁力で鍋底に渦状の電流を生じさせる。IHは、電流の発生場所に金属があると、その金属の抵抗に応じたジュール熱が発生するという原理を利用している。熱効率がよく、鍋自体が発熱するので、鍋の大きさに応じた加熱がなされる。熱効率はガスや電気の4〜50％に比べ、80％と大変効率的である。しかし、電気エネルギーを受け取る側の鍋は、電気抵抗の低いアルミといった利用できないものが多い。最近オールメタル対応ヒーターができたが、まだ普及率は低い。

加熱調理器具として小学校で最も利用されているのはガスだと思われるが、ガスを使用する際には、①紙や菜箸など燃えるものを近くに置かない、②隣のコンロも使う場合には鍋の取っ手などが熱くならないように注意する、③袖口や長い髪も燃える原因になるので身支度

＊19 液体の突沸、卵の破裂、金属装飾物のついた皿による火花、耐熱性のないプラスチック容器の溶解及び内分泌かく乱物質の溶出の報告がある（国民生活センター「電子レンジを安全に使うために―使い方による危険性を探る」、2003）。

も重視する、④ガスが漏れないよう定期的なホースの点検を行う、⑤使用後には元栓を必ず閉めるようにする、といった点に注意する。

 ## 4.8 炊飯の実際

うるち米は、水と熱を加えて飯粒の中心まででんぷんを糊化させることにより、ふっくらとした飯に炊き上げることができる。図2-15に示すように、糊化時間は98℃以上20分を維持することが望ましい。炊飯は、米を中心とした食事をとってきた日本独自の方法で、主にゆでて使う諸外国での米の調理方法とは異なる。下記のステップをそれぞれ確実に行うことが大事である。

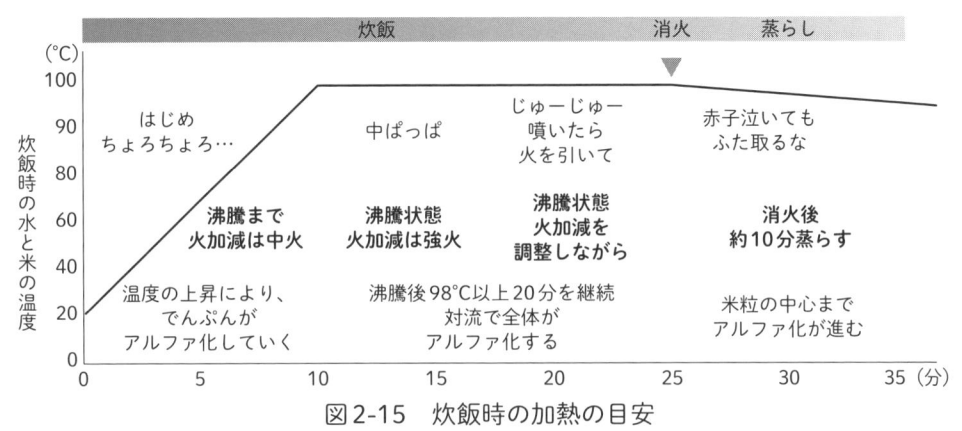

図2-15　炊飯時の加熱の目安

出典：科学技術振興機構「発見!くらしの中の科学 ご飯をおいしく炊く炊飯器の工夫」『サイエンスウィンドウ』8 (3)、2014
及び関千恵子・貝沼やす子「米の調理に関する研究（第4報）」『家政学雑誌』37 (2)、1986、pp.93-99を基に作成

①計量・洗米

一合180mlの米は重量としては150gで、米に付着している糠や混入しているゴミなどを除くために洗米する。洗米中にでんぷんが溶出する一方、米の重量の10%程度の吸水をする。

②加水・浸漬

飯の炊きあがり重量は米の2.3〜2.4倍とされるため、炊飯中の蒸発量も見込んで、通常は米重量の1.5倍、容量の1.2倍の水を加えて炊飯する。古米と呼ばれる収穫後1年以上が経過した米は、水量を若干多めにして炊くが、新米はその反対に少し控える。

粒の中心まで糊化させて芯のない飯に炊き上げるために、加熱前に浸漬する。米の表面から水が入っていくが、中心までの浸漬時間は水温によって異なる。冷たい水（5℃程度）でも、30〜120分ほど置けば、米粒の中心まで水がいきわたる[20]。

③加熱

加熱は3段階に分けて行い、沸騰後20分程度で糊化が終了する。加熱によって図2-15のような温度変化と糊化の進行、米の性状変化を生ずる。使用する鍋には、ふきこぼれにくい形

---

[20] 米の表面から徐々に吸水していく様子や、水温と吸水率の関係などについては、以下も参考にしてほしい。
農業・食品産業技術総合研究機構食品総合研究所「米の吸水過程のMRIによる観察」、2003
坂本 薫ほか「炊飯における温水浸漬と低温浸漬が米の吸水率に与える影響」『日本調理科学会誌』、2015

状をした文化鍋が適しているが、沸騰などの状況を視認できるように透明のガラス鍋を使うとよい。沸騰に至るまで温度を上昇させる段階は、中火から強火で加熱し、次に、ふきこぼれない程度に中火を保ち、沸騰を継続させ、米の吸水とでんぷんの糊化を進ませる。さらに、焦げないように弱火にして合計20分加熱する。土鍋のような熱伝導度は低いが保温性のよい鍋は沸騰後10〜12分の沸騰維持でよい。沸騰から約15分間加熱し、その後の蒸らしも合わせて、米のでんぷんの糊化に必須とされる「98〜100℃以上、20分」になる。

④消火・蒸らし・撹拌

消火したのち、蓋を開けずに10〜15分間放置する。この間に米の中の水分の分布が均等になり、芯のないご飯となる。蒸らし終了後に撹拌して余分な水分を飛ばしておく。消火時は表面が水っぽく、粘りがなく、芯を感じる炊き上がりであったものが、飯粒の中心まで糊化し、適度な粘りと弾力、艶のある飯となる。

4.9 汁物の調理

①出汁をとる

家庭では市販の粉末出汁を使用して調理する機会も多いからこそ、小学校の家庭科の汁物調理では、和食文化の継承のためにも、出汁をとることが基本である。

出汁をとる際は、まず、出汁の種類を何にするか考える必要がある。出汁は表2-7にあるようにかつおや昆布の単独だけでなく、両者を用いた混合出汁、煮干し出汁などもあり、洋風スープのブイヨンや、中華の湯（タン）も出汁である。和食の味噌汁では、主にかつおや煮干しなど魚系の出汁が主に使われるが、豚汁など肉系の出汁も使われる。吸い物としては昆布やアサリなどの出汁が主である。和食の出汁の基本は、グラグラ煮えたたせないことである。使用量が多いと味にコクがでる。

コンソメは完成されたというフランス語である。野菜と肉をぜいたくに使って数時間煮込んで漉したスープのことであり、原材料費はどの出汁よりも高価である。中華風出汁（タン）（湯）は鶏がら・ネギなどを煮て漉したもので、ブイヨンよりもあっさりしている。

表2-7　出汁の種類

和風	かつお一番出汁	かつお節
	かつお二番出汁	かつお節の一番出汁がら
	昆布出汁	昆布
	混合出汁	かつお節・昆布
	煮干し出汁	煮干し
洋風	ブイヨン	牛すね肉、鶏がら、野菜（たまねぎ、セロリ、ニンジン）、香辛料
	家庭用コンソメ	牛赤身肉（ひき肉）、鶏がら、野菜（たまねぎ、セロリ、ニンジン）、卵白
中華	中華風出汁（タン）（湯）	鶏肉、豚赤身肉、長ネギ、しょうが

出典：筆者作成

　小学校の汁物調理では煮干し出汁を学ぶが、ここでは日本の代表的な出汁の2例を示す。

かつおと昆布の混合出汁：昆布を水に浸けて30分以上おき、弱火で加熱し沸騰直前に昆布を出してからかつお節の削り節を入れて一煮立ちさせ、削り節が沈んだら布巾で漉す。削り節は絞らない。これを一番出汁という。二番出汁は昆布とかつお節を入れ、数分煮てから布巾で漉し、絞り汁も入れる。

煮干し出汁：煮干しの頭と内臓をとって身を2つに裂き、水に入れておき、30分程度おいたら火にかけて数分煮出す。

②和風の汁物の味つけと具の準備

　和風の汁の味つけとしては、塩、醤油、味噌などがあるが、いずれも塩分が1%以内になるように計量する。具は、味噌汁の場合はほとんどの食材を用いることができる。表2-8にあるように味噌の種類は材料による分類で麦、豆、米があり、いずれも麹菌により食材のタンパク質がアミノ酸まで分解されうまみがでるものである。塩や醤油で調味する澄まし汁は、貝や白身魚、エビしんじょなど、あっさりした味わいの高タンパクな食材が入ることが多い。中身がよく見えるので、具を見せるための汁ともいえる。

　盛りつけは、汁物なのであくまで汁が主体である。具材なども彩りよく配置することが望ましい。

表2-8　味噌の種類

種類	味	名称（例）	材料の割合（重量）		色
			大豆	米（麦）	
米みそ	辛みそ	仙台みそ	1	0.6～0.8	赤
	辛みそ	信州みそ	1	0.7～0.8	淡黄
	甘みそ	西京みそ	1	1.8～2.0	白
麦みそ	辛みそ	田舎みそ	1	0.5～1.0	赤、淡黄
	甘みそ	田舎みそ	1	1.5～2.5	白
豆みそ	辛みそ	八丁みそ	1	－	赤

出典：筆者作成

4.10 授業づくりのポイント

　調理実習を計画するにあたって、食材の購入から調理、食事、後片づけまでが一連の流れであるが、実習のなかで食材の購入までは行われない。しかし、食の安全を守るためには、食中毒や食物アレルギーによる事故を防ぐための知識を学ばなければならない。

　和食の最も基本となる白米炊飯及び出汁をとった味噌汁の調理を行うのは必須である。しかし、原理がわからなければ実践に活かせないので、原理を多角的に教えられる知識・情報を教師が身につけておくことが望ましいだろう。加えて、献立作成や分量計算に関してもグループではなく個々で取り組ませることが望ましい。できるか／できないかではなく、実際に取り組んでみた経験が将来の食生活のなかで生きてくると考える。

　調理実習の際には、調理室の管理方法を学ぶことを通じて、家庭での台所のメンテナンスに結びつけることが望ましい。さらに、子どもたちが、将来どんな調理器具に囲まれて生活するかはわからないため、各家庭で接する機会がない器具にも興味をもてるようにすることが、自立を見据えた指導として重要ではないだろうか。

	食品安全に関する総合情報サイト ▶ 消費者庁 http://www.caa.go.jp/policies/policy/consumer_safety/food_safety/ food_safety_portal/	食品の安全に関する総合的な情報がまとめて掲載されている。
	家庭でできる食中毒予防の6つのポイント ▶ 厚生労働省 http://www1.mhlw.go.jp/houdou/0903/h0331-1.html	食中毒を予防するために必要な注意点がまとめられている。
食の安全	学校安全Web ▶ 日本スポーツ振興センター http://www.jpnsport.go.jp/anzen/anzen_school/tyosakekka/ tabid/1490/Default.aspx	学校で起きている事故についてまとめられている。事故事例のなかに、食中毒とアレルギーに関するものもある。
	自然毒のリスクプロファイル ▶ 厚生労働省 http://www.mhlw.go.jp/stf/seisakunitsuite/bunya/kenkou_iryou/ shokuhin/syokuchu/poison/index.html	食中毒の原因物質が紹介されている。
	セルフケアナビ 食物アレルギー ▶ 厚生労働省 http://www.mhlw.go.jp/stf/seisakunitsuite/bunya/kenkou_iryou/ kenkou/ryumachi/	食物アレルギーに関する情報が紹介されている。
	アレルギー疾患対応資料（DVD）映像資料及び研修資料 ▶ 文部科学省 http://www.mext.go.jp/a_menu/kenko/hoken/1355828.htm	アナフィラキシーに関しての対策資料が掲載されている。
調理の実際	和食文化の保護・継承 ▶ 農林水産省 http://www.maff.go.jp/j/keikaku/syokubunka/culture/index.html	和食に関して、国として統括するのは農林水産省である。
	和食文化国民会議ウェブサイト https://washokujapan.jp/	一般社団法人として和食文化を保護・継承するために活動している団体もある。

第3章 衣生活

本章のねらい

□ 衣服の働きの全体像を捉えよう

□ 衣服の働きや快適な着方を理解するために、素材について知っておこう

□ 寒いときに暖かく、暑いときに涼しく過ごすための着用の工夫について理解しよう

□ 日常着の手入れの仕方を理解しよう

□ 布を用いた製作に必要な材料や正しい手順を理解しよう

□ 児童の実態に合わせた製作指導のポイントを押さえておこう

□ 本章の学びを授業づくりに生かすとともに、読者自身の衣生活に役立てよう

📖 1 衣服の着用

　小学校学習指導要領家庭科において、衣服の着用については、課題をもって、健康・快適・安全で豊かな衣生活に向けて考え、工夫する活動を通して、衣服の着用に関する基礎的・基本的な知識及び技能を身につけ、衣生活の課題を解決する力を養い、衣生活をよりよくしていこうとする実践的な態度を育成することをねらいとしている。具体的には、衣服の主な働きとして、保健衛生上及び生活活動上の働きがわかり、その学びと連動させて季節や状況に応じた日常着の快適な着方について理解し、考え、工夫することを目指している。

　本節では、衣服の働きの全体像を紹介した後、小学校で取り上げる保健衛生上及び生活活動上の働きについて述べる。次に、保健衛生上及び生活活動上の働きを理解するために必要な知識として、衣服の素材について解説する。さらに保健衛生上の働きのなかでの、寒いときに暖かく、暑いときに涼しく過ごすための衣服の着用、すなわち温熱的に快適な衣服の着用について、科学的な背景と共に詳しく述べる。

👕 1.1 衣服の働き

1.1.1 衣服の働きの全体像

　誰もが毎日着ている衣服であるが、その働きに改めて注目してみると、「保健衛生」「生活活動」「社会活動」「自己表現」という4つの観点から捉えることができる。

　まず保健衛生上の働きとは、外界の温度・湿度の変化や、日射などの刺激から人体を保護することにより、適切な体温と清潔な状態を保つことであり、衣服の働きとして最も基本的なものといえる。次に生活活動上の働きとは、さまざまな作業やスポーツ、睡眠など、活動の特性に応じて動作をしやすくする、活動時の危険から人体を保護するなど、衣服を着ている人の活動を助ける働きである。

　一方、衣服には社会的・心理的な働きもある。そのひとつが社会活動上の働きであり、社会規範やマナーに合った服装をすることで、集団生活を円滑に送ることが可能となる。例えば、冠婚葬祭での儀礼マナーに従った服装、TPO（Time:時／Place:場所／Occasion:状況）に応じた服装、ドレスコードに従った服装、職業や所属する学校によって定められた制服などは、社会活動上の働きを重視した衣服の代表例といえる。さらに、衣服には着用者の自己表現という働きがある。衣服を選ぶとき、自分の嗜好に加えて、自分をどう演出するか、他者からどのように見られたいか、といったことも意識するだろう。このように、衣服は着用者自身の心理的な面に作用するだけでなく、他者とのコミュニケーション手段ともなりえる。

　私たちは、これら4つの働きを総合的に考えて毎日着る衣服を選んでいる。外出前に着る服を選ぶときのことを振り返ってみてほしい。天気や気温に合わせ（保健衛生上の働き）、運動・勉強・仕事などの活動予定に合わせ（生活活動上の働き）、学校・会社・友人宅など自身

の所属や外出先を考慮して（社会活動上の働き）、自分が好きな（自己表現）衣服を選んでいる。このように、私たちは、衣服の4つの働きをごく自然に考え合わせて毎日の服装を決めているのである。

　以上の衣服の働きのうち、本書では、保健衛生上の働き、及び生活活動上の働きを取り上げる。なお、衣服の社会活動上の働きと自己表現については中学校家庭科で学ぶ。

1.1.2 保健衛生上の働き

　衣服の保健衛生上の働きとは、衣服を着ている人の適切な体温と清潔な状態を保つことである。衣服を着用していて温熱的に快適な状態、すなわち暑くもなく寒くもないちょうどよい状態にするには、人体と衣服の間の微空間（衣服内）の温度と湿度が一定範囲内であることが必要とされている（図3-1）。

　人体は産熱や発汗によって体温を維持しているが、衣服を着ることも体温の維持に不可欠であり、衣服の着用を工夫して外界の多様な気候に対応している。例えば、冬は重ね着によって外気の寒さから体を守り、温熱的に快適な状態を実現している（図3-2）。季節によって衣服を替える、いわゆる衣替えも、このような気候への対応という意味をもっている。

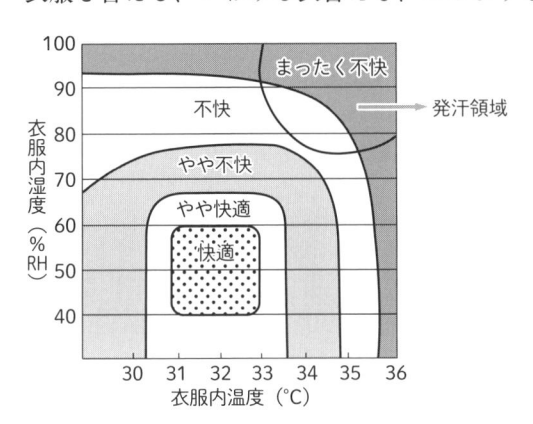

図3-1　衣服内気候と快適感の関連
出典：原田隆司・土田和義・丸山淳子「衣服内気候と衣
　　　服材料」『繊維機械学会誌』35（8）、1982、p.350

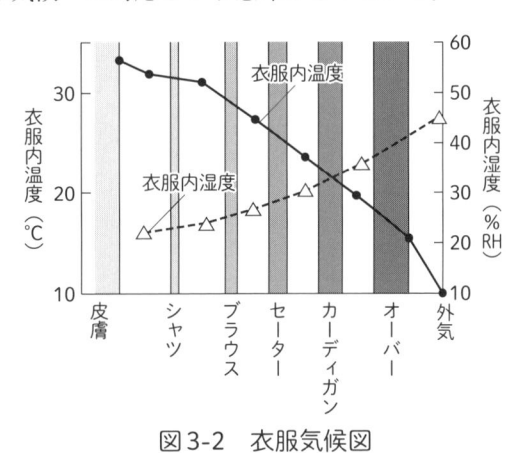

図3-2　衣服気候図
出典：田村照子編著『衣環境の科学』建帛社、2004、
　　　p.34を一部改変

1.1.3 生活活動上の働き

　衣服の生活活動上の働きとは、衣服を着ている人の活動を助ける働きである。

　例えば作業着は、作業時の危険から体を保護するために適度な厚みと、動きやすいように適度なゆとりがある。スポーツウエアは、運動時の体の動きを損なわないように伸縮性の高い布が使用されている。また、給食を配膳するときに着るかっぽう着やエプロンは、表面が滑らかな布が使用されており、日常着の上に重ねて着ることにより、衣服表面の汚れや繊維の毛羽などが配膳中に混入することを防ぐと同時に、配膳時の体の動きをスムーズにする、日常着が配膳時に汚れるのを防ぐなど複数の機能を果たしている。

　さらに、活動場所や活動内容によっては、安全の確保や危険回避のために、目立つ色の上

✳ 第３章　衣生活　✳ ✳

着を着たり、帽子をかぶったりするのも、衣服の生活活動上の働きを示す例である。

1.2 衣服の素材

　衣服の保健衛生上の働きと生活活動上の働きを正しく理解するためには、素材についての知識が重要である。衣服を構成する素材の最小単位は繊維であり、繊維から糸が作られ、さらに糸を織る、編む、または繊維を絡ませることにより布が作られ、その布を縫製することで衣服が完成する。

1.2.1 繊維

　衣服を構成する繊維の種類は、衣服に付属しているラベルに組成表示として示されている。繊維は、その原料から天然繊維、再生繊維、合成繊維に大別され、再生繊維と合成繊維は主な製造工程が化学処理なので化学繊維と総称される。

　天然繊維には、植物を原料とする植物繊維と、動物由来の動物繊維がある。植物繊維としては、セルロースを主成分とする綿と麻が代表的である。綿はコットンとも呼ばれ、繊維全体にねじれがあり、このねじれにより繊維間に空気を多く含むので、かさ高性と弾力性が生まれる。また繊維内部が中空構造であることが形状面での特徴である。

　動物繊維としては毛と絹が代表的であり、いずれもタンパク質を主成分とする。毛とは獣毛の総称であり、主要なものは羊毛でウールとも呼ばれる。羊毛の繊維表面には、ウロコ状で水をはじく性質のキューティクルがあり、このキューティクル同士が引っかかり繊維が絡み合って固定され、密な構造になる現象をフェルト化という。また羊毛は繊維全体が縮れているのも大きな特徴であり、この縮れにより繊維間に空気を多く含むので、かさ高性と弾力性に富む。絹はシルクとも呼ばれ、カイコが繭を形成するときに作る繊維である。図3-3に綿と羊毛繊維の形状を示す。

　再生繊維とは、天然繊維に化学処理を施した繊維であり、代表的なものにはレーヨン、キュプラがある。合成繊維は石油を原料として合成された繊維のことで、代表的なものとしてナイロン、ポリエステル、アクリルがある。また、スポーツウエアなどの素材に配合されているポリウレタンも合成繊維の一種であり、伸縮性に富むことが特徴である。

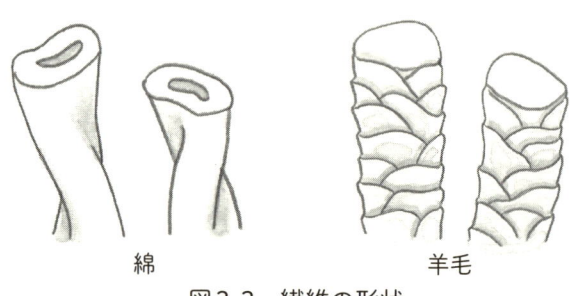

綿　　　　　　　　　羊毛

図3-3　繊維の形状

1.2.2 糸

　繊維を集めて一方向に引き揃えてねじる、すなわち撚りをかけることによって糸が作られる[1]。同じ繊維であっても、糸を構成する繊維の長さや撚り数の違いによって質感や性質の異なる糸になる。例えば、同種類・同量の繊維から作った糸でも、撚りが少ないと糸の中に空気を多く含むので太くて柔らかい糸になり、撚りを多くかけると細くて硬い糸になる。

1.2.3 布

　布は、糸または繊維の構成方式により、織物、編物（ニット）、不織布に分けられる。

　織物とは、たて糸とよこ糸と呼ばれる2種類の直交する糸を交差して構成され、たて糸とよこ糸の交差の規則性により、さまざまな織組織が見られる。代表的な織組織は平織、斜文織（綾織）、朱子織の3種類であり、これらは三原組織と総称される。三原組織の模式図、特徴と織物例を図3-4に示す。織物は布目方向によって引っ張られたときの伸びやすさが異なる。布目方向については、図3-5に示す。たて方向（布幅両端の「みみ」と平行方向）と、よこ方向の伸びやすさはごく小さく、斜め方向の伸びやすさが比較的大きい。また、同じ糸から作られた布であっても、織組織や糸密度[2]の違いにより、布の保温性、通気性、吸水性などの性質は異なる。

名称	織組織	特徴と織物例
平織	たて糸　よこ糸	すべてのたて糸とよこ糸が1本ずつ交互に交差する。 糸がずれにくく、しっかりとした丈夫な布になる。 薄地の布を作りやすい。 例：ガーゼ、ブロード、羽二重
斜文織 （綾織）		たて糸とよこ糸が2本以上でずれながら交差し、布表面に斜めの綾があらわれる。 厚地でもやわらかい布になる。 例：デニム、サージ、ギャバジン
朱子織		たて糸またはよこ糸が布表面で長く浮きながら交差する。 光沢のある滑らかな布になる。 糸がずれやすいので、引っ張りや摩擦に弱い。 例：サテン、綸子

図3-4　織物の三原組織

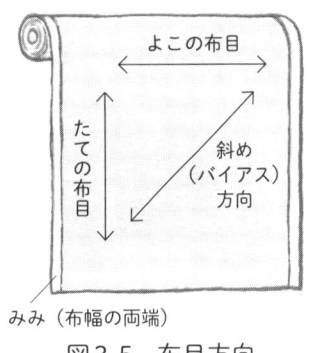

図3-5　布目方向

＊1　繊維から糸を紡ぎ出す一連の工程は一般に紡績という。ただし繭から生糸を作る工程は製糸と呼ばれる。また、衣服素材で見られる「混紡」という表記は、糸を作る紡績の際に複数の種類の繊維を混合したことを表している。
＊2　織物のたて方向とよこ方向の単位長さあたりのたて糸とよこ糸の本数。

編物とは、糸がループ状に連結して構成される布であり、ニットとも呼ばれる。よこ編みとたて編みに大別され、さまざまな編み組織が見られる。図3-6によこ編みとたて編みの例を示す。編物は織物と異なり、糸のループの連なりから構成されているので、織物に比べて布の中に空気を多く含むことができる。また編物は、布内部の糸のループが小さな力でも変形しやすいので、大きな伸縮性が得られる。したがって肌着やスポーツウエアなど体に密着する衣服は、編物で作られることが多い。

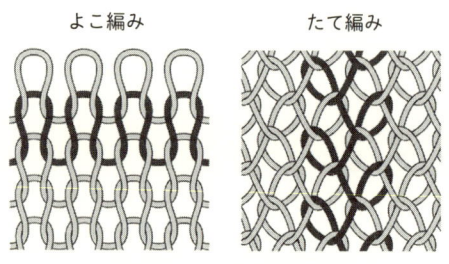

図3-6 編物の組織

不織布とは、繊維同士を絡ませてシート状に成形したもので、布端がほつれにくいことが特徴である。衣服に使われる不織布としては、羊毛フェルトが古くからある。最近は、ポリエステルなどの化学繊維を原料とする不織布もフェルトと呼ばれ、手芸材料として市販されている。また、原料や厚さの異なる多様な不織布が生産されており、マスクなど衣服以外の用途でも幅広く利用されている。

1.3 温熱的に快適な着方

衣服の保健衛生的な働きの主なものである、温熱的に快適な着方、すなわち暑くもなく寒くもないちょうどよい快適な状態にするための衣服の着方について、詳しく述べる。まず、衣服を介した熱と水分の移動の仕組み、衣服の素材との関わりを理解し、それらの知識をもとに温熱的に快適な衣服の着用について具体的に考える。

1.3.1 熱と水分の移動の仕組み

熱の伝達方式には「伝導」「対流」「放射」の3種類があり、衣服着用時には、人体・衣服・外気の間で、これら3種類の方式で熱が伝達されている。さらに、体表面から出た汗の「蒸散」も熱の移動に関わる。

伝導（図3-7）とは、物質の中を熱が伝わる現象のことであり、物質の種類により熱の伝わりやすさ（熱伝導率）は異なる。例えば、寒冷期の屋外で金属と木材に触れたとき、金属の方が冷たく感じるのは、金属が木材よりも熱伝導率が高く、触れた皮膚の熱がすばやく奪われて金属に移動するためである。繊維は金属に比べて熱伝導率が低く、さらに空気は繊維と比べて非常に熱伝導率が低い（繊維の約 1 ／ 10）。つまり空気は熱を伝えにくいので、この空気の性質を利用して衣服の保温性を高めることができる。空気をたくさん含む羽毛を布の間に挟んで保温性を高めているダウンジャケットが好例である。

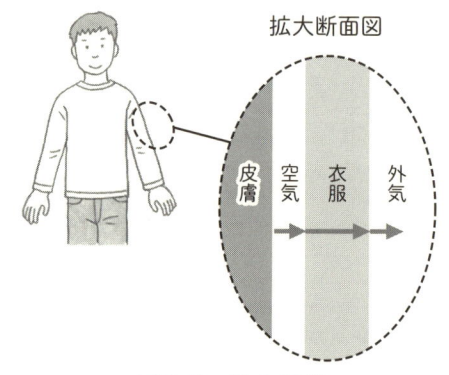

図3-7 熱の伝導

図3-8　熱の対流

図3-9　熱の放射

　対流（図3-8）とは、空気や水などの流体によって熱が伝わる現象のことである。例えば、寒い日に風が吹くと余計に寒く感じるのは、風による空気の対流で体表面から熱が奪われるからである。滞留している空気は熱伝導率が低く保温性が高いが、対流が起こると保温性は低下し、熱は伝わりやすくなる。これは暑熱期の涼しい着方に活用でき、例えばハワイの伝統衣装であるムームーは、身頃を絞らないたっぷりとしたシルエットで、衣服内の空気の対流を促す涼しい衣服形態の例である。

　放射（図3-9）とは、発熱体から発せられる電磁波（赤外線）を受けることによって熱が伝わる現象である。代表的な発熱体は太陽で、直射日光を受けて物質表面が熱せられるのが放射による熱伝達の例である。特に暑熱期の屋外では、太陽からの放射熱をいかに防ぐかが温熱的快適性に影響する。電磁波は基本的に直進するので、体表面を直射日光下に露出せず、衣服や帽子、日傘などで遮蔽することが効果的である。実生活での熱の移動では、これら伝導、対流、放射という3つの現象が同時に発生している。

　人体からの熱移動については、以上の伝導、対流、放射に加えて、体表面から出る汗の蒸散、すなわち汗が体表面で蒸発するときに気化熱を奪って体表面の温度が下がるという現象も考慮する必要がある。

　体表面から出る水分としては、不感蒸散と呼ばれる常時出ている気体の水蒸気と、暑熱時等に出る液体の汗がある。これら体表面から出る水分の移動のうち、水蒸気の移動では、①空気と共に衣服や繊維の隙間を通過して外気に出る、②衣服内部に吸収される（吸湿）という2種類があり、液体の汗の移動については、蒸散のほかに、衣服内部への水分の吸収（吸水）がある。

　液体の汗は、前述したように体表面から蒸発されれば体表面の温度を下げるのに寄与するが、多量の汗をかき、その汗の一部が蒸発されずに体表面に残ると、体表面と衣服間の空気層の湿度が高くなり不快になる。したがって、体表面から出た余分な汗は、衣服や外気へすばやく移動させる必要がある。

1.3.2 素材の性質との関わり

　衣服の素材の性質のうち、着用したときの暖かさ・涼しさに影響を及ぼすものとして保温性と通気性、水分移動に関する性質として吸湿性と吸水性があげられる。

　保温性は、空気の熱伝導率の低さを利用し、布の中に空気を多く含むことで高めることができる。例えば繊維内部に中空部分があるもの、繊維全体にねじれや縮れがあるものは、繊維内部や繊維間の隙間に空気を多く含むことができるため保温性が高い。ただし、糸の撚り数や太さ、布の組織構造や布目の粗さなど多くの要因によって保温性は変わるので、保温性が高くない繊維でも、糸や布に成形する際の製法やそれらの構造次第で布としての保温性を高めることができる。また通気性は、布の表裏をつなぐ隙間を通して空気が通る性質のことであり、糸の太さや布の織目、編目の粗さなどに左右される。

　吸湿性は、布を構成する繊維の分子構造によって決まる。水との親和性が高い分子構造、例えばセルロースやタンパク質からなる天然繊維や再生繊維は吸湿性が高く、水との親和性が低い分子構造の合成繊維は吸湿性が低い。ただし、合成繊維のなかには、製造時に化学的な改質処理を行い、吸湿性を高めた高機能性繊維も最近登場している。

　吸水性は、繊維の形状や表面の性質によって異なり、繊維内部に中空部分があるものや、表面が濡れやすい繊維や糸から構成される布は高い吸水性を示す。例えば繊維内部に中空部分をもつ綿や麻の布は吸水性が高い。また、合成繊維のなかには、製造時に繊維を押し出すノズルの形状を変えることで繊維表面に凹凸を作り、吸水性を高めているものもある。

1.3.3 暖かい着方の工夫

　寒いときに暖かく過ごすためには、体から出る熱を逃がさないよう保温性を高める着方が重要となる。

　まず、長袖、長ズボン、手袋、帽子などで衣服による被覆面積を大きくする。衣服の衿口、袖口、裾などの開口部を体に密着させ、人体と衣服の間の暖かい空気が逃げるのを防ぐ。また、衣服のゆとり量が大きくなり過ぎないようにする。なぜなら、衣服のゆとりが大き過ぎると、空気層の対流による熱移動が多くなり、保温性が低下するからである。

　複数の衣服を重ねて着る、いわゆる重ね着も効果的である。着ている衣服全体の厚さが増すだけでなく、衣服と衣服の間に空気層ができることで保温性が高まる（図3-10）。しかし重ね着の枚数が多過ぎると、衣服の重さで空気層がつぶれてしまう。また、風のある屋外で重ね着をする場合、下着など肌に近い層では、繊維や糸間の隙間が多く空気をたくさん含む衣服を、最外層には通気性が低く風

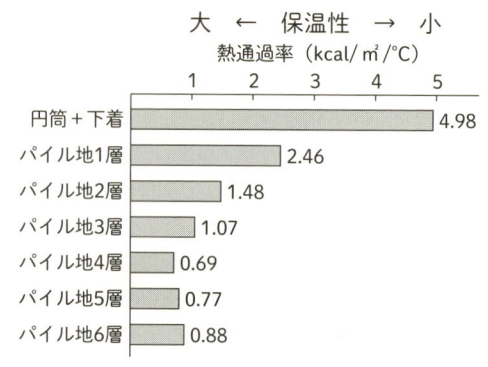

図3-10　重ね着の効果

出典：Winslow, C. E. A. & Herrington, L. P., *Temperature and Human Life*, Princeton University Press, 1949, p.116.

を通しにくい衣服を着用することで、重ね着の効果をより高めることができる。

　衣服の素材としては、布内部に空気を多く含んで保温性の高い素材を選ぶ。具体的には、毛など保温性の高い繊維や、撚りが少なく太い糸から成る布、織目が密な布などがあげられる。また、布の間に中綿や羽毛を挟んで縫い止めて固定したキルティング地やダウン地は、保温性を大いに高めている素材といえる。

　最近は、高機能性素材を使った寒冷期用衣服も登場している。そのひとつに吸湿発熱素材がある。この素材は、体表面から出る不感蒸散（p.87参照）の水蒸気を繊維が吸湿する際に熱エネルギーが発生する、いわゆる吸着発熱作用を応用したものである。この吸着発熱作用と、発生した熱の保温、吸湿した水蒸気の外気へのすばやい放出、という一連の熱と水分の移動が、複数種類の化学繊維を改質し複合させた布の開発によって実現されている。

1.3.4 涼しい着方の工夫

　暑いときに涼しく過ごすためには、体から出る熱を逃がす、外界からの放射熱を防ぐ、汗への対応の3点を考えた着方が重要である。

　衣服の形態としては、半袖やショートパンツなどで被覆面積を小さくする。ただし、直射日光下では、太陽からの放射熱を防ぐために体表面を覆う方が効果的であり、放射熱を多く反射する白色もしくは淡色の衣服が望ましい（図3-11）。さらに、衣服のゆとりを大きくとり、衿口、袖口、裾などの開口部を大きくすると、人体と衣服間の空気の対流による熱移動が増え、体表面からの汗の蒸散も促進される。

　衣服の素材としては、体から出る熱を効率的に逃がすために、織目が粗く通気性の高い布や、細い糸から織られた薄い布といった素材を選ぶとよい。サッカーや楊柳（ようりゅう）など表面に凹凸をもつ布は、汗をかいているときも肌に貼りつかず清涼感が得られる。

　蒸散されずに体表面に残っている汗は、体表面と衣服の間の湿度を上昇させ不快となるので、衣服で吸収し、衣服から外気に放出させる必要がある。このような場合は吸水性の高い素材が適している。また、暑熱期向けの高機能性素材としては吸汗速乾素材がある。これは、合成繊維を改質して吸水性を高めるとともに、吸った水分がすばやく布表面に濡れ広がることによって外気に放出され、衣服表面の温度を下げ、快適性を高めている。

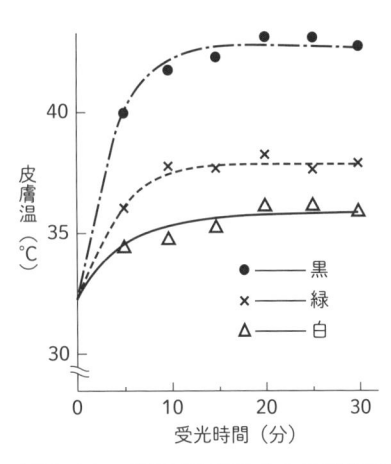

図3-11　真夏炎天下での皮膚温変化の衣服の色による違い
出典：中橋美智子編著『身近な素材を活用した衣生活の実験・実習』教育図書、2003、p.61

1.4 授業づくりのポイント

　衣服の働きについては、日常生活のなかで場面に応じて着替える理由や、季節による衣服の違いとその特徴などを、児童の身近な生活を振り返って考えることにより実践的な学びが得られる。簡単な実験を行うことにより、生活における科学的な理解を深めることもできる。例えば、衣服の素材である布の性質については、織物と編物のさわったときの感触の違いを確かめたり、伸びやすさを比較したりする実験が考えられる（図3-12）。また、温熱的に快適な着方に関しては、容器に入れた湯の温度変化の違いを布による覆いの有無で比較する保温性実験があげられる（図3-13）。

　なお、寒いときに暖かく、暑いときに涼しくという温熱的に快適な着方については、「住生活」での「快適な住まい方」と関連した授業づくりが可能である。他教科との関連としては、気候に対応した衣服という観点では社会科、熱や水分の性質や伝わり方という観点では理科と関連した授業づくりも考えられる。

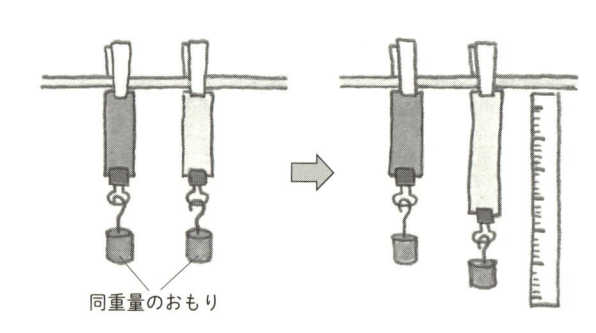

①2種類の布を同じ大きさ（例えば幅3cm、長さ20cm）にカットしてつるす。

②それぞれの布に同じ重さ（200g程度）のおもりをつける。

③20分後の布の長さを測定して比較する。

注）同一の布であっても布目方向により伸びやすさが異なるので、実験用の布片準備時には、布目方向に注意する。

同重量のおもり

図3-12　布の伸びやすさの比較実験

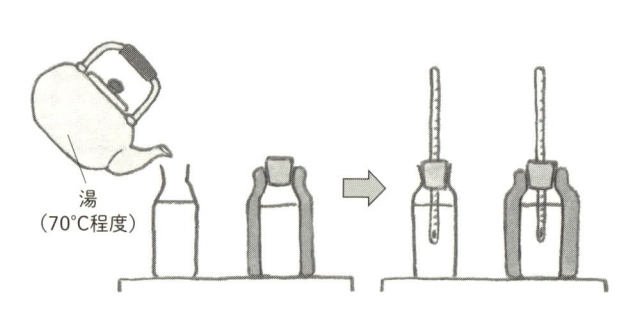

①同種同サイズの空き瓶または空き缶を2つ用意する。一方の容器の側面に布を巻き付けて覆う。

②両方の容器に、70℃程度の湯を同量（容器の八分目程度）入れる。

③時間経過による各容器内の湯の温度変化を測定して比較する。

注）キルティング地やフリースなど保温性の高い布を用いると、布の有無による違いが大きくなりわかりやすい。さらに条件を変えて、同じ布の重ね枚数による違いなども実験できる。

湯（70℃程度）

図3-13　布の保温性実験

2 衣服の手入れ

小学校学習指導要領家庭科において、衣服の手入れについては、課題をもって、健康・快適・安全で豊かな衣生活に向けて考え、工夫する活動を通して、衣服の手入れに関する基礎的・基本的な知識及び技能を身につけ、衣生活の課題を解決する力を養い、衣生活をよりよくしていこうとする実践的な態度を育成することをねらいとしている。

本節の内容は、学習指導要領が示す項目「衣服の着用と手入れ」における「日常着の手入れが必要であることや、ボタンの付け方及び洗濯の仕方を理解し、適切にできること」と深く関連している。小学校家庭科では、洗濯の方法については手洗いを主に扱い、洗剤については使用量について扱っているが、実際に指導する際には、手洗いだけでなく洗濯機などの機械の利用方法、洗剤の成分についての知識も必要である。したがって本節では、手洗いと洗濯機などの機械の利用の両方、洗剤については成分の科学的な解説も行う。

さらに本節の最後では、学習指導要領が示す項目「環境に配慮した生活」における「自分の生活と身近な環境との関わりや環境に配慮した物の使い方などについて理解すること」に関連した、衣生活において考慮すべき点について述べる。

2.1 衣服を手入れする目的

着用した衣服は、汚れが付着する、形が崩れるなど、外観が劣化する。また、汚れが繊維の間に付着することにより、衣服の通気性や保温性を低下させる、体表面を清潔に保てなくなるなど保健衛生上の機能低下を招いたり、汚れが衣服を傷める原因になることもある。このような状態になるのを避けるために、衣服の素材や汚れの性質などに合わせた適切な手入れを行うことが必要である。適切な方法で手入れをすれば、衣服を長持ちさせることができるが、手入れの方法を間違えると汚れが落ちないばかりではなく、衣服の損傷を招く。なお、衣服の収納・保管も手入れの一環であり、衣服の形や素材に合わせたやり方で行えば、衣服のシワや型崩れなどを防ぐことができる。

衣服を手入れする主な目的は汚れの除去である。生活のなかで衣服に付く汚れは、以下の2つの観点で分類できる。

ひとつめの観点は汚れの発生源である。汗、皮脂、角質、血液といった着用者自身の体に由来する汚れは、えり部分や肌着など体に直接触れる衣服に多く付着する。泥や食品といった外部に由来する汚れには多様なものがあり、外気にさらされている衣服に多く付着する。

2つめの観点は汚れの性質である。汚れは、水溶性、油溶性、固体粒子の3種類に大別される。水溶性汚れ、すなわち水に溶ける汚れとしては、汗、血液、果汁などがあげられる。ただし、血液のようにタンパク質を含む汚れは、時間経過や加熱によって変性し不溶性となる。油溶性汚れ、すなわち油汚れは水には溶けないが、有機溶剤には溶けやすい汚れで、皮

脂や食用油などがあてはまる。固体粒子汚れとしては、ほこり、花粉、泥、煤などがあげられ、水にも油にも溶けない。ただし、ほこりや花粉などは洋服用ブラシなどで払い落とすことができる。これは水溶性・油溶性汚れとの大きな違いである。

　実際には、衣服に付着している汚れ成分は単一ではなく、複合的なものになっている場合が多い。このような汚れを除去することが、衣服の手入れの主な目的である。本節では、衣服の主要な手入れ方法である、家庭での洗濯を中心に述べる。

2.2 汚れを落とす仕組み

　着用した衣服にはさまざまな汚れが付着している。これらの汚れを洗濯によって落とすためには、洗剤、水、機械力の3つが必要である。ここでは、特に洗剤と機械力について述べる。まず、洗剤の主成分である界面活性剤の働きについて解説する。

2.2.1 界面活性剤の働き

　汚れ、特に油汚れや繊維の隙間に付着した固体粒子汚れを落とすには、洗剤に含まれる界面活性剤[*3]という物質が重要な役割を果たしている。

　界面活性剤は、ひとつの分子の中に、水になじみやすい部分（親水基）と油になじみやすい部分（親油基）の両方をもっている（図3-14）。この構造により、水溶液中で①浸透作用、②乳化作用、③分散作用、④再付着防止作用という4つの働きをする。

①**浸透作用**：水に濡れにくい物質の表面を濡らしやすくすることであり、界面活性剤の親油基が物質の表面にくっつくことで、親水基が水に向いて並び、物質表面が濡れやすくなる。

②**乳化作用**：水中に油の細かい粒子が均一に混ざることである。撹拌などの機械力が水溶液に加わると、油が細かい粒子になり、界面活性剤が親水基を外側にしてその粒子を取り囲むことにより、油の粒子は水と分離せず混ざり合う。

③**分散作用**：水中に固体の細かい粒子が混ざることである。撹拌などの機械力が加わると界面活性剤の親油基が粒子の回りにつく。親水基を外側にしてその粒子を取り囲むことにより、固体粒子は水と分離せず混ざり合うことが可能となる。

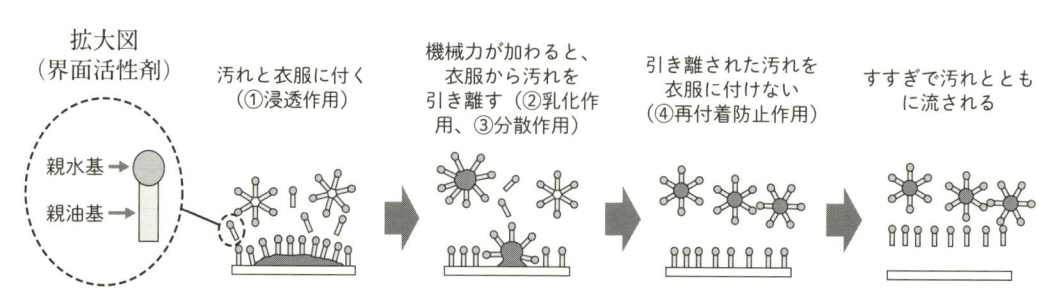

図3-14　界面活性剤が汚れを落とすプロセス

＊3　界面活性剤は、動物性油脂、植物性油脂、石油などを原料とし、多くの種類がある。また、洗剤以外にも食品や化粧品などに配合され、さまざまな用途で使われている。

④**再付着防止作用**：水溶液中の汚れや布が界面活性剤に取り囲まれて、汚れが布に付着できなくなる作用のことである。

　以上の4つの作用により、油や固体粒子を含む汚れは、界面活性剤により除去される。界面活性剤が水溶液中で、布に付着した汚れを落とすプロセスを図3-14に示す。界面活性剤はまず、布と汚れの表面につき、機械力が加わると、汚れを布表面から引き離す。さらに、引き離した汚れを取り囲んで水中に留まらせ、再び布につかないようにする。最後にすすぎで、汚れは洗濯液と一緒に流され、布表面の界面活性剤も洗い流される。

2.2.2 洗剤

　家庭での洗濯に使う洗剤[*4]には、界面活性剤のほかに、界面活性剤の働きを助ける物質である補助剤も配合されている。洗剤のパッケージの側面には洗剤の成分が表示されており、界面活性剤の配合率と種類のほかに、アルカリ剤、安定化剤をはじめとする補助剤について記載されている（図3-15）。これらの成分のうち特に確認が必要なのは、蛍光増白剤と漂白剤の配合の有無である。

　蛍光増白剤とは、白色衣服の白さを増すための一種の染料であり、淡い色や生成りの綿や麻の衣服を白っぽく変色させることがある。淡色衣服のこのような変色を避けるためには、蛍光増白剤が配合されていない洗剤を選ぶ。漂白剤は、汚れの色素あるいは汚れ自体を化学的に分解する働きがある。漂白剤に触れることにより衣服が色落ちや変色する場合があるので、注意が必要である[*5]。

　洗剤の使用量は汚れの落ち具合に影響を与える。図3-16に、「使用量の目安」の洗剤量で洗濯したときの汚れの落ち具合を100%とした場合の、洗剤の使用量と相対洗浄率の関係を示す。この図からわかるとおり、洗剤のパッケージに記されている「使用量の目安」よりも少ないと汚れ落ちはよくないが、「目安」より量を増やしても洗浄率はほとんど変わらない。むやみに洗剤の量を増やすと、す

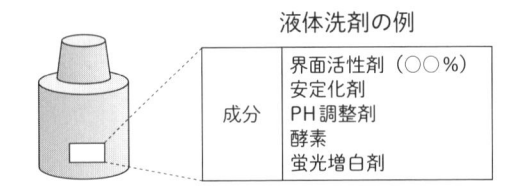

液体洗剤の例

成分	界面活性剤（○○%） 安定化剤 PH調整剤 酵素 蛍光増白剤

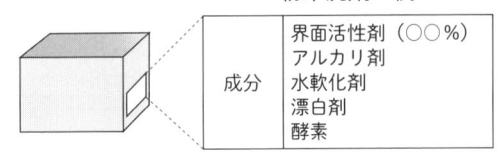

粉末洗剤の例

成分	界面活性剤（○○%） アルカリ剤 水軟化剤 漂白剤 酵素

図3-15　洗剤の成分表示例

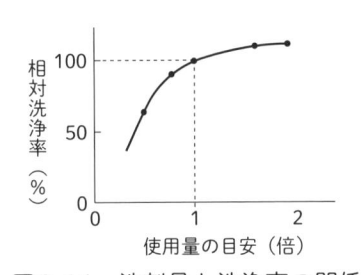

図3-16　洗剤量と洗浄率の関係

出典：教師養成研究会家庭科教育学部会編著『小学校家庭科教育研究』学芸図書、2010、p.72を一部改変

[*4]　洗濯用洗剤は、配合されている界面活性剤の種類により、合成洗剤と石けんに分類される。現在市販されている洗剤のほとんどは合成洗剤である。

[*5]　洗剤に配合されている漂白剤は酸素系なので、漂白剤配合の洗剤を使用する際には、洗濯する衣服の取扱い表示で、酸素系漂白剤の使用が禁止されていないかを確認する必要がある。漂白剤の種類及び衣類の取扱い表示については p.97 参照のこと。

すぎ残りが生じるなどの悪影響もあるため、「使用量の目安」に従って使用する。

2.2.3 機械力

洗濯で汚れを落とすには、水と洗剤だけでなく機械力も必要である。機械力とはいわゆる機械による力という意味ではなく、洗濯液に浸した衣服に物理的な力をかけて動かすことにより、先に述べた界面活性剤の働きを助けるという意味である。機械力としては、洗濯機と手洗いの2種類がある。

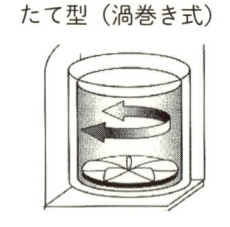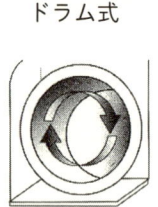

図3-17　洗濯機の洗浄方式

現在日本で使われている洗濯機の洗浄方式は、たて型とドラム式の2種類である（図3-17）。たて型洗濯機は、洗濯槽の底部にあるパルセータという可動部を回転させて水流を起こすことで、衣服に機械力を加える。ドラム式は、円筒形のドラム全体を回転させ、洗濯液中の衣服をドラム槽内でたたき落とすことで衣服に機械力を及ぼす。

手洗いには、押し洗い、振り洗い、つかみ洗い、もみ洗いといった方法があり、どの方法で洗うかによって機械力は大きく異なるので注意が必要である。押し洗い、振り洗いは機械力が小さく、特に押し洗いは衣服を一方向に押す動作により、衣服内部に洗濯液を通過させることで汚れを落とすので、ウールのセーターなどフェルト化しやすい衣服の洗濯に適している。一方、つかみ洗い、もみ洗いは機械力が大きい（図3-18）。

機械力の強さ	機械力：小さい		機械力：大きい	
名称	押し洗い	振り洗い	つかみ洗い	もみ洗い
洗い方	衣服をたたんで、洗濯液中で、沈める、浮かせる、を繰り返す	衣服はたたまずに、洗濯液の中で軽く振る	洗濯液中で、汚れている部分を握ったり離したりを繰り返す	汚れている部分をもむように洗う
用途	ウールのセーター	薄地の衣服	セーターの袖口などの部分汚れ	靴下などの部分汚れ

図3-18　手洗いの主な方法と用途

図3-19に洗濯機の強水流で洗濯したときの洗浄率を100％とした場合の、洗濯機及び手洗いでの洗い方と相対洗浄率の関係を示す。手洗いの方法や、洗濯機の水流の強さや洗濯ネットの使用といった機械力の違いによって洗浄率は異なり、機械力が大きいほど汚れはよく落ちる。ただし、大きな機械力は衣服を傷めることがあるので、素材に応じた洗い方を選ぶ。

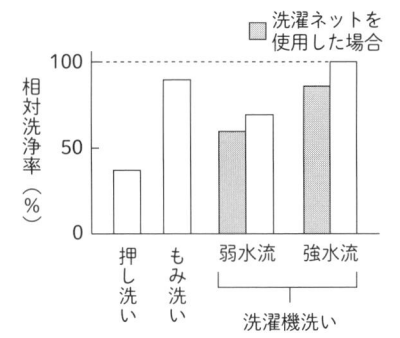

図3-19　洗い方と洗浄率の関係
出典：教師養成研究会家庭科教育学部会編著『小学校家庭科教育研究』学芸図書、2010、p.72を一部改変

2.3 衣服の素材に応じた手入れ

2.3.1 衣服の取扱い表示

　衣服の素材に応じた手入れを行うには、衣服の「取扱い表示」と「組成表示」を確認し、適切な手入れ方法を選んで行う必要がある。

　取扱い表示の記号は2016（平成28）年12月に変更された[6]。日本独自の表示記号から国内外共通のものとなり、取扱い方の上限を示している点[7]が、旧表示との大きな違いである。図3-20に示すとおり、5つの基本記号（洗濯、漂白、乾燥、アイロン、クリーニング業者での扱い）と、強さ、温度、禁止事項を表す付加記号の組み合わせで構成されている。また、アイロン時のあて布使用など、記号だけで伝えられない情報は、簡単な言葉で記号の近くに記載される場合がある。

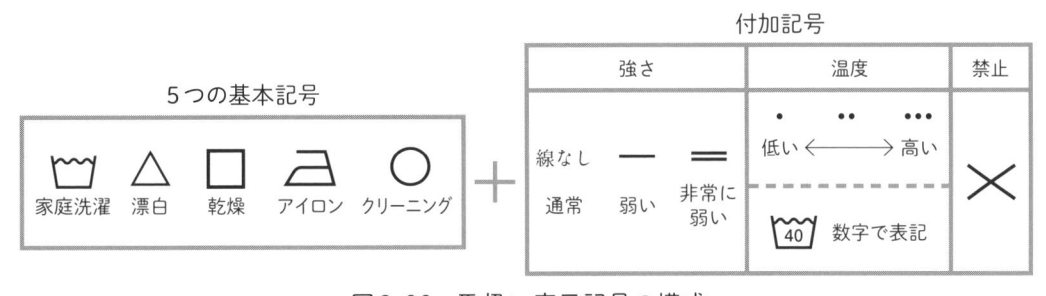

図3-20　取扱い表示記号の構成

---

[6]　現行の表示記号は「繊維製品の取扱いに関する表示記号及びその表示方法」（JIS L0001：2014）にて規定され、2016年12月から施行。2016年11月以前の表示記号は、「繊維製品の取扱いに関する表示記号及びその表示方法」（JIS L0217：1995）にて規定。なお本章では、2016年11月以前の表示記号を「旧表示」と呼ぶ。
[7]　表示内容よりも強い力や高い温度での洗濯やアイロンがけは、衣服を損傷する可能性があるという意味で「上限表示」と呼ばれる。一方、旧表示は、衣服メーカーが推奨する手入れ方法を示している。

2.3.2 洗い・すすぎ

洗濯する衣服に応じた洗い方（水流やコース、水温）と洗剤を選ぶ。洗い方は、衣服の取扱い表示を確認して適切な方法を選ぶ。図3-21に家庭での洗い方についての取扱い表示記号例を示す。なお記号「［洗40］」はおおよそ旧記号の「［40］」に相当する[8]。取扱い表示記号のそばに、「裏返して洗う」「同系色と一緒に洗う」など、洗い方についての付記があれば、それに従う。

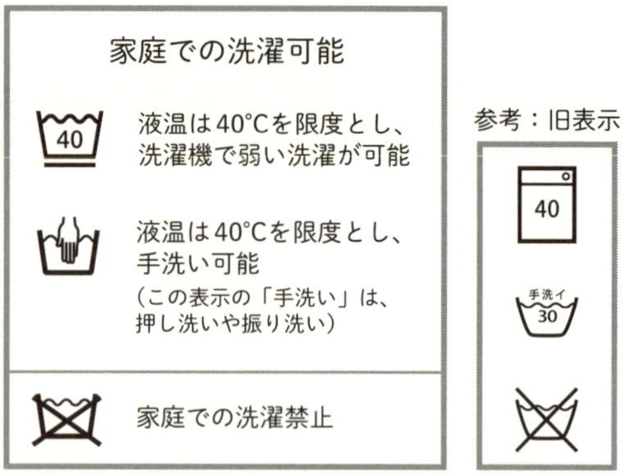

洗剤については、衣服の組成表示と、洗剤パッケージ上の「用途」に記載されている繊維の種類が合っているかを確認する。洗剤パッケージには使用上の注意事項や、衣服の素材や色に関する注意書きも示されている。

洗濯前には、ポケットの中を確認したり、ファスナーを閉じたり、裏返したりするなど、衣服を傷めないための準備も忘れずに行う。

すすぎの回数や方法（ためすすぎ、流しすすぎ）については、使用する洗剤のパッケージに記載されている表示に従う。

図3-21　家庭での洗い方についての取扱い表示記号例

2.3.3 脱水・乾燥

すすぎ終わった衣服から余分な水分を取り除くために脱水する。脱水方法としては、洗濯機による脱水と手で絞るという2つの方法がある。洗濯機による脱水は、洗濯槽やドラムを高速回転させ、遠心力で水分を除去する。衣服の吸水性、槽の回転速度、脱水時間が脱水の度合いに影響する。手で絞る場合は、ねじり絞りのほか、シワや型崩れを抑えるために、乾いたバスタオルで洗濯物を挟んで上から軽く押さえる方法もある。また、脱水処理による型崩れやシワが懸念されるような衣服は、脱水処理を行わずに濡れたまま自然乾燥させる場合もあり、ぬれ干しと呼ばれる。

脱水後の乾燥方法には、機械による回転と温風で乾燥させるタンブル乾燥と、屋外または室内に放置して乾燥させる自然乾燥がある。タンブル乾燥は気候の影響を受けず短時間で乾燥できるのが利点であるが、乾燥機内部が高温となり、ドラムの回転による機械力を受けるので、衣服の素材によっては損傷や縮みの原因となる。

自然乾燥では、ハンガーにかけるなど衣服の形を保って干す「つり干し」が一般的である。ただし、脱水後の衣服に含まれる水分の重みが型崩れの原因になる場合には、衣服を平らにして干す「平干し」を行う。平干しする際には、下面にも通気し乾燥を促すために、平干し

---

[8]　経済産業省・消費者庁『衣類の新しい「取扱い表示」で上手な洗濯！』、2015

用ネットを使用するなど工夫するとよい。また、直射日光下に干す、いわゆる天日干しは紫外線による殺菌効果がある一方で、色あせや繊維損傷の原因ともなるので、色あせや繊維損傷を避けるためには「陰干し」を行う。

図3-22に乾燥についての取扱い表示記号例を示す。タンブル乾燥については、使用の可否と、使用できる場合は上限となるヒーターの温度について表示される。自然乾燥については、干し方、干す場所、干す前の脱水可否が、記号内の棒線の配置と本数によって表示される。

自然乾燥する際には、脱水後の洗濯物を洗濯機内に放置せずにすぐに取り出し、脱水時にできたシワを手で伸ばして形を整えながら干すことで、乾燥後のシワや型崩れを減らすことができる。また、風通しのよい場所で、洗濯物全体に風がよく当たるように干し方を工夫することで、乾燥にかかる時間を短縮することができる。

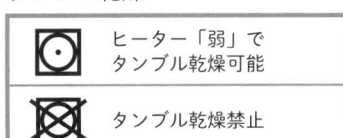
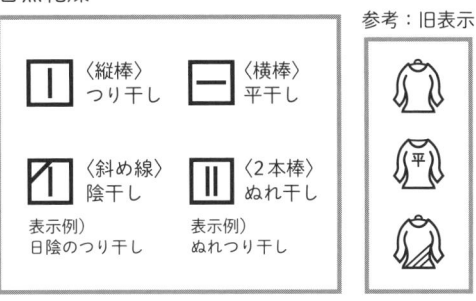

図3-22　乾燥についての取扱い表示記号例

2.3.4 落としにくい汚れへの対応
①漂白

漂白とは、汚れの色素あるいは汚れそのものを化学的に分解することであり、洗濯だけでは落ちない汚れに対して行う。漂白剤は成分により塩素系と酸素系に分けられる。漂白作用は塩素系の方が強いが、衣服自体の色や柄も脱色されてしまうため、白色の衣服にしか使えない。また、タンパク質を主成分とする動物性繊維には使えない。一方、酸素系漂白剤は漂白力が比較的弱いので、色柄物にも使用できる。ただし、酸素系のなかでも毛、絹などの動物繊維に使用できるのは過酸化水素を主成分とする液体漂白剤のみであり、過炭酸ナトリウムを主成分とする粉末漂白剤は動物繊維には使用できない。

図3-23に漂白についての取扱い表示記号と漂白剤の使用可否の対応を示す。

漂白剤は、パッケージに記されている使い方、使用量、注意点に従って使用しなければならない。塩素系漂白剤は、酸性の洗浄剤と混合すると有毒な塩素ガスを発生するので、使用にあたっては特に注意が必要である。

②つけおき

洗濯機で洗う前に、洗濯液に衣服を一定時間

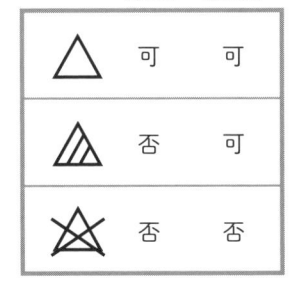

図3-23　漂白についての取扱い表示記号と漂白剤の使用可否

浸しておくと、通常の洗濯で落ちにくい汚れを落とすのに効果がある。これは、洗剤に含まれる界面活性剤や酵素の働きを高めることで、汚れを落としやすくするものである。洗剤の量やつけおく時間は、洗剤のパッケージの表示に従う。

③しみ抜き

　衣服の一部についた汚れ（しみ）を、化学的に分解・溶解または物理的に除去することである。汚れ（しみ）の成分や付着状態、衣服の素材に応じた方法を選んで行う。衣服から汚れを引き離すだけでなく、しみ抜き作業に使った薬剤を衣服に残さずに除去すること、衣服の素材を傷めないことが重要である。

2.3.5 風合いや外観を考慮した仕上げ

①柔軟仕上げ

　洗濯乾燥後の布の風合いを柔らかくするために、洗濯後の最後のすすぎ水に柔軟仕上げ剤を加えて、衣服の繊維表面に柔軟成分を吸着させる。柔軟仕上げ剤の主成分は界面活性剤の一種である陽イオン系界面活性剤であり、柔軟仕上げ剤も洗剤と同様、「使用量の目安」を守ることが重要である。柔軟仕上げ剤を「使用量の目安」よりも多く使うと、衣服の吸水性低下やぬめりによる肌触り低下の原因になる。また、香りの付いている柔軟仕上げ剤を使い過ぎると、香りが過剰となり周囲に不快感を与える場合もある。

②のり付け

　洗濯乾燥後の布の風合いに適度な硬さや張りを与えるために行う。のり付けの方法としては、洗濯後のすすぎ水にのりを加えて洗濯物全体に行き渡らせる方法と、乾燥後のアイロンがけの際にスプレータイプののりで部分的にのり付けする方法がある。のりは複数の種類があり、成分や特徴が異なるので、用途や仕上がりの好みに応じて選ぶ。

③アイロンがけ

　乾燥後、必要に応じてアイロンがけを行い、洗濯によってできたシワをのばして形を整える。衣服の素材によってアイロンの適温は異なり、適温よりも高い温度でのアイロンがけは、変色や焦げ、溶融など衣服の損傷を招く。図3-24にアイロンがけについての取扱い表示記号例を示す。表示記号での3種類の上限温度は、アイロンの温度設定での「高」「中」「低」の目盛りに対応する。また取扱い表示記号のそばに「あて布使用」の付記があれば、薄手の布で衣服を覆い、その上からアイロンをかける。

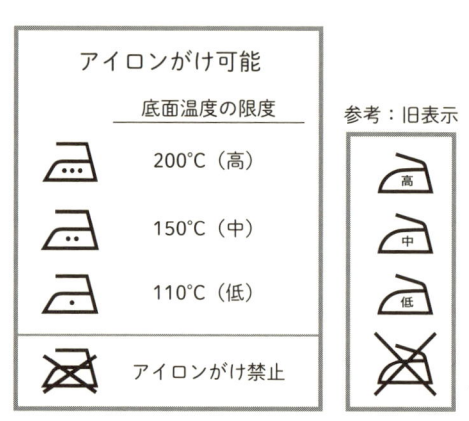

図3-24　アイロンがけについての取扱い表示記号例

　ウールなどの吸湿性の高い繊維の衣服には、水蒸気を衣服にあてながらアイロンをかけるスチームアイロンや霧吹き後にドライアイロンをかける方法が効果的である。

2.3.6 クリーニング業者での洗濯

　クリーニング業者で行われる洗濯の方法には、ドライクリーニング、ウエットクリーニング、ランドリーがある。

　ドライクリーニングは、有機溶剤を用いて汚れを落とす洗浄方法で、水に浸すことによって型崩れを起こす衣服の手入れに向いている。ドライクリーニングに用いられる有機溶剤には、パークロロエチレンと石油系溶剤の2種類がある。

　ウエットクリーニングは、クリーニング業者が専門的な技術で行う洗いから仕上げまでを含む水洗いのことであり、ランドリーは、業務用の機械でアルカリ性の洗剤を用いた高温洗濯である。

ドライクリーニング

	ドライクリーニング可能	
	パークロロエチレン等の溶剤を使用	
	石油系溶剤を使用	
✕	ドライクリーニング禁止	

参考：旧表示

ウエットクリーニング

	ウエットクリーニング可能
	ウエットクリーニング禁止

旧表示では、ウエットクリーニングに関する記号なし

図3-25　クリーニング業者による洗濯についての取扱い表示記号例

　図3-25にクリーニング業者による洗濯についての取扱い表示記号例を示す[9]。

2.4 環境に配慮した衣生活

　私たちの衣生活は、「衣服を購入し、着用と手入れを繰り返し、やがて不要になった衣服を処分する」という流れとなっている。このように衣服と関わるなかで、私たちは、さまざまな点で地球環境に配慮していくことができる。

　日常生活のなかで、各自が置かれた状況を考慮しながら環境に配慮した衣生活を送るポイントとして、以下の4点があげられる。

- ・衣服の着用の工夫による、冷暖房エネルギーの節約
- ・衣服の洗濯時に消費するエネルギーや水の節約
- ・衣服の3Rとリメイク
- ・衣服の生産環境についての理解

　一個人ができることは小さいかもしれないが、環境に配慮した行動を日々の生活に取り入れていくことが望まれる。以下に、各ポイントの概要と私たち一人ひとりが実践できる具体的な取り組みについて述べる。

2.4.1 衣服の着用の工夫による、冷暖房エネルギーの節約

　「1.3 温熱的に快適な着方」で述べたように、衣服の着用を工夫することは、寒いときに暖かく、暑いときに涼しく過ごすのに役立ち、冷暖房に使用するエネルギーの節約につながる。

---

*9　ランドリーについては、対応する記号はない。

これは、環境省が、地球温暖化対策として温室効果ガスの排出削減のために推進している、クールビズ、ウォームビズの実践といえる[10]。ただし、室内温度の調整にあたっては、室内にいる人の体調を考慮しながら行うことを忘れてはならない。

2.4.2 衣服の洗濯時に消費するエネルギーや水の節約

衣服の手入れに伴うエネルギーと水の消費の代表例としては、洗濯機や衣類乾燥機使用時のエネルギーと、洗濯（洗い・すすぎ）に使う水があげられる。

エネルギー消費の削減方法としては、まとめ洗いにより洗濯の回数を減らすこと、衣類乾燥機を使わず自然乾燥を行うことがあげられる。ただし、まとめ洗いに関しては、洗濯機に洗濯物を詰め込みすぎると汚れが落ちにくくなり、また、衣服の色や素材によって分け洗いが望ましい場合もあるため考慮が必要である。乾燥においては、自然乾燥は気候（温度・湿度・風速）や住宅環境、生活スタイルにより制約を受ける場合もあり、各自の生活の状況に合わせた実践が求められる。

節水という観点で洗濯機を見ると、たて型よりもドラム式の洗濯機の方が少ない水量で洗濯ができる。また、すすぎに使う水の量については、すすぎ回数が1回でよい洗剤と、2回すすぎが必要な洗剤があるので、すすぎ1回でよい洗剤を使い、すすぎ回数1回とすることが節水につながる。

2.4.3 衣服の3Rとリメイク[11]

3R（リデュース、リユース、リサイクル）とは、「大量生産、大量消費、大量廃棄」の反省から生じた、循環型社会を目指すための基本的な考え方である[12]（第5章第3節も参照）。この3Rは、衣服にもあてはまる。

リデュースとしては、例えば、衣服をレンタルすることで手持ちの衣服量を増やさない、ほころびなどが生じたときに買い替えず補修して着続けるといった取り組みが、衣服の廃棄量を減らすことにつながる。

リユースは衣類をそのままの形で再利用することであり、いわゆる古着の売買や不要衣類の寄贈により、ある人にとって不要になった衣類を別の人がそのまま衣類として着用することである。リサイクルは、衣類に処理を加えて、元の衣類以外の資源として再利用することである[13]。リユース、リサイクルともに消費者だけで完結するものではなく、地方自治体

---

[10] 環境省ウェブサイト「クールビズ家庭篇」「クールビズオフィス篇」「ウォームビズのポイント」などを参照。

[11] リメイクやリユース、リサイクルされた衣類や、生産環境に配慮した衣服は、倫理的配慮がなされたファッションを意味する「エシカルファッション」とも呼ばれている。

[12] Reduce（リデュース）は、使用済みになったものが、ごみとして廃棄されることがなるべく少なくなるように、ものを製造・加工・販売すること。Reuse（リユース）は、いったん使用済みになっても、そのなかでもう一度使えるものは廃棄せず再使用すること。Recycle（リサイクル）は、再使用ができない、または再使用された後に廃棄されたものでも、再生資源として利用すること（3R活動推進フォーラムのウェブサイト「3Rについて」参照）。

[13] リサイクル対象となる衣類の処理方法により、衣類を切断・粉砕して産業用部材・資材に再生させる「マテリアル・リサイクル」、衣類を化学的な処理により燃料や再度衣類として再生させる「ケミカル・リサイクル」、衣類を燃焼させ、その際に発生する熱を利用する「サーマル・リサイクル」に分けられる。

や企業、各種団体などが回収、流通、リサイクル処理を担っている。

　消費者は不要衣類を提供することで、リユース、リサイクルに貢献できる。不要衣類の持ち込み先としては、古着店、各種団体、小売店、市区町村の資源回収などがあるが、各持ち込み先で、回収対象となる衣類に制限が設けられていることがほとんどなので、事前に確認しておく。例えば、小売店ではその店で購入した服に限定されていたり、市区町村によっては綿素材に限定しているなど、限定内容はまちまちなので、持ち込み先での掲示やウェブサイトなどで個別に確認する。また、回収後どのようにリユース、リサイクルされているのか、情報公開を行っている場合には、その情報も確認し、自分が持ち込んだ不要衣類がどこでどのように利用されるのかについても関心をもちたい。なお、持ち込む衣類は洗濯して汚れを落としておく。

　不要になった衣類に手を加えて、新たな価値を与えるリメイク[14]も、資源循環に貢献する取り組みといえる。リメイクは自分の好みに合わせて消費者自身がほしいもの、使うものを作ることができ、大量生産の既製服を自分好みにアレンジすることにより、自己表現の手段にもなりえる。

2.4.4 衣服の生産環境についての理解

　衣服の素材の栽培や製造、紡績、染色、製織、縫製という一連の生産工程は、現在、主に発展途上国で行われている。衣服の原産国（縫製が行われた国）は衣服のラベルに表示されているが、これを見ると、私たちが日々着用している衣服のほとんどは海外、特に発展途上国で生産されたものであることがわかる。私たちは、自分の着ている服が遠く離れた国で作られている様子を直接見聞きすることはできない。

　現在、衣服やその素材を生産している国や地域では、綿花栽培での農薬による健康被害や、先進国主導の不公正な貿易取引など、さまざまな問題が発生しており、このような事態の解決に向けて、オーガニック・コットン[15]、フェアトレード[16]といった取り組みが行われている。また最近では、ファストファッションと呼ばれる低価格の衣服が大量に出回っている背景に、低賃金での苛酷な労働など、発展途上国での厳しい現状があることが報告されている[17]。

　このような現状のなかで、私たち消費者は、自分の着ている服がどこでどのように作られているかについて関心をもち、情報を得て、理解することが必要である。そして衣服を購入

---

[14] リメイクについては、衣服に手を加えることによって価値を上げるという意味を込めた、「アップサイクル」という呼称も使われている。

[15] オーガニック・コットンは、「オーガニック農産物等の生産方法についての基準に従って2〜3年以上のオーガニック農産物等の生産の実践を経て、認証機関に認められた農地で、栽培に使われる農薬・肥料の厳格な基準を守って育てられた綿花のこと」である（日本オーガニック・コットン協会のウェブサイト「オーガニック・コットンとは」より引用）。

[16] フェアトレードとは、「開発途上国の原料や製品を適正な価格で継続的に購入することにより、立場の弱い開発途上国の生産者や労働者の生活改善と自立を目指す「貿易のしくみ」」をいう（特定非営利活動法人フェアトレード・ラベル・ジャパンのウェブサイト「フェアトレードの定義」より引用）。

[17] 長田華子『990円のジーンズがつくられるのはなぜ?—ファストファッションの工場で起こっていること』合同出版、2016

する際には、こういった情報を考慮することが望まれる。

2.5 授業づくりのポイント

　衣服の手入れについては、靴下などの手洗いの実習を行い、洗剤の量や洗い方の違いによる汚れの落ち具合を観察して発表する活動が考えられ、「家庭生活と仕事」と関連づけることも可能である。また、衣服の収納については、「住生活」の「住まいの整理・整頓」と連携できる。

　本節の最後に述べた「環境に配慮した衣生活」には、前節で述べた「衣服の着用」、本節で述べた「衣服の手入れ」、次節の「布を用いた製作学習」と関連する内容が含まれているので、それらの授業のなかに「環境への配慮」の観点を盛り込むことが可能である。さらに、「衣服の生産環境についての理解」に関しては、発展途上国の現状など社会科に関連した授業づくりも考えられる。

3 布を用いた製作学習

3.1 製作学習が育むもの

3.1.1「布を用いた製作」の学習内容

　本節で学ぶ内容は、学習指導要領が示す項目「生活を豊かにするための布を用いた製作」と深く関連している[18]。

　生活を豊かにするための布を用いた製作とは、身のまわりの生活を快適にしたり、便利にしたり、楽しい雰囲気を作り出したりするなど、布の特徴を生かして自分の身近な人の生活を豊かにするものを製作することである。小学校においては、布を用いた生活用品などに関心をもち、生活を豊かにするための物を考え、布の特徴を生かして製作できるようにすると共に、生活を楽しもうとする態度の育成につなげることを意図している。製作の実践を通して、必要な材料や手順、手縫いやミシン縫いによる目的に応じた縫い方及び用具の安全な取り扱いに関する基礎的・基本的な知識及び技能を身につけ、製作計画を考え、製作を工夫できるようにする。なお、縫い代やゆとりの必要性を理解するために、日常生活で使うものを入れるための袋など、実習題材の一部が指定されている。また、衣服の手入れの指導事項である「ボタンのつけ方」は、針と糸を使うため、製作のなかで取り扱うことが一般的である。

3.1.2 製作学習の意義

　布を用いた製作学習は、単にものを作る知識・技能を習得するという観点からだけでなく、製作過程を通して、思考力、判断力、表現力、創造力や段取り力、集中力や忍耐力、手指の巧緻性などを育成する。また、緻密さへのこだわりやものの美しさを大切にする感性などを育てるうえでも重要である。さらに、衣生活文化の伝承や物への愛着心を育て、資源の有効利用に対する理解を深めるなど多様な意義がある。

　自分の手と知識を働かせ、道具を使って布を作品として完成させたときに、子どもたちは成就感や達成感を経験する。その経験は自信となり、学習や生活実践への意欲につながるものである。

3.1.3 製作学習の現状と課題

　5年生になった子どもたちは、家庭科の教科書や裁縫用具を手にして「早く布で何か作ってみたい」と、自分で作ることへの興味関心が高まっている。このような時期に、製作学習の基礎的な技能や用具類の安全な扱い方を身につけさせ、製作したものや身についた技能を

---

[18] 学習指導要領では、小学校と中学校の学習内容の系統性を確保するため、共に、指導事項を「生活を豊かにするための布を用いた製作」としている。

生活に生かそうとする意欲をもたせることは大変有効である。一方、ものを買って生活資材とする現代の生活のなかでは、ものづくりの必然性は低下し、子どもたちが自ら製作したり身近に製作場面を目にしたりする経験が減少した。このことは、ものづくりに関する知識や技能の不足及び手指の巧緻性の低下の誘因となり、家庭科での技能習得の困難さや製作に要する時間数に影響する。昨今では、中学校以上でもしばしば玉結びや玉どめの指導を要する。これも、小学校における技能の習得が不十分だからである。また、文部科学省の特定課題調査（平成19年）において、子どもの生活技術が状況に応じて見通しをもって効率的に活用するレベルに至っていないことが報告されている。最も基礎的・基本的な技能を学習する小学校家庭科では、確実な技能の習得と生活での活用方法を知り、実践できるよう指導法の工夫が求められている。指導の実践にあたっては、子どもたちの製作学習への意欲関心、手指の巧緻性の実態や生活背景を考慮することが重要である。

3.2 用具

3.2.1 用具の準備

　小学校の製作では、「計る」「切る」「しるしを付ける」「縫う」作業で使用する最も基本的な用具を準備する。小学校以降の学習に限らず、生涯にわたって利用できるよう、適切な性能と安全性に配慮した用具選択について指導する。なお、必ずしも全員が使うものではなかったり、持ち運びにくいもの、共有して使うものなどは教師が準備しておくようにする。

表3-1　裁縫用具

用途	必ず用意するもの	用意するとよいもの	共有して使うもの
計る	巻き尺、ものさし（20〜30cm）		ものさし（50cm）
切る	糸切りばさみ	裁ちばさみ	
しるしつけ	チャコ鉛筆		チャコペーパー、チョーク、ルレット、へら
縫う	手縫い糸、手縫い針（長針、短針）、まち針、針刺し	しつけ糸、指ぬき	（しつけ糸）、ミシン糸、ボビン、ミシン針、折れ針入れ、針糸通し器
その他		ひも通し	リッパー

出典：筆者作成（以降、本節の図表はすべて筆者による）

3.2.2 用具の扱い

①手縫い糸

小学校家庭科では太口（20番）あるいは細口（30番）の
手縫い糸が使われている。太口は、縫い目が目立ち玉結び
が大きくできるなど、縫い糸に慣れない児童には扱いやす
いが、縫い針に通しにくいことがある。針の目処（針の
穴）の大きさとの関係を確認して選択するようにする（図
3-26）。

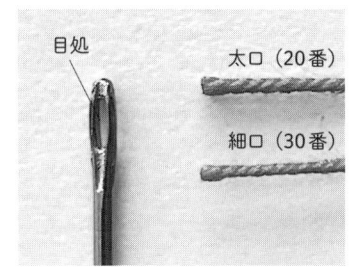

図3-26　針の目処と糸の太さ

②手縫い針

手縫い針は和裁用の和針と洋裁用の洋針の2種類に大別され、どちらも教具として使用さ
れている。それぞれに太さや長さの種類があり、名前や数字が異なる。どちらも、数字が小
さいほど太い。和針は「三ノ五」のように表示されるが、最初の数字が太さ、後の数字が長
さを表す。布の厚さや用途に応じて針を選ぶが、長い針は針目が大きくなりやすく、短い針
は細かく縫うときに適している。児童が使う長針は5〜6cmくらい、短針は3〜4cmくらい
であるが、長い方が持ちやすく引き抜きやすいので、手縫いの練習には長針がよく使われる。

③針糸通し器（スレダー）

針に糸を通す作業を簡便にする用具である。針に糸を通すことは、手縫いの学習で最初に
習得しなければならない技能である。しかし、この作業を初めて経験する児童は、糸が通せ
ないことでつまずき、次の学習への意欲が低下してしまう
こともある。針糸通し器の使用は、児童の負担感を軽減す
るうえで有用である。一方、自力で通すことができず用具
に頼るということは、生活技術の習得及び生活への活用の
観点からは望ましいとはいえない。針糸通し器の使用にあ
たっては、指導者が学習目標に応じて使用の是非やタイミ
ングを考えたいものである。

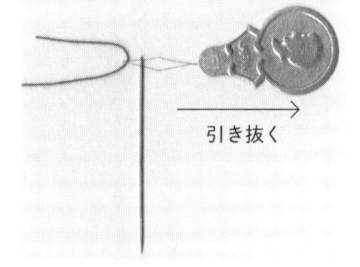

引き抜く

図3-27　針糸通し器

④まち針

布を仮に留めておくときに使う針である。球型または平らな花型の頭が付いている（p.113
参照）。まち針が布に入り過ぎることを防ぐためである。一般的には、球型の頭のものは洋
裁用、平らな頭のものは和裁用とされる。小学校の家庭科では和裁用が使われているが、洋
裁用に比べて長くて太いために扱いやすいことと、平らな部分に名前が書けるので管理しや
すいからである。

⑤指ぬき

手縫い針を持つ手の中指にはめて使うものである。長針用、短針用で形と使い方が異なる
が、いずれも針の頭を指ぬきに押し当てて縫い進めるためのものである。運針[19]には不可

---

*19 並縫いを連続して縫う方法。

欠な用具であるが、現代の児童は2、3針すくって縫うような状況であるため、指ぬきは不要とされがちである。しかし、針で布をすくったあと、指ぬきで針を押すようにすると楽に針を引き抜くことができる。特に、厚手や硬めの布の場合には布から針を引き抜きにくく、机に針を立てて、押し出すようにして針を抜く様子もみられる。指ぬきは、針を押す用具として利用させたい。

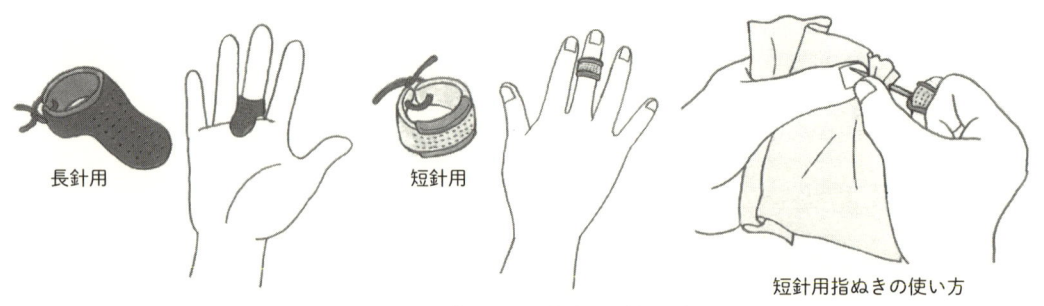

長針用　短針用

短針用指ぬきの使い方

図3-28　指ぬきの種類と使い方

⑥ミシン糸

　ミシン糸は、基本的には布の繊維組成と同じ種類のものを選ぶ。小学校の製作では、綿やポリエステル及びそれらの混紡の布を使用することが多いので、綿糸（カタン糸とも呼ばれる）やポリエステル糸を準備するとよい。特にポリエステル糸はどの繊維の布にも対応する性能をもっており、汎用性が高い。ミシン糸はミシン縫いだけでなく手縫いにも使われる。

　ミシン糸は、太さも布の強さや表面状態に合わせて選択する。ミシン糸は、番号が大きくなると細く、番号が小さくなると太くなる。したがって布が厚く、硬い場合には太めの糸を利用する。一般的に、ランチョンマットやカバー類の製作に用いられる中程度の厚さの布にはポリエステル糸60番または綿糸60番、バッグ類の製作で、少し硬く、厚い布を使用する場合にはポリエステル糸60番または綿糸50番が適している。

⑦ミシン針

　ミシン針は布の硬さや厚さによって太さを選ぶが、カバー類やバッグ類の製作で使用する布では11番が適している。ただし、デニムや帆布といった硬く厚い布を縫うときには14番を使用する。ミシン針は番号が大きくなると、太く、長くなる。硬く厚い布を11番のミシン針で縫うと、上糸と下糸がカマ[20]の中で絡まなくなり、目飛び[21]など不適切な縫い目になることがある。さらに、針が折れたりすることもある。授業では布に適した針を準備するとともに、共同で使用している家庭科室などのミシンは使用前に点検しておく。針が曲がっていたり針先が折れたりしていると不調の原因になるので、新しい針と交換するようにする。

---

[20] 下糸を入れる部分。上糸と下糸が絡む機構になっている。
[21] 縫い目が形成されない部分が生じた結果、大きな縫い目になること。

⑧ボビン

　下糸用のミシン糸を巻く用具である。ミシンのカマの形式によって材質や使い方が異なる。かつて主流だった垂直型のカマのミシンは、金属製のボビンを使用し、ボビンケースに入れてカマにセットする。現在普及している水平型のカマのミシンはプラスチック製のボビンを使用する。金属製とプラスチック製は、材質だけでなく構造も異なるので使い分けが必要である。ミシンのメーカーによって使用可能なボビンが異なるので、あらかじめ説明書で確認する。

⑨しつけ糸

　しつけ糸とは、本縫いをする前に仮に縫う「しつけ」で使う専用の糸である。太めの綿糸で、表面の毛羽が多いため粗目の縫い目でも布を縫い留める効果が高い。カード巻きとかせのものがある。かせの場合には、わの端を切り、束の部分に紙を巻いておくと糸が絡まずに1本ずつ引き出すことができる（図3-29）。個別に準備する場合はカード巻き、共通で準備する場合は、かせのしつけ糸が扱いやすい。

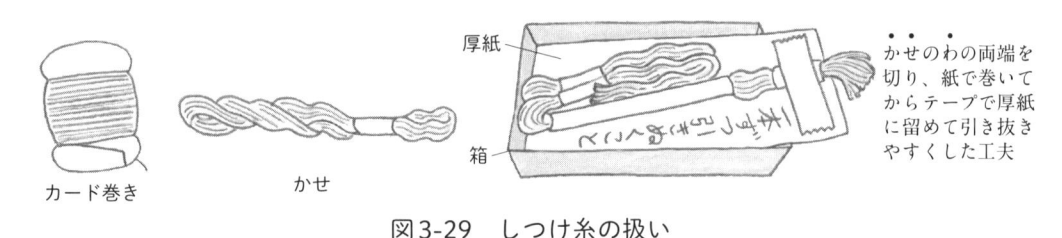

厚紙

箱

かせのわの両端を切り、紙で巻いてからテープで厚紙に留めて引き抜きやすくした工夫

カード巻き　　　　かせ

図3-29　しつけ糸の扱い

⑩リッパー

　縫い目などを切る用具である。はさみよりも細かい作業ができるので、縫い間違えた部分の糸だけをほどくときに便利である。ただし、Y字型の根元の部分はナイフ状になっており、布に深く入れると切れるので注意が必要である（図3-30）。

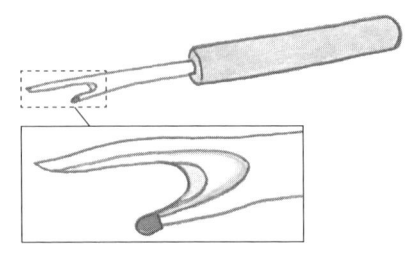

図3-30　リッパー

⑪しるし付け用具

　しるし付けは、1枚の布に付ける場合と2枚重ねた布に同時に付ける場合とで用具が異なる。1枚の布に付ける場合は、チャコ鉛筆がよく使われる。チャコ鉛筆は、普段の鉛筆と同じように使えるので、児童にとってはなじみやすい。ただし芯が硬いので、線を引くときに力を入れ過ぎると、布がよれたり伸びたりして線が曲がることがある。定規を当てて、布がゆがまないようにしっかり押さえるとよい（図3-31）。

　2枚重ねた布に同時にしるしを付ける場合には、両面チャコペーパーが適している。チャコペーパーでしるしを付ける場合には、布を外表*22に重ね、その間にチャコペーパーをは

＊22　表面が外側になるように布を重ねること。

さみ、型紙の線にそってルレットやヘラで線をつける。

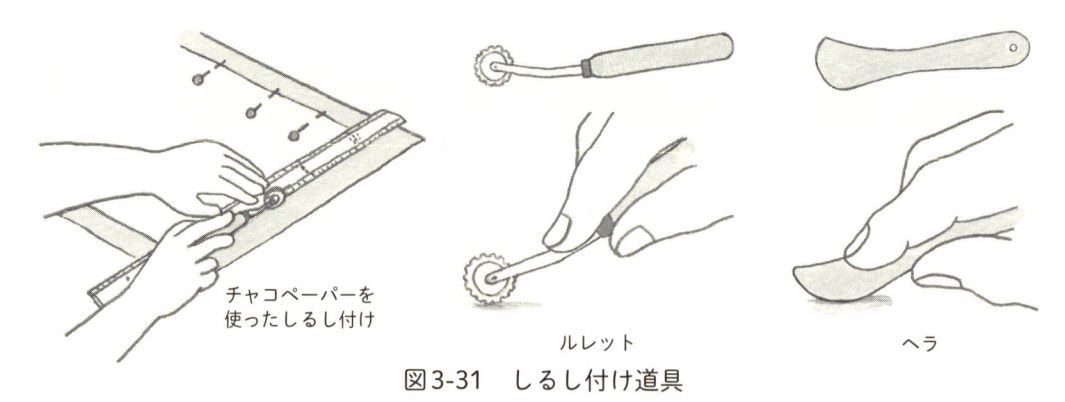

チャコペーパーを
使ったしるし付け

ルレット

ヘラ

図3-31　しるし付け道具

3.3 手縫いの指導ポイント

3.3.1 針と糸の扱い

①針に糸を通す

　針に糸を通すときは、左手で針の目処を上にして持ち、右手で糸をできるだけ短く持ち[23]、両手を押しつけるように構えると、手が安定して作業がしやすい（図3-32）。児童は針の目処を下に向けたり、目処の後ろ側から通そうとしたり（図3-33左・中）、針刺しに針を刺したまま通そうとしたりする（図3-33右）。針に糸を通す場面を見た経験がないことや両手が安定しないことの不安がそのような姿につながっている。児童が裁縫に関する知識に疎いことを認識して、きめ細かい指導を行うことが必要である。

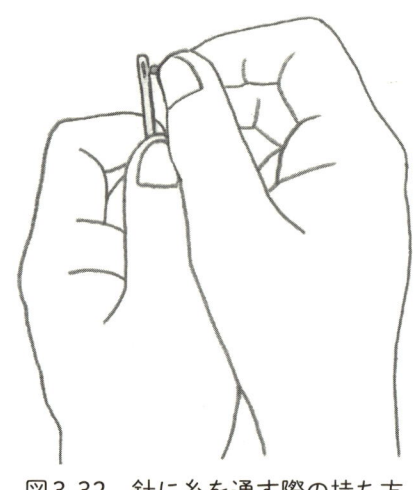

図3-32　針に糸を通す際の持ち方

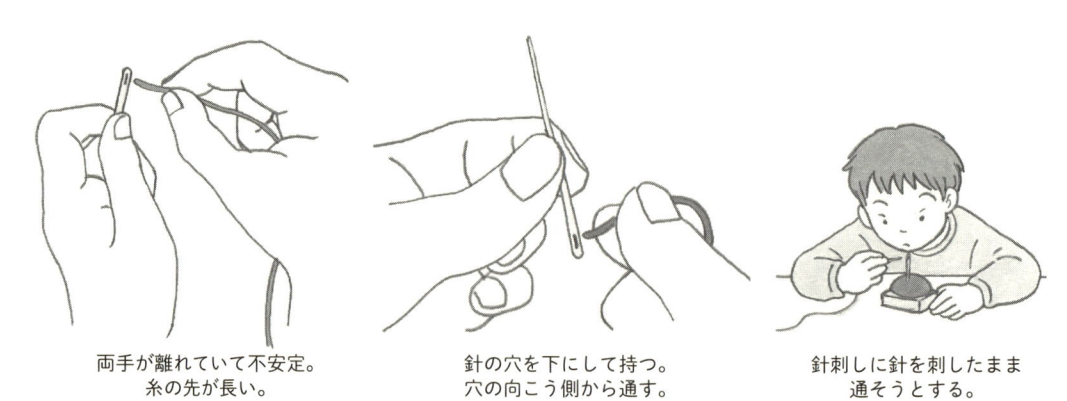

両手が離れていて不安定。
糸の先が長い。

針の穴を下にして持つ。
穴の向こう側から通す。

針刺しに針を刺したまま
通そうとする。

図3-33　児童が行いがちな糸の通し方

---

*23 本稿では、利き手が右の場合について説明している。

②糸の長さ

　縫うときの糸の長さは、60cm程度が適している。小学校の机の幅（60あるいは65cm）を目安にしたり、糸端を持って腕の付け根まで引いたところで切るとよい。糸が長い方が縫っている途中で針に糸を通し直す手間が少なくてよいと考えがちであるが、縫い続けているうちに絡まって玉ができやすい。また、針を布から引き抜くときに、そのたびに腕を上げて糸を引き出すのは効率が悪いうえ、針先が隣の人に刺さるなどの危険性もある。糸自体も、布との摩擦が多くなるので毛羽立ちが生じたり、糸の撚りが戻ったりして風合いが低下する。

③糸の2本どりと1本どり

　玉結びをするとき、針に通した糸を2本揃えて一緒に玉結びをする2本どりと、2本の糸の長さに長短をつけて長い方だけに玉結びをする1本どりがある。2本どりは縫っている途中で糸が針から抜けることがないという利点があるが、縫い目が太くなって目立つうえ、縫い目が強くなり、布の強さとのバランスが悪くなりがちである。また、徐々に2本の糸の長さに差が生じて縫いにくくなる。本来、手縫いは1本どりが基本なので、糸が針の目処から抜けないように、針の根元をしっかり握って縫う手つきを指導するとよい。

④針の持ち方

　手指の巧緻性が低い場合、概して小さいものをつまむ動作が苦手である。布を縫うときに、親指と人差し指ではさむように針を持つ様子（図3-34左）が見られるが、つまんで持った場合（図3-34右）と比べて、手首の可動域が狭くなる。縫うという作業は、布に直角に針を刺すことによってしっかりと縫合されるので、手首を上下に動かしやすい右図のような針の持ち方をする必要がある。

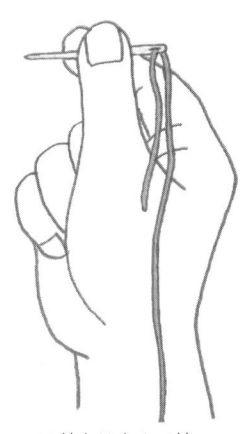 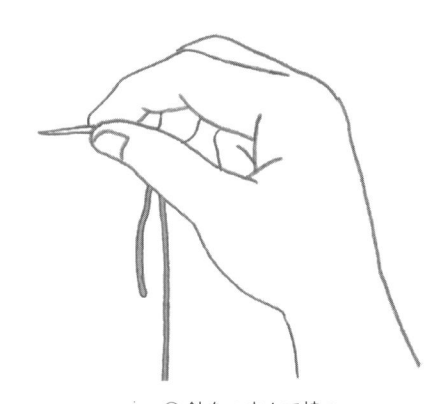

　　×針をはさんで持つ　　　　　　　　○針をつまんで持つ

図3-34　針の持ち方

3.3.2 縫い始めと縫い終わり

　縫い目がほどけないように、縫い始めに玉結び（図3-35、図3-36）、縫い終わりに玉どめ（図3-37）をする。針に糸を通すことと同様、手縫いの最も基礎的・基本的な技能であるが、小学校段階で確実な習得ができているとはいえない現状がある。糸と針と布を左右の手でバランスよく動かし、細かく指を働かせる作業は、児童の手指の巧緻性が深く関与する。巧緻性の実態と作業のつまずきを把握し、確実に習得できるよう、きめ細かい指導が必要である。

手順	指導内容		指導の留意点
①糸をつまむ		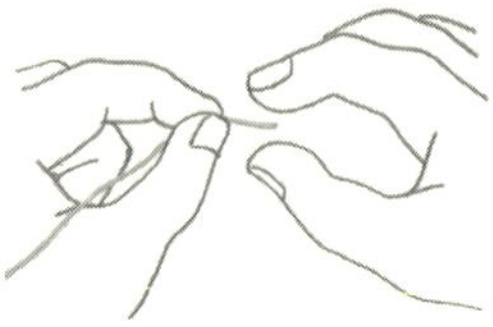 指の中に隠れてしまうくらい糸を短くつまむ。	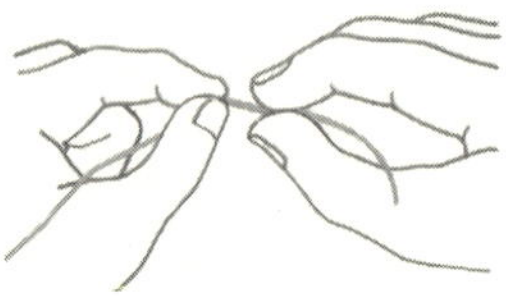 ④の作業後、糸を左右から引っ張ると玉がほどけてしまう場合は、①で糸を長く持ったことが原因である。
②糸を巻く		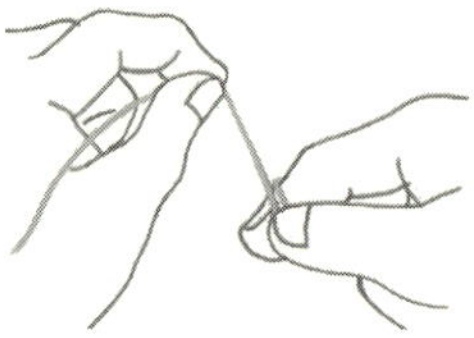 爪の上に巻くようにする。	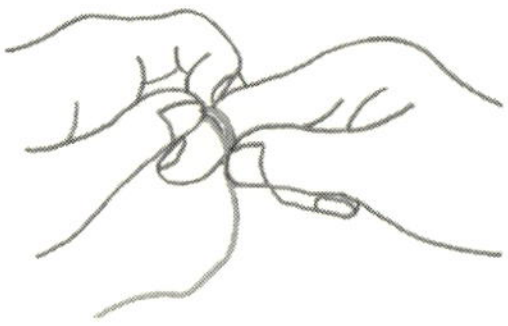 指の深い位置に巻くと③の作業で糸が外れなくなる。
③糸を撚る		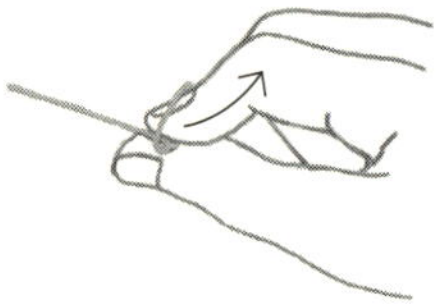 人差し指で糸をしっかり押さえながら矢印の方向にずらすと、糸に撚りがかかる。	左手で糸をしっかり持って、引き加減にすると撚りやすい。なお、「撚る」という語の説明をしておくとよい。
④糸を引く		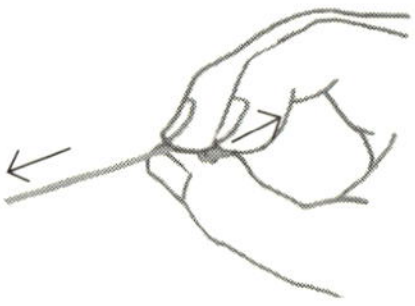 撚り合わせたところを中指でしっかり押さえて、糸を引く。	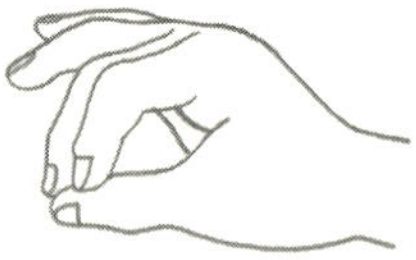 中指を人差し指の前に置くポーズが理解しにくいので、事前に練習するとよい。

（左欄ラベル：玉結び）

図3-35　指に糸を巻く玉結び

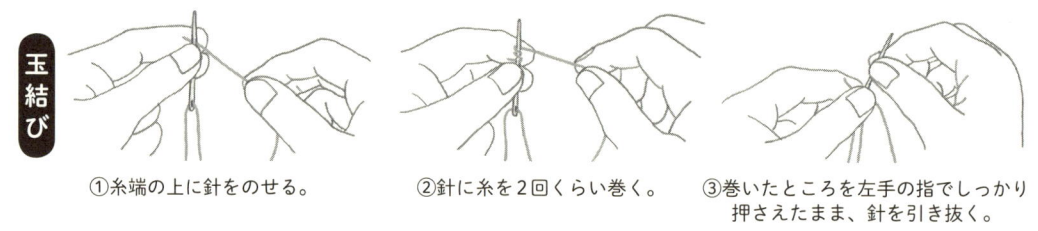

（左欄ラベル：玉結び）

①糸端の上に針をのせる。　②針に糸を2回くらい巻く。　③巻いたところを左手の指でしっかり押さえたまま、針を引き抜く。

図3-36　針に糸を巻く玉結び

　図3-36は、後述する玉どめと同じように、針に糸を巻きつけて玉結びを作る方法である。指先に糸を巻き付ける方法に比べてやさしいが、①の作業で、糸端の上に針をのせることと、③の作業で、巻いた糸を左指でしっかり押さえておくことが大切である。ただし、強く押さえ過ぎると針が引き抜けなくなり、力加減が難しい。指の力を緩めると糸がばらばらになっ

て玉ができなかったり、指から引き抜くときに玉の位置がずれたりすることがある。巻いた糸を押さえる力と針を引き抜く力のバランスが、この作業のポイントである。

手順	指導内容	指導の留意点
①針を押さえる	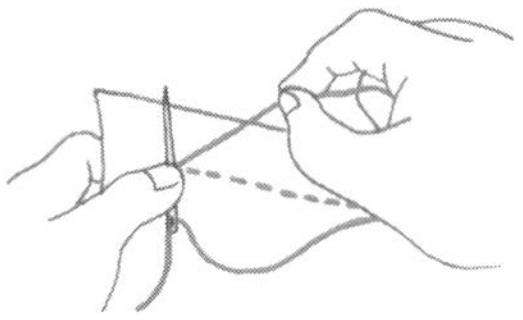 縫い終わりに針を当てて親指で押さえる。	縫い終わりの位置に針を置かないと布から離れた玉ができるので、針の位置に気をつけること。また、左手で布と針を同時に持つことが難しいので、親指と人差し指でしっかり押さえるよう特に指導する。
②針に糸を巻く	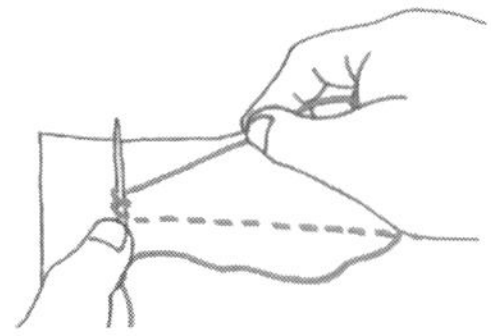 針を押さえたまま、2、3回糸を巻く。	布を押さえる手は①の作業のときと同じ位置のままにする。
③糸を押さえる	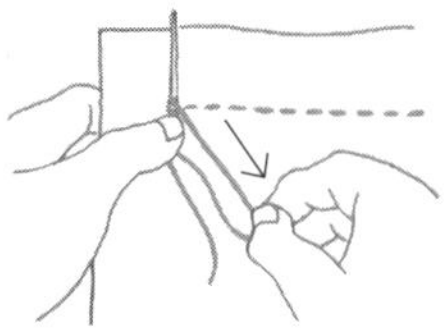 巻いた糸を指で押さえる。	左手で布と針を押さえたまま、さらに巻いた糸を押さえる動作が難しい。親指と人差し指は動かさずに、②で巻いた糸を針の根元にまとめるように糸を下方に引っ張り、親指で押さえやすくする。
④針を抜く	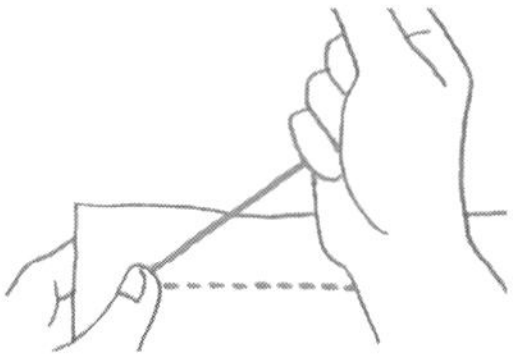 糸を親指で押さえたまま、針を引き抜く。	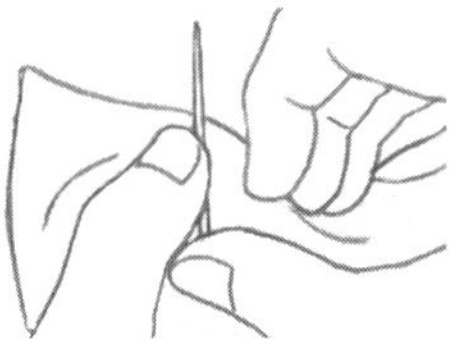 針が抜きにくいときに、布を机上に置いて引き抜こうとする児童がいるが、巻いた糸が緩み玉が作れなくなる。図のように右の親指で針の頭部分を押すとよい。

（玉どめ）

図3-37　玉どめ

3.3.3 手縫いの基礎的な縫い方

①並縫い・返し縫い

手縫いの代表的な縫い方である。並縫いは布を縫い合わせるときに使い、表面と裏面の縫い目が同じ形になる。1針の長さは4〜5mmである。2、3針続けて布をすくって針を引き抜くようにする。布に針を刺すたびに引き抜いたり、一針ずつすくうと、縫い目が整わないうえに作業効率が悪いので、連続して縫うことを指導する。縫い終わりには、玉どめをする前に糸こき（図3-38）をして、縫い目のしわを伸ばしておくようにする。

返し縫いには本返し縫いと半返し縫いがあり、丈夫さが必要なときに適している。本返し縫いは、一針戻りながら縫い進み、半返し縫いは、半分戻り

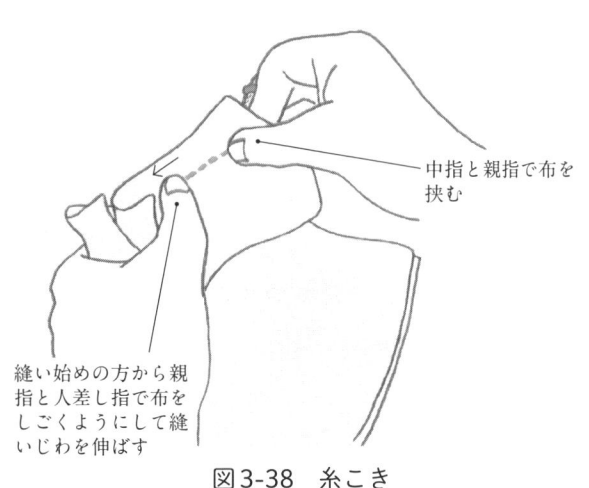

中指と親指で布を挟む

縫い始めの方から親指と人差し指で布をしごくようにして縫いじわを伸ばす

図3-38　糸こき

ながら縫う。表面と裏面の縫い目の形が異なり、本返し縫いの表面はミシン目のようになり、半返し縫いは並縫いのようになる。本返し縫いの方がより丈夫であるが、半返し縫いのほうが速く縫える。手提げふくろの製作でひもを手縫いで付ける場合には、表から縫い目が見えることと、より丈夫さが必要なので本返し縫いが使われることが多い。また、衣服の袖付けやパンツの股の縫い目が切れたときの補修にも半返し縫いや本返し縫いが適している。

　手縫いの練習には格子柄の布を使うと、針を刺す位置がわかりやすく、児童が安心して取り組める効果がある。図3-39は4mm格子のギンガムチェックの布を20cm四方に切り、二つ折りにして縫ったものである。

	並縫い	本返し縫い	半返し縫い
表			
裏			
縫い方			

図3-39　並縫い・返し縫い

②かがり縫い

　布の端に糸を巻くように縫う方法である。布の端のほつれ止めに使われることが多いが、フェルトを使った小物作りやマスコット製作において、2枚の布をとじ合わせるときにも使われる。また、アップリケを付けるときにも使われる。なお、小学校の製作では、縫い代のほつれ止めの作業が扱われることは少ないが、ふくろの製作などで作業進度に余裕があると

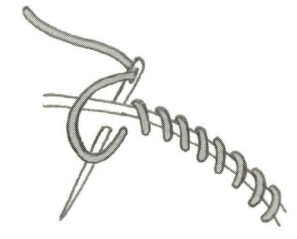
かがり縫いの縫い方

マスコットの端を縫う

縫い代の始末をする

図3-40　かがり縫いの活用

きには取り上げるとよい。長く利用できる作品に仕上げることができる。

③しつけ

しつけとは、本縫いをする前に布がずれないように仮にしつけ糸で手縫いすることで、「しつけをかける」ともいう。仮の縫い目なので、布に針あとが残ったり、しわが残ったりしないように、しつけ糸1本どりで大きめの並縫い（1cmくらい）で縫う。縫う位置は本縫いの縫い目と重ならないように、小学校段階では出来上がりのしるしの2〜5mm外側を縫う（図3-41）。

本縫いをしたら、しつけ糸は抜く。

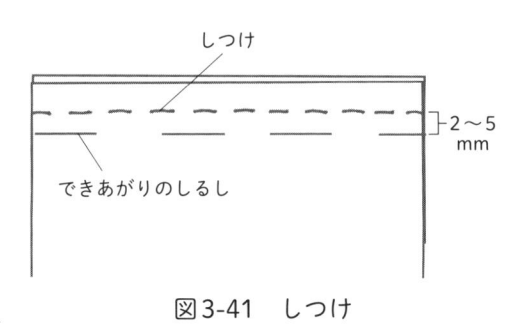

図3-41　しつけ

3.3.4 まち針

まち針は、布を留める効果と安全性に配慮して、縫う方向に直角になる図3-42aのように打つ[24]。横に刺す方がしっかり留められると考えたり（b）、はさみの受け渡しのときの注意と同様に、針先を人に向けないようにする（c）と考えて打ち間違えることもあるが、bは縫い進めていくうちに針が脱落しやすく、cは布をつかんでいる手に刺さる恐れがある。

ふくろの出し入れ口など、折り目を上にして縫う時はdのような方向に打つ。eは布をつかんでいる手に刺さる恐れがある。打つ順番は、端→端→真中である。端から順番に打っていくと重ねた布がずれて、長さに差が出やすいからである。片側がわになっている場合は、わの反対側から打つ。

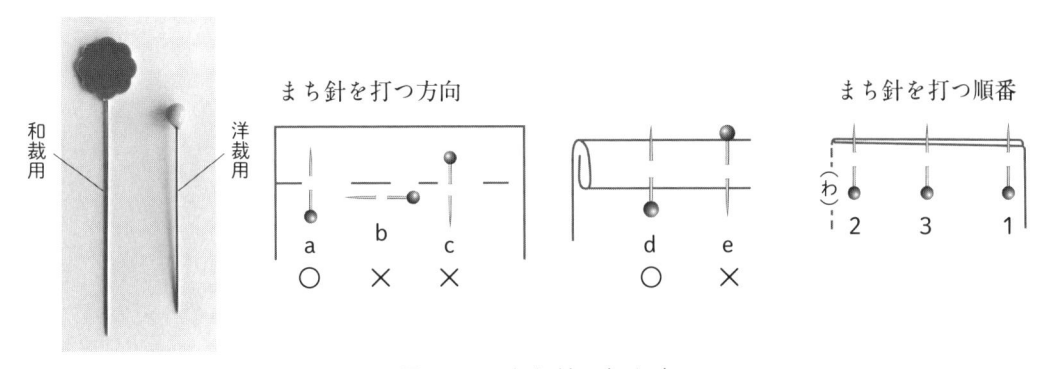

図3-42　まち針の打ち方

---

*24 まち針を布に刺すことを「打つ」という。

3.3.5 ボタン付け

ボタン付けは、日常生活で活用する機会が多い技能である。実際にボタンが付いている衣服などを観察させるなど、今まで何気なく留めたりはずしたりしていたボタンの働きについて関心を高め、付け方を理解させて、確実に習得させたい。

ボタン付けのポイントは、ボタンの穴と布をすくう幅が同じになること、ボタンと布の間に3mm程度の隙間を空けること、その隙間に糸を巻くことの3点である。ボタンの穴と布をすくう幅が同じでないと、ボタン付けをした周囲の布にしわがよりやすくなるとともに、隙間に巻く糸が固く巻きにくい。ボタンと布間に隙間を作るのは、留めたボタンの落ち着きをよくするためである。隙間がないとボタンがはずれやすくなる。また、その隙間に糸を巻くのは、ボタン付けの糸がボタン穴によってこすられて摩耗しやすいので、丈夫にするためである。四つ穴ボタンの糸のかけ方は、「二」の型になる方法と「＋」の型になる方法があるが、小学校家庭科では二つ穴ボタンつけの応用としてとらえ、「二」の型になるよう指導するとよい。

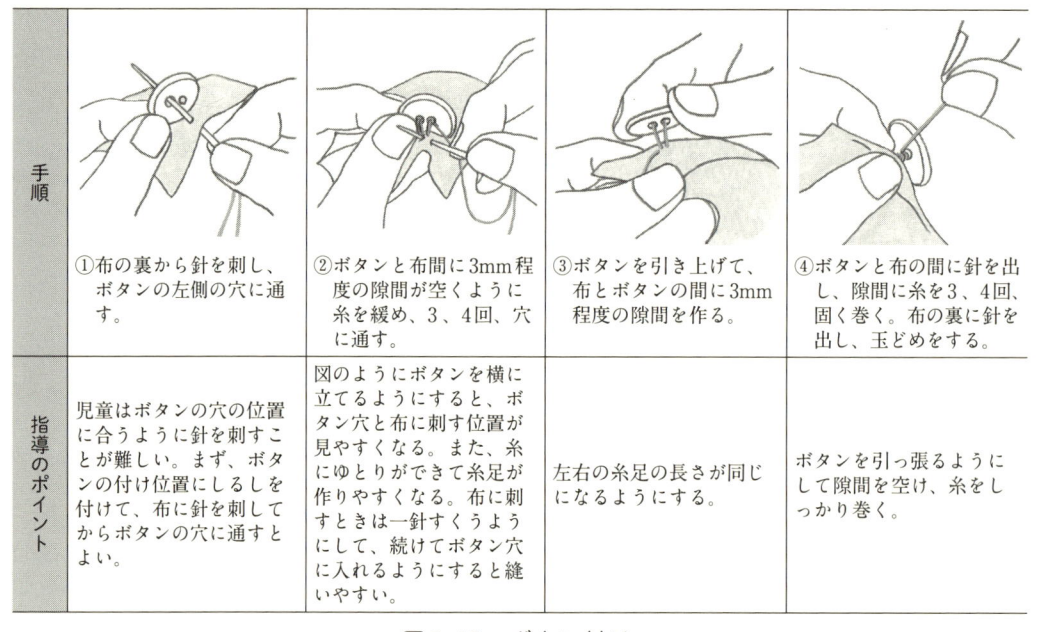

手順	①布の裏から針を刺し、ボタンの左側の穴に通す。	②ボタンと布間に3mm程度の隙間が空くように糸を緩め、3、4回、穴に通す。	③ボタンを引き上げて、布とボタンの間に3mm程度の隙間を作る。	④ボタンと布の間に針を出し、隙間に糸を3、4回、固く巻く。布の裏に針を出し、玉どめをする。
指導のポイント	児童はボタンの穴の位置に合うように針を刺すことが難しい。まず、ボタンの付け位置にしるしを付けて、布に針を刺してからボタンの穴に通すとよい。	図のようにボタンを横に立てるようにすると、ボタン穴と布に刺す位置が見やすくなる。また、糸にゆとりができて糸足が作りやすくなる。布に刺すときは一針すくうようにして、続けてボタン穴に入れるようにすると縫いやすい。	左右の糸足の長さが同じになるようにする。	ボタンを引っ張るようにして隙間を空け、糸をしっかり巻く。

図3-43　ボタン付け

👕 3.4 ミシン縫いの指導ポイント

ミシン縫いは、機器の準備が必要なので手縫いに比べて手軽さには欠けるが、丈夫で美しい縫い目が速く縫え、完成度の高い作品ができる。衣服をはじめ、身のまわりにはミシンで縫われているものが多く、布を使った製作には欠かせない機器である。小学校ではミシンの扱いを知り、ミシン縫いの特徴を理解して直線縫いの技能を習得させることがねらいだが、自分や周囲への安全に配慮して、精密な家庭機械を正しく活用する力を養ううえでも意義の

ある学習である。児童にとっては初めて扱う精密で大きな機械であり、その操作には多少の危険が伴うこともある。指導者自身がミシンの仕組みを十分に理解し、扱い方に習熟して、安全に配慮した指導をすることが大切である。

3.4.1 ミシンの各部名称と働き

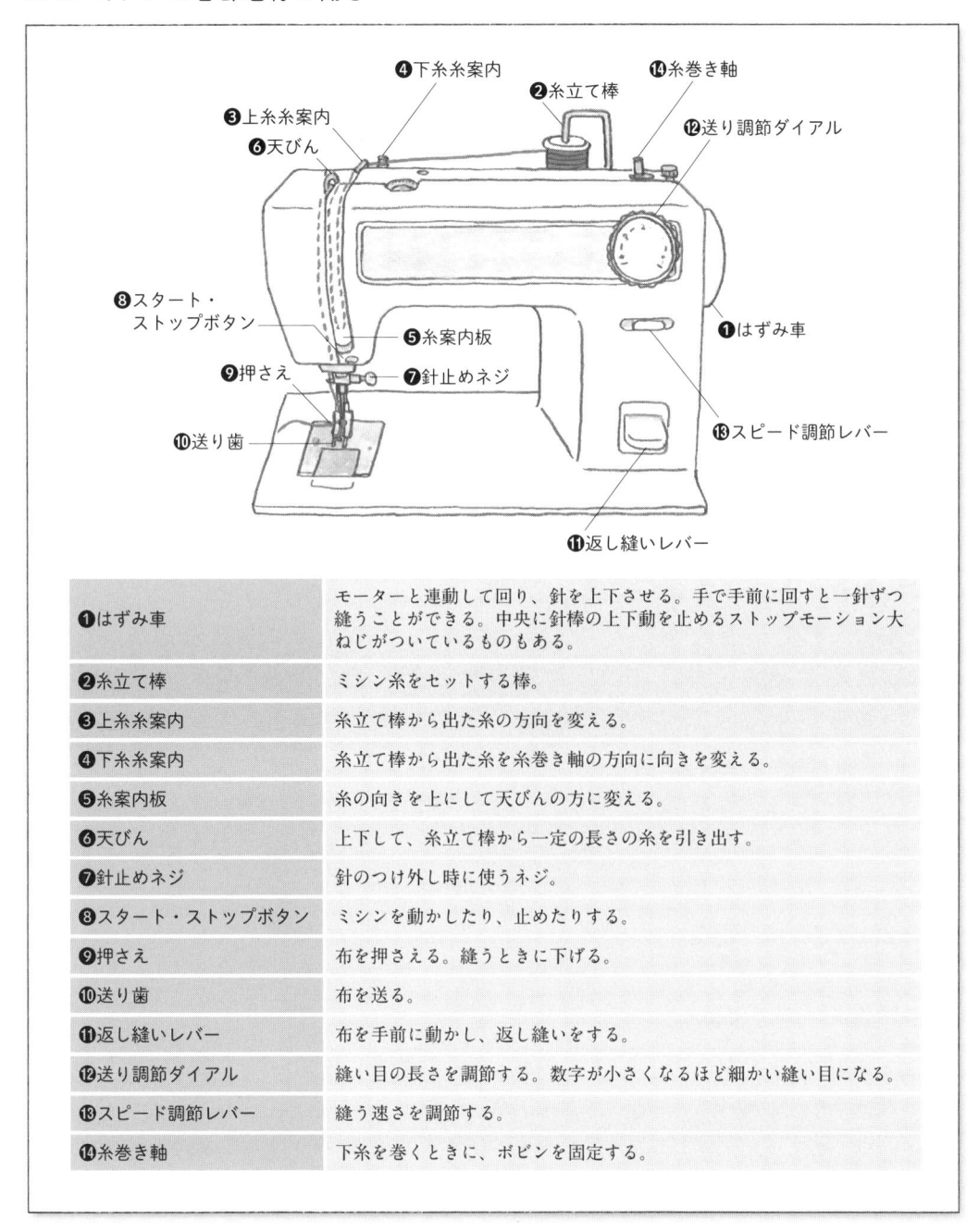

❶はずみ車	モーターと連動して回り、針を上下させる。手で手前に回すと一針ずつ縫うことができる。中央に針棒の上下動を止めるストップモーション大ねじがついているものもある。
❷糸立て棒	ミシン糸をセットする棒。
❸上糸糸案内	糸立て棒から出た糸の方向を変える。
❹下糸糸案内	糸立て棒から出た糸を糸巻き軸の方向に向きを変える。
❺糸案内板	糸の向きを上にして天びんの方に変える。
❻天びん	上下して、糸立て棒から一定の長さの糸を引き出す。
❼針止めネジ	針のつけ外し時に使うネジ。
❽スタート・ストップボタン	ミシンを動かしたり、止めたりする。
❾押さえ	布を押さえる。縫うときに下げる。
❿送り歯	布を送る。
⓫返し縫いレバー	布を手前に動かし、返し縫いをする。
⓬送り調節ダイアル	縫い目の長さを調節する。数字が小さくなるほど細かい縫い目になる。
⓭スピード調節レバー	縫う速さを調節する。
⓮糸巻き軸	下糸を巻くときに、ボビンを固定する。

図3-44 ミシンの各部名称と働き

3.4.2 から縫い

　から縫いとは、糸をつけずにミシンを動かして、縫い始めと縫い終わりの操作を学びながら、針や布の動きを観察し、ミシンは手で布を送らなくても自然に進むことやコントローラーの踏み方と縫うスピードとの関係を体験的に学習する。ミシン縫いの楽しさのひとつはスピード感であるが、一方で、そのスピードについていけず苦手意識につながっていることもある。また、先に進む布を思わず押さえてしまうことによってミシン針が曲がったり、糸絡みでミシンが動かなくなるなどのトラブルが発生することもある。から縫いではできるだけ長い布（50cmくらい。紙でもよい）を使用し、コントローラーをいっぱいまで踏み込んだときの布の進み具合を体感して、スピードに慣れさせることが必要である。

①準備をする

　1　ミシンを運ぶ…カバーの金具がしっかり留まっていることを確かめて、ミシンの下を両手で持つようにする。

　2　電源につなぐ…コンセントにプラグを差し込む。このときは、まだミシンの電源スイッチは入れない。

　3　コントローラーをつなぎ、踏み方の練習をする…床にかかとをつけ、つま先で踏むように指導する。足全体で踏み込むと強過ぎてスピードコントロールができなくなり危険である。なお、コントローラーがなく、スタートストップボタンで操作するミシンを使うこともある。このような場合は、から縫いで、布を押さえながら右手の親指でボタンを押す動作がなめらかにできるよう練習する。

②から縫いをする

　1　押さえの下に布を入れる。布は、縫い合わせを想定して2枚重ねにする。

　2　はずみ車を手前に回し、縫い始めの位置（布の端）に針を刺す。

　3　押さえを静かにおろし、針から左右10cm位離れた位置で、両手を軽く布に添える。

　4　電源スイッチを入れる。

　5　コントローラーを静かに踏んで縫い始め、縫い終わりに近づいたら速度を緩めて止める。

　6　針を上げ、押さえを上げる。

　7　布を左手で向こう側に引く。

3.4.3 下糸・上糸の準備

　ミシンは下糸と上糸がカマの中で絡んで縫い目ができる。上糸は糸立て棒から出た糸を針に通して使うが、下糸はミシン糸をボビンに巻いて、カマの中に入れて使う。糸の準備をするときには、まず下糸をボビンに巻く作業から始める。

①下糸をボビンに巻く

　糸立て棒から出した糸を、下糸糸案内に引っ掛けてからボビンに巻くが、必ずボビンの穴に内側から通す（図3-45）。糸巻き軸をボビンおさえに押しつけると糸巻き軸が回るようになる。

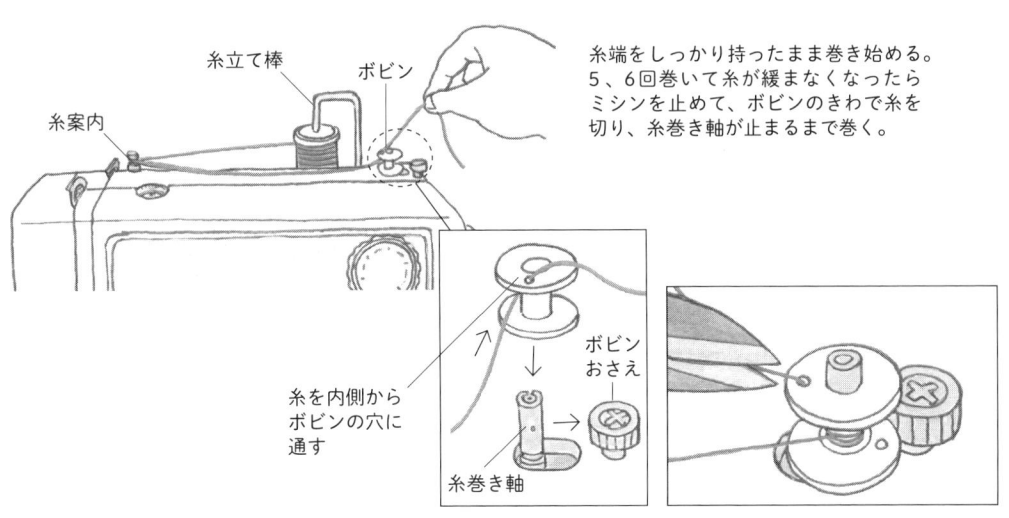

糸立て棒　ボビン

糸案内

糸端をしっかり持ったまま巻き始める。
5、6回巻いて糸が緩まなくなったら
ミシンを止めて、ボビンのきわで糸を
切り、糸巻き軸が止まるまで巻く。

糸を内側から
ボビンの穴に
通す

ボビン
おさえ

糸巻き軸

図3-45　下糸の巻き方

　下糸をしっかり巻くポイントは、糸をボビンの穴に内側から入れることと、巻き始めに糸端を手で持っていることである。児童は、きれいに巻けるように巻いている最中に糸案内からボビンの間の糸に触ることがあるので、糸で指を切るなどの危険性を伝えておく。

②下糸をカマに入れる

　下糸をカマに入れるポイントは、糸端の向きとカマのミゾに糸を通すことである。図3-46のように、糸端が左上から出るようにボビンをカマに入れる。糸端が左側にあることと、カマのミゾに糸を入れることは、下糸に適切な張力をかけてきれいな縫い目を形成するために重要である。縫っている途中でミゾから外れる場合もある。糸をミゾに入れるときには指でボビンを押さえながら、糸がミゾにカチッと入る手応えを確認するよう指導する（図3-46）。

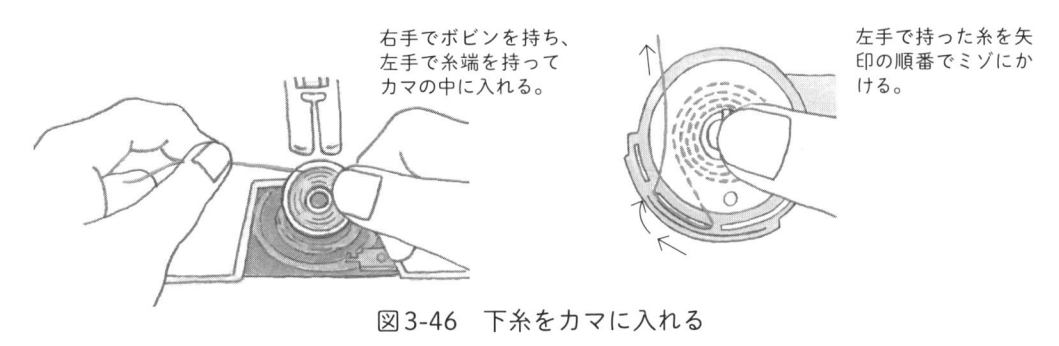

右手でボビンを持ち、
左手で糸端を持って
カマの中に入れる。

左手で持った糸を矢
印の順番でミゾにか
ける。

図3-46　下糸をカマに入れる

③上糸をかける

　糸立て棒→上糸糸案内→糸案内板→天びん→針棒の糸かけ→針穴の順にかける（図3-44参照）。針の穴に糸を通すときは、はずみ車を手で静かに手前に回し、針棒が最も高い位置になったときが通しやすい。カマが水平型の場合（図3-46）、ミシン針は穴が前を向くように取り付けるので、前面から糸を通すことになる。針糸通し器を利用するときは、針の後方から糸通し器のバネを穴に通すことになる。

④下糸を出す

下糸は、縫い始める前にカマの中から引き上げて上糸と揃えておく。カマの中に入っている下糸の先を上糸で絡めるようにして上に引き上げる作業は、糸の引き加減が難しい（図3-47）。児童の理解を促すために、カマの中で上糸が下糸を絡める様子を観察させるとよい。この様子は、縫い目が形成される機構でもある。

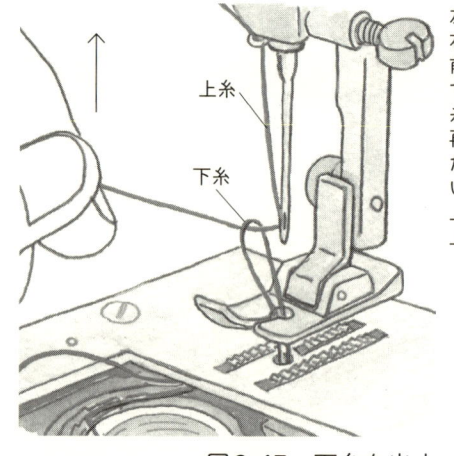

左手で上糸を持ち、右手ではずみ車を手前に回して針を下ろすと、カマの中で下糸が上糸に絡まる。再び針が上がってきたら、左手で持っている上糸をゆっくり上げると下糸が引き上げられる。

上糸

下糸

図3-47　下糸を出す

3.4.4 目的に合った縫い方

①返し縫い

返し縫いとは、縫い目を重ねて縫う方法である。縫い始めと縫い終わりに返し縫いをすることが多い。縫い目がほつれないようにするためで、手縫いの玉結びと玉どめに相当する作業である。縫い始めの返し縫いは、縫い始めの位置よりも1〜2cm先に針を刺し、返し縫いレバーを押して縫い始めの位置まで縫い戻る。その後、レバーを戻し、縫い目が重なるように前進させる。縫い終わりの位置まで縫ったら、返し縫いレバーを押して1〜2cm縫い戻るようにする。返し縫いレバーが故障などで使えない場合には、布を回転させて方向を変えて縫うとよい。方向を変えるときは、必ず針を刺したままにする。

②縫う方向を変える

返し縫いや角を縫う場合には、縫い目がずれたりしないように、また、きちんと角の形になるようにするために、針を刺したまま布の向きを変えるようにする（図3-48）。

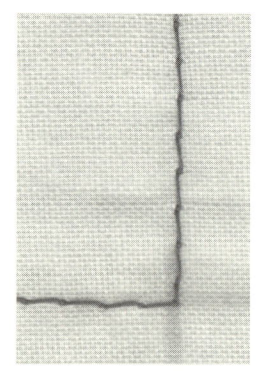 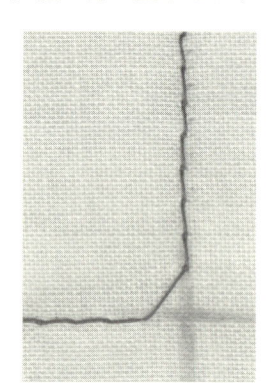

針を刺したまま方向を変えると角がしっかり縫える。

針を刺さずに方向を変えると角ができないことがある。

図3-48　角の縫い目

3.4.5 ミシンの主な不調原因と対策

・縫い目がつれて、糸のバランスが表と裏で異なったり（図3-49）、目飛びが起きたりして整わない原因の多くが、下糸をカマに入れるときの向きが違っていることや、カマのミゾに糸をかけていないことである。また、上糸のかけ方を間違えていることもある。これらは直ちに確認できるので、児童自身に気づかせて直すようにするとよい。

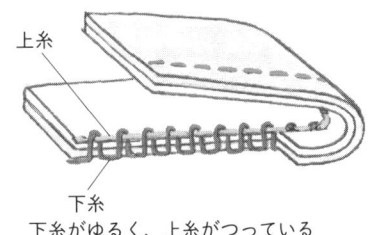

下糸がゆるく、上糸がつっている

図3-49　縫い目のつれ

・糸絡みは、縫い始めに発生することが多い。上糸と下糸を十分に引き出していないときに絡みやすい。15cmくらい引き出して、2本の糸を押さえの向こう側に揃えてから布を置くよう指導する。糸絡みが生じて布が動かなくなった場合は、はずみ車を前後に少しずつ回転させながら布を引き、針板のきわで絡んだ糸を切ったあと、カマの中の糸を取る。

・布が進まないなどで縫えない原因は、糸絡みのほか、送り調節ダイアルが0の位置になっていることも考えられる。送り調節ダイアルには0〜4の目盛りが記してあり、0は布送りをしないことを意味する。ダイアルの数字は、中程度の布を2枚重ねにして縫った場合の一目の長さ（mm）を示している。縫い目の大きさは縫い目強度や縫い目の目立ち具合で決めるが、ブロードやギンガムなどの中程度の厚さの布の場合、目盛りは2.5程度が適当である。

　まれに、押さえを下げずに縫っている場合もあるので、まずは基本的な操作が適切に行われているのか、児童の作業の様子を確認するとよい。

　ミシンの不調は、機械そのものの問題による場合もあるが、操作の間違いや上糸・下糸のかけ方などの基本的な作業の間違いによることが少なくない。不調の対処にあたっては、児童自身が基本的作業を確認し、不調の原因を見つけ出し、解決できると自信につながる。

3.5 授業づくりのポイント

　製作の授業は、教師が作り方の手本を示し、児童がそれを模倣するように実践する形式になりがちである。製作過程を通して思考力や判断力、表現力を育て、作品を完成させた成就感や自信をもたせるためには、児童自ら問題解決し、主体的に作業を進めるような授業デザインと教材・教具の準備が必要である。

①基礎的・基本的な技能を確実に身につけるような授業デザイン

　より興味と意欲を引き出す目標を設定して、基礎的・基本的な学習に取り組ませる。例えば、「針に糸を通すのに何秒でできるだろう」「ミシンマイスターを目指せ!」（上糸、下糸を付けて縫う準備ができるまでの時間を計る）など、上達が明確にわかる指標を示すことが考えられる。

　また、短時間の手縫いの練習を授業ごとにするなどの繰り返し学習を取り入れるのも効果的である。個々の児童の技能の習得状況について、教師及び児童自身も確認できるように、目標を段階的に示すルーブリック評価表の活用も考えられる。

②グループによる問題解決や教え合い

　製作工程の一部を児童たちが話し合って方法を見つけ出したり、教え合いなどの対話の機会を多くもたせるようにする。

③児童が参考にする多様な教材・教具の準備

　教科書の記述を十分に読み取らせることが基本であるが、技能などについてはDVDなど動画の提示が有効である。デジタル教科書にも動画が掲載されているので、児童が適宜活用できるようなICT機器の環境を整えておくとよい。また、児童の多様な実態に応じた複数の教材・教具を用意し、児童が選択できるようにすることも大切である。部分標本、完成標本など、手作りの実物標本は、作品の全体像から縫い目の細かさや布の重なりまで多くの情報を詳細に確認することができる重要な教具である。

④作業の示範

　製作手順や技能を直に見せる示範は動画以上に印象が強く、不可欠なものである。適切に示すことができるように、教師自身が確実な手順の理解や技能を習得しておくことは言うまでもないが、児童の代表に示範を任せることもひとつの方法である。教師が示す場合とは異なり、児童は、自分だったらできるだろうか、という気持ちでより能動的に示範を観察する姿勢をもつ傾向がある。

第4章 住生活

本章のねらい

□ 住まいの基本的な機能を捉えよう

□ 日本の気候に合わせた住まいの構造・住まい方の工夫について
　理解しよう

□ 快適性に影響を及ぼす、温熱、空気、光、音などの諸条件につ
　いて理解しよう

□ 日常的に行う整理・整頓や清掃の目的・方法について理解しよう

□ 本章の学びを授業づくりに生かすとともに、読者自身の住まい
　の整備に役立てよう

主体的に住まう力を育む住教育

　小学校学習指導要領家庭編においては、「B 衣食住の生活」の「(6) 快適な住まい方」が住生活に係る項目である。ここでは、課題をもって、健康、快適、安全で豊かな住生活に向けて考え、工夫する活動を通して、快適な住まい方に関する知識及び技能を身につけ、住生活の課題を解決する力を養い、住生活をよりよくしようと工夫する実践的な態度を育成することをねらいとしている。

　(6) 快適な住まい方
　　ア　次のような知識及び技能を身に付けること。
　　　(ア) 住まいの主な働きが分かり、季節の変化に合わせた生活の大切さや住まい方
　　　　　について理解すること。
　　　(イ) 住まいの整理・整頓や清掃の仕方を理解し、適切にできること。
　　イ　季節の変化に合わせた住まい方、整理・整頓や清掃の仕方を考え、快適な住まい
　　　　方を工夫すること。

　住まいの主な働きとして、小学校では、住居の基本的な機能のなかから「風雨、寒暑などの自然から保護する働き」（「解説」）を取り扱う。健康・快適・安全の視点から住生活の大切さに気づかせたい。関連して、季節の変化に合わせた暑さ・寒さへの対処の方法や通風・換気、採光、音と生活の関わりについて理解し、工夫できるようにする。
　また、気持ちよく生活するためには、住まいの整理・整頓や清掃が必要であることがわかり、整理・整頓や清掃の仕方を理解し、工夫してできるようにする。
　住生活の内容は、「(6) 快適な住まい方」の1項目のみで構成されている。ごく限られた時間のなかで住生活について学ぶ楽しさや大切さを伝え、児童の学びを深めるためには、他領域と同様に体験的な学習を積極的に取り入れるなど授業の手立てを工夫する必要がある。また、小学校では、自然環境から身を守る住まいの保護的機能や快適な住まい方について取り扱い、中学校では家族の生活との関わりから住居の基本的な機能を学ぶとともに、家庭内の事故を防ぎ自然災害に備えるなど安全な住まいについて考えていく。このように系統的な学びによって健康・快適・安全な住生活を営む力を身につけることを目指す。

1 住まいの働きと役割

1.1 生活の拠点である住まい

　　ボクたちは、川井さん、清君のお父さん、田原さん、西村さんという力強いうしろだてにより、自分たちの家、自分たちの空間、自分たちの部屋を手に入れた。

　　それは安心して寝られて、心をやすらげることができる最高の空間だった。寝るときになり、天井を見て、思わずにやけてしまうボク[1]。

　これは、お笑いタレントによる著書『ホームレス中学生』の一節である。父親の「解散宣言」により、中学生にして突如ホームレスとなった主人公は、公園での生活、友人宅への居候を経て、多くの人の助けを借りて再び兄弟で暮らすための住居へ引っ越している。主人公が住居を手に入れて、雨風をしのぎ、兄弟で揃って生活できることや安心して眠れることへの喜びを感じていることが伝わってくる。普段はあたりまえ過ぎて気がつかないかもしれないが、私たちは住まいによって守られ、安心して暮らすことができている。

　日本では、「ホームレス」とは「都市公園、河川、道路、駅舎その他の施設を故なく起居の場所とし、日常生活を営んでいる者」と定義されている（ホームレスの自立の支援等に関する特別措置法第2条）。しかし近年では、雇用者の約4割が非正規労働者となり[2]、若者も雇用不安にさらされ、インターネットカフェや漫画喫茶、ファーストフード店で寝泊まりをする「ネットカフェ難民」や「ハウジングプア（住まいの貧困層）」[3]が問題になっている。ハウジングプアとは、屋根はあるが家のない状態や、屋根はあるが居住権が侵害されやすい状態などを指す。「生活の拠点」である住居を失った住所不定の状態では職探しが困難となるうえ、生活保護の申請も難しくなる。選挙権や社会保障の機会も失われる。さらに、「生活の拠点」である住まいを失うことは、安らぎやくつろぎの場を失うことにもなる。

　世界人権宣言の内容を基に条約化した国際人権規約（1966年）では、規約の締約国に対して、食料、衣類及び住居について相当な水準を保障し、生活水準の向上を求める権利を認めている。第2回国連人間居住会議（ハビタットⅡ）では、適切な住居に住む権利（居住の権利）を基本的人権として位置づけることが世界各国によって承認された[4]。日本国憲法でも「健康で文化的な最低限度の生活を営む権利」（生存権）が認められており、そのためには適切な住居が欠かせない。住環境に関するさまざまな問題の改善には、社会的支援や解決

＊1　田村裕『児童書版 ホームレス中学生』ワニブックス、2008、p.109
＊2　厚生労働省「平成26年就業形態の多様化に関する総合実態調査の概況」、2015
＊3　稲葉剛『ハウジングプア』山吹書店、2009
＊4　日本住宅会議・ハビタット日本NGOフォーラム『かもがわブックレット107—住まいは人権』かもがわ出版、1997

も必要であるが、私たち自身も生活者として住まいの権利を自覚し、住生活に関する基本的な知識や問題解決能力を身につけることが重要である。

🏠 1.2 住居の機能

住生活について学ぶために、まず住まいの機能（役割）について、生活者の立場から考えていく。

1.2.1 保護的機能

人類が最初につくった住居は、洞窟や岩陰、山の斜面を掘った横穴住居といわれている（図4-1上）。雨風を防ぎ、酷暑や寒冷などその土地の気候風土の厳しさを緩和してしのぎやすくする作用（気候緩和作用）や、外敵から身を守るための避難所（シェルター）としての役割を果たしていた。狩猟・採集が中心の移動生活は主に屋外で営まれるため、住居は休養の場としても重要であった。

洞窟で体を休める

竪穴住居と屋外の炉　　　　竪穴住居内の炉／家族が火を囲む

図4-1　住まいの成り立ち

出典：稲葉和也・中山繁信『日本人のすまい―住居と生活の歴史』彰国社、1983などを参考に作成

1.2.2 生活的機能

　狩猟・採集が中心であった時代から、農耕によって収穫物を得る時代に移行してからは、収穫物の保存や加工の場として住居が使われるようになり、仕事（生業）の場としての機能が大きくなった（図4-2）。また、住居は、子育てを通して子どもたちに文化・技術を継承していく場所、炊事、団らん、家財の管理、家庭看護、近隣交流などの家庭生活を営む場所である。住まいはこれらの生活行為を営むのにふさわしい条件を備えている必要がある。

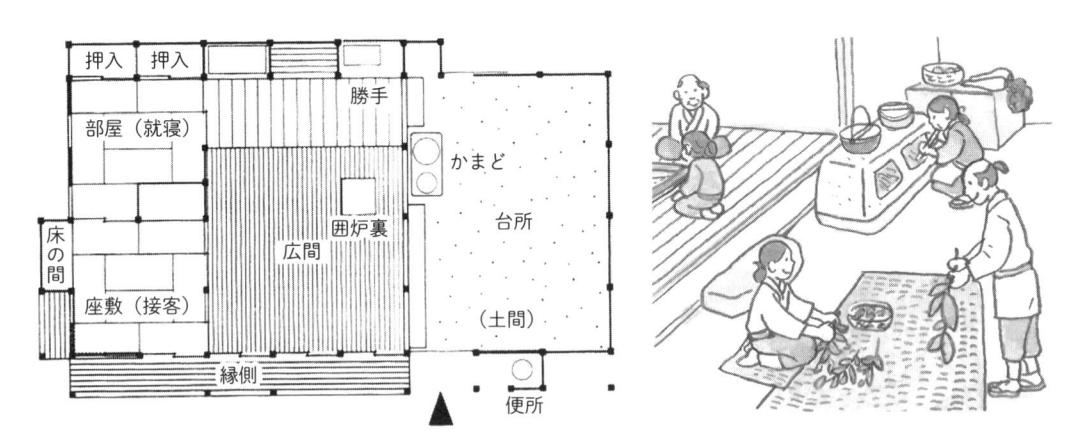

図4-2　仕事（生業）の場としての住居
出典：住文化研究会『住まいの文化—豊かな暮らしのためのテキストブック』学芸出版社、1997を参考に作成

1.2.3 文化的機能

　休養やくつろぎによって活力を回復させる「憩いの場」であるとともに、個人の私的生活を充実させる余暇、文化生活、自己実現を試みる場や個人発達の場としての役割も求められるようになった。

1.3 住環境の現状と課題

1.3.1 住居の機能と住生活の変化

　高度経済成長に伴う都市化によって、仕事（生産や流通）は次第に住居から分離し（職住分離）[5]、かつては二間続きの座敷空間や広い四間空間を利用して自宅で行うことが多かった冠婚葬祭は、住居ではなく専用の施設で催されるようになった。出産や看取りの場所も自宅から病院などへ変わってきた（図4-3）。少子高齢化による介護負担の増加や、小世帯化、女性の社会進出に伴う共働き世帯の増加などにより、施設やサービスの需要は増え、住居の機能の社会化・外部化が進んできた。また、かつて農作業をしながら家族や地域の人々と交流する場であった土間や縁側が消滅しつつある。開放的な住まいから閉鎖的な住まいへ移り変わるなかで、地域社会との交流の機会が失われつつある。このようななかで、地域における相互扶助の機能は低下し、これまで日々の生活や季節の行事、地域の催しなどを通して家

---

*5　一方で、インターネットなどの普及によりSOHO（Small Office ∕ Home Office）など自宅で業務を行うようなワークスタイルも出てきた。

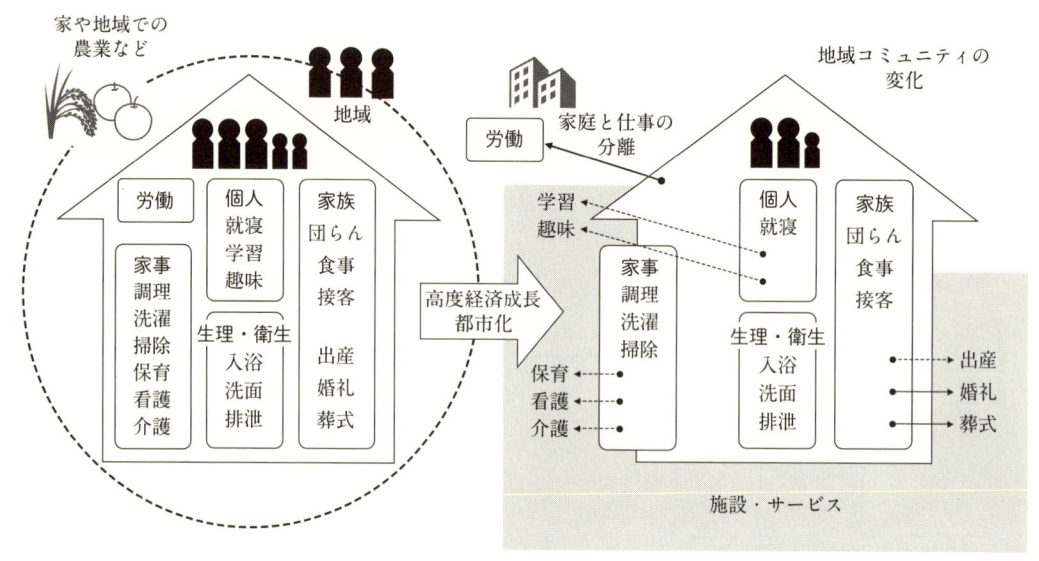

図4-3　住居の機能の社会化・外部化
出典：定行まり子・沖田富美子編『生活と住居』光生館、2013、p.5を参考に筆者作成

庭や地域で自然に受け継がれてきた文化の継承も難しくなっているため、学校での体験や学びのもつ意義は大きい。コレクティブハウジング*6のような、集まって住まうことも注目されている。

1.3.2 住居の安全性・健康性

　阪神淡路大震災（1995〔平成7〕年）や東日本大震災（2011〔平成23〕年）などの大規模な災害は地域コミュニティの崩壊を招き、夏の暑さ・冬の寒さ、衛生面、プライバシーの確保などの面で、多くの人が生存権とかけ離れた避難生活を強いられた。耐震性を高めるなどの住居の質的向上、災害時の居住支援体制の向上とともに、生活者側でも日頃から災害に備えておくことが必要である*7。

　さらに、現在、交通事故死数に比べて家庭内の不慮の事故死数は2倍以上と多く*8、ハウスダストアレルギーや、夏季の住宅内での熱中症の発生、建材などから放散する化学物質による健康影響（シックハウス症候群）など、安らぎを与えるはずの住環境が問題となってしまうことがある。居住者の知識不足などにより問題が悪化している場合もあることから、健康で快適に暮らすための室内環境整備についても基礎的知識を身につけておく必要がある。

---

*6　共同生活を営む集合住宅。共同の食堂などをもちながら、各住宅が独立している。
*7　災害への備えとして、例えば以下のような資料が参考になる。
　　東京都「東京防災」東京都総務局総合防災部防災管理課、2015／日本家政学会編『震災にそなえて―家政学からの提言』日本家政学会、2012／中村裕里子「避難所―首都直下地震に備えて事前に知っておきましょう」日本女子大学家政学部住居学科平田研究室、2013（発行元の研究室ウェブサイトからダウンロード可能。学校などでの使用時には同研究室へ要連絡）
*8　厚生労働省「平成27年人口動態統計」、2016

1.3.3 持続可能な住生活

　利便性や快適性を求めるライフスタイルによって家電製品が普及し、家庭におけるエネルギー消費は増加している。また、日本では経済性の観点から建物を建てては壊すという「スクラップアンドビルド」が繰り返されてきた。しかし住宅の建設と解体にかかるエネルギー消費量は大きいため、昨今では、耐震化や断熱化、バリアフリー化、リフォームやリノベーションにより長く住み続けられる住宅を確保する「ストック型社会」への転換が求められている。居住者としても、住居に関心をもって手入れをする、持続可能な社会の構築に向けて日々の生活を見直すなど、環境に配慮した住生活を実現していく必要がある。

1.4 住教育

　私たちは、日々の生活時間の9割以上を屋内で過ごしており、一生の半分以上の時間を住宅内で過ごしている。住まいは、私たちが最も長い時間を過ごす「生活の拠点」であるとともに、生活を営む場であることから「生活の器」ともいわれる。私たちは、個々の生活や家族の生活に合わせて住まいを考えていく必要がある。家庭科は住生活について学習する時間であり、住生活を営むために必要な基礎的な知識や問題解決能力を身につけることができる機会である。

　家政学のなかの「住居学」は、住まうこと（住生活）とその場所として住空間について研究する学問であり、家庭科においても生活者としての視点から「住生活」について学ぶ。小学校の家庭科では、その後の住生活の構築に向けて、まず児童が住まい方への関心をもてるようにしたい。そして、快適に住まうために家庭で行われていることや、児童自身ができる工夫に気づくような授業づくりが求められる。

　住まい方は家庭や地域の環境によって異なるので、住生活の学習では特にプライバシーに配慮しなければならない。例えば、実感がもてる学習を意図して、児童の生活から課題を見つけるような場合や、学習した内容を家庭で実践するような場面では、プライバシーに踏み込んだ内容となりやすい。日頃から家庭との協力体制をつくり、事前に家庭への連絡をするとともに、課題の取り扱い方に配慮する必要がある。そのうえで、個々の家庭に合わせて学習内容を応用・工夫する力、課題を解決する力を育みたい。

　さらに、それぞれの地域の気候や課題に合わせた教材を設定したり、教室や学校などの身近な空間を取り上げるなど、児童が共通の課題をもって授業に取り組んだり、共感しやすい学習展開の工夫も必要である。アニメの主人公の住まいや、絵本、身近な施設を教材とすることも考えられる（表4-1）。

表4-1　住教育の教材例

絵本	ヘレン・ピアス／まつおかきょうこ（訳）『ねずみのいえさがし』童話屋、1984	「家探し」の物語を通して、自分ならどんな家に住みたいか、住まいの機能や役割とは何か、を考える。
	アネット・チゾン、タラス・テイラー／やましたはるお（訳）『バーバパパのいえさがし』講談社、1992	
	みやざきひろかず『ワニくんのいえ』BL出版、2011	
	加古里子『あなたのいえわたしのいえ』福音館書店、1972	毎日、あたりまえに暮らしている家の機能について改めて考え、どうすればより快適な住まいになるか、を考える。
	バージニア・リー・バートン／石井桃子（訳）『ちいさいおうち』岩波書店、1954	静かな田舎に工場ができてにぎやかなまちになっていく様を見つめる「ちいさいおうち」の気持ちから、住環境やまちについて考える。
施設	江戸東京たてもの園（東京都小金井市）	住まい方の変遷を知り、住まいへの関心を高める。衣・食・住の視点から、自然環境を生かした住まい方や四季の変化に合わせた暮らしの工夫を学習できる。
	昭和のくらし博物館（東京都大田区）	
	博物館明治村（愛知県犬山市）	
	住まいのミュージアム　大阪くらしの今昔館（大阪府大阪市）	

出典：筆者作成

2 室内環境とその調整

近年、住宅の断熱性・気密性が向上し、エアコンが普及したことによって、私たちは冷暖房機器に依存した環境調節を行っている。スイッチひとつで温湿度調節ができる快適で便利な生活に慣れ、体温調節機能が低下し、衣服の着脱や窓の開閉による調節に実感がもてない児童もいるだろう。

快適で便利なライフスタイルはエネルギー消費の増大をもたらした。これからは自然環境との共生という視点が不可欠である。本節では、季節の変化を楽しみながら自然の力を生かす住まい方や、効率よく冷暖房するための工夫について学習する。

STEP UP　気候風土と住まい

住居の機能のひとつに保護的機能があり、自然環境から居住者の身を守る役割を担っている。寒い地域では暖かく、暑い地域で涼しく住まう工夫がされてきた（気候緩和）。また、気候条件は建築材料や構造にも影響を及ぼしてきた。

日本は南北に細長い島国であり、気候特性は地域差が大きいが、吉田兼好の『徒然草』に「家の作りやうは、夏をむねとすべし。冬は、いかなる所にも住まる。暑き比わろき住居は、堪へ難き事なり」とあるように、とりわけ、高温多湿の日本の夏を快適に過ごすための住まいづくりが行われてきた。例えば、断熱性の高い茅や藁の分厚い屋根によって夏の日射を遮蔽し、高い床、窓や縁側など大きく開かれた間取りによって通風をよくするための工夫がされていた。また、日本各地にはそれぞれの地域特性を生かした民家や住まい方の工夫があり、一部は現在も受け継がれている。

🏠 2.1 温熱環境

　私たちは、人体と環境との熱交換によって暑い・寒いと感じる。この熱交換に影響を与える要素を温熱環境要素といい、環境物理的な要素（気温、湿度、気流、放射温度）と、人体側の要素（代謝量、着衣量）[9]がある。同じ気温でも相対湿度が高く蒸しているとより暑く不快に感じる。汗が蒸発するときには気化熱によって体温が奪われるが、湿度が高いときには汗が蒸発しにくく体に熱がたまりやすくなるため、体感温度が高くなるのである。

　また、気流も体表面の熱を奪うため、風速が1m/s増加すると体感温度は1℃程度低くなるといわれる。夏季に気流によって在室者の体感温度を下げることを通風という。風の通り道を考え、地域の風向きに合わせて、窓を対面に開けることで効果的な通風が得られる。

　放射は、太陽から受ける熱（日射）など、物体が電磁波として放出する熱エネルギーのことである。建物の鉛直壁面及び水平面が一日に受ける直達日射を見ると、日本では南中高度が高い夏至の頃に水平面の日射量が最も多く、南中高度が低くなる秋から冬にかけては南面の日射量が多いことがわかる（図4-4）。南向き壁面に開口部を持つ部屋が好まれてきたのは、受熱量が夏季に少なく冬季に多いことから、室内温熱環境面で有利であるためである。また、南向きの窓では、庇や軒など上方からの日射遮蔽が効果的であり、これらは冬季の日射を妨げることなく夏季の日射を遮ることができる（図4-5）。西向きの窓は、気温が高い午後に日射の影響を受けやすいため、夏季には窓全体を覆うすだれやブラインドなどで低い位置からの日射を防ぐ必要がある。なお、日射は屋外側で遮蔽する方が効果は高く、朝顔やへちまなどの蔓植物を利用したグリーンカーテンなども有効である。特殊な金属膜をコーティングした日射遮蔽効果の高い窓ガラスも出てきている。

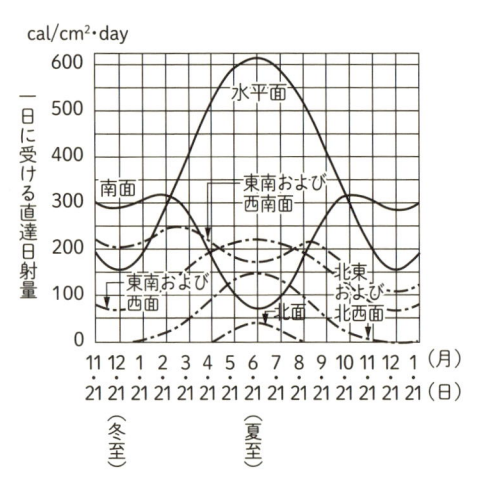

図4-4　各方位の直達日射量（北緯35度）
出典：日本建築学会編『建築設計資料集成2』丸善、1960、p.38を一部改変

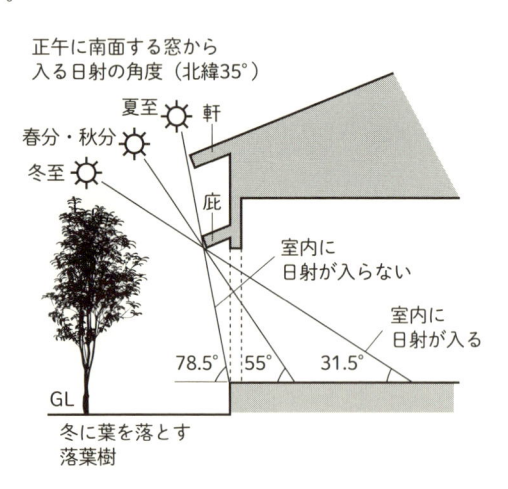

図4-5　南面する窓における庇の効果（東京）
出典：筆者作成

---

*9　着衣の断熱性・保温性はclo（クロ）という単位で示され、基礎代謝時の人体が室温21.2℃を快適と感じる着衣量を1cloとする。代謝量はmet（メット）という単位で示され、椅座安静状態の代謝量で58.2W/㎡を1metとする。通常の事務作業が1.1〜1.2metである。

液体が気体に変化するときに周囲からエネルギーを吸収する、気化熱を利用した放熱方法もある。打ち水は、地面に撒いた水が蒸発するときにアスファルトやコンクリートからエネルギー（熱）を奪い、地面の温度が下がる現象を利用したものである。植物の蒸散の効果や、広場などではミスト冷却も行われている。

冷暖房効果を高めるために、近年は、住居の断熱・気密性能が向上している。気密性は隙間からの空気の漏れにくさ、断熱性は熱の伝わりにくさのことである。断熱性を高めるため、壁体内部の断熱材（グラスウールやポリスチレンフォームなど）や、複層ガラス（ペアガラス）（図4-6）が使用される。これらは、空気は動かなければ断熱性能が高いことを利用したものであり、ダウンジャケットが暖かいことと同じ原理である。また、寒い地域では、二重窓や玄関に風除室を設けるなどの住まいの工夫がされている。冬季には毛足の長いカーペットや厚手のカーテンに変えたり、日が落ちる前にカーテンを閉めたりと、重ね着と同じように、暖房の熱が屋外に逃げないような工夫をする。窓ガラス付近は屋外の影響で冷やされ、下降気流（コールドドラフト）が生じやすいため、複層ガラスや厚みのある長めのカーテンを使うなどにより窓の断熱性を上げるほか、床面に置くような暖房器具は窓側に設置したり、サーキュレーターなどを設置して空気を循環させて室内の上部と下部の温度差を小さくする（図4-7）。

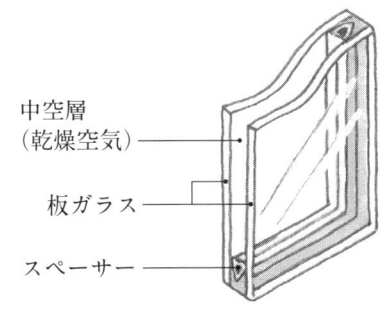

図4-6　複層ガラス（ペアガラス）

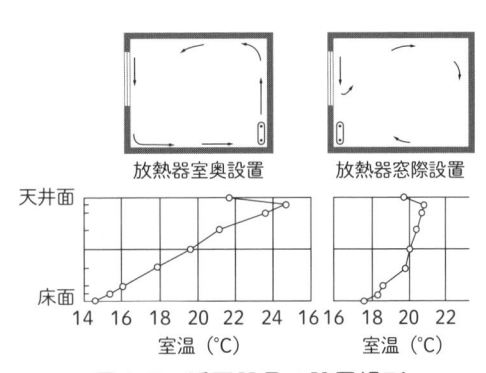

図4-7　暖房器具の設置場所
出典：日本建築学会編『建築設計資料集成1 環境』丸善、1978、p.131を一部改変

暖房時には空気の乾燥や結露など湿度の変化にも気をつける。乾燥状態ではインフルエンザウイルスによる感染が起こりやすくなるため、加湿器などを利用する。また、空気が含むことのできる水蒸気量には限界があり、気温に比例する。飽和水蒸気量に対する空気中の水蒸気量の割合を相対湿度といい、空気中の水蒸気の絶対量を絶対湿度という。水蒸気量が飽和状態となる温度を露点温度といい、空気が露点温度より低い温度に接すると空気中の水蒸気の一部が凝縮して水滴と

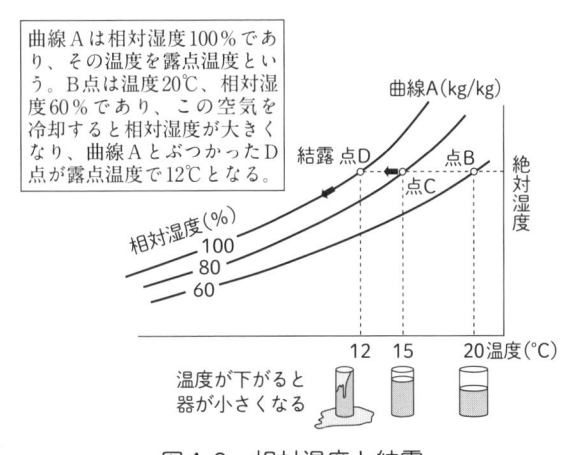

図4-8　相対湿度と結露
出典：図解住居学編集委員会編『図解住居学1 住まいと生活』彰国社、2011、p.69を参考に筆者作成

なる結露が発生する（図4-8）。開放型暖房器具などを使用して室内で水蒸気が発生している場合には、窓付近で温度が下がり空気が含むことのできる水蒸気量が少なくなると、空気中の水分が凝縮し、結果、窓表面などに結露が生じる。複層ガラスや断熱性能に優れたサッシなどによって窓の断熱性を高めたり、暖房、調理、洗濯物の室内干しなどに伴い室内で発生した水蒸気を換気によって排出したりすることで、結露を防止する。

🏠 2.2 空気環境

　閉めきった室内では、人の呼吸や、調理や暖房などの器具、衣類や布団から発生した塵埃、内装材や家具から放散した化学物質などによって空気が汚染される。かつての日本の住まいは夏向きの開放的なつくりであったが、昨今の住居では冷暖房効率を高めるために気密性が向上しており、計画的に換気をする必要がある。

　石油ファンヒーターや小型瞬間湯沸器などの開放型燃焼機器は、燃焼に伴って室内の酸素を消費し、二酸化炭素（CO_2）、水蒸気などを室内に排出する（図4-9）。二酸化炭素自体の毒性が高いわけではないが、二酸化炭素濃度が高い場合、過温・過湿やその他の汚染物質の増加が認められることが多いので、室内空気環境の総合的な指標として用いられる。酸素不足により不完全燃焼を起こすと、窒息性をもち人体への影響が大きい一酸化炭素（CO）が発生する。

　換気は、汚染した室内空気を清浄な外気と入れ換えることである。換気の方法には、開口部（窓や出入り口）を通じてなされる自然換気と、換気扇などを用いた機械換気がある。いずれも給気（入口）と排気（出口）が必要である。また、自然換気には、屋外の風圧力による風力換気と、室内外の温度差による重力換気（温度差換気）がある。冬季の暖房時には、暖められた汚れた空気は上昇して上部から流出し、下部からは屋外の空気が流入しようとする（図4-10）。窓上部のガラリや、換気小窓なども利用して、暖房負荷の少ない効率的な換気方法を考えたい。

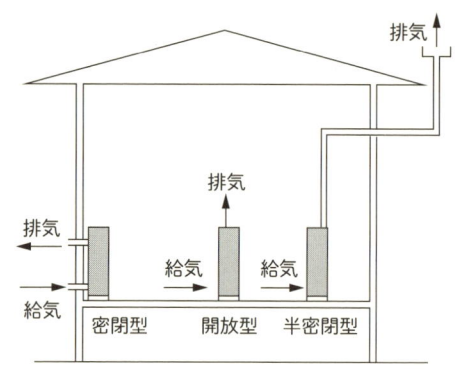

図4-9　燃焼機器の種類
出典：筆者作成

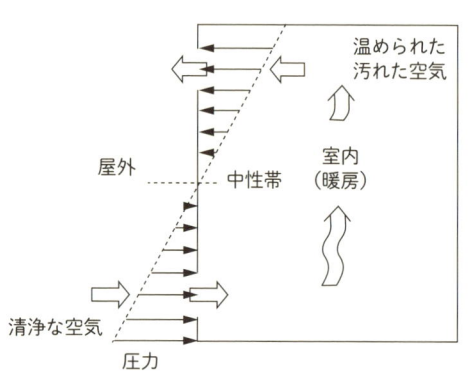

図4-10　重力換気（温度差換気）の原理
出典：筆者作成

　機械換気では、換気扇などの動力によって室内の汚染された空気を強制的に排出し新鮮な空気を取り入れることができる。特に台所・便所・浴室などでは、発生した水蒸気や臭気を分散させずに集中的に排気するために機械換気が使用される。住宅では、給気口から清浄な外気を取り込み、換気扇によって汚染空気を排出することが多い。近年では、気密性が高い住宅において建材・内装材や家具などから発生する化学物質による室内汚染[10]を防ぐために、新築住宅では居室にも機械換気設備の設置が義務づけられている（24時間換気システム）。

2.3 光環境

　明る過ぎたり暗過ぎたりすると作業性が落ちたり、目が疲れたりする。光が当たっている面の明るさを照度といい、単位を lx（ルクス）という。生活行為や仕事・作業においてはそれぞれ適切な照度が異なる（表4-2）。また室内で照度分布が大きくなり過ぎたり、まぶし過ぎても見やすさを損ねたり不快に感じることもあるので注意する[11]。

　室内で明るさを得る方法は、窓面などから太陽光を取り入れる採光（昼光照明）と、電灯などの人工光源を利用する人工照明がある。安定した照度を得やすい人工照明と異なり、採光で得られる明るさは時間帯や天気によって変動する。ただし、紫外線は殺菌作用を、赤外線は熱作用をもたらし、生体リズムに影響したり、カルシウムやミネラルの吸収に必要なビタミンDの生成にも役立つなど、健康的な生活を送るうえで日照の確保は欠かせない。また、環境への配慮からも、採光は積極的に活用すべきである。明る過ぎるとまぶしくて見えにくくなるため、ブラインドやカーテンによって調節する。障子も昼光を和らげて取り入れることができる。効果的な採光のためには、窓付近に日光を遮るものを置かず、窓の汚れなどにも気をつける。壁や天井、床、机の色や仕上げによっても明るさの感じ方が変わる。時間帯や天候、机の場所によって、明るさを得にくい場合には人工照明で補う。

表4-2　照度基準（JIS Z9110）

照度(lx)	居間	食堂	台所	子供室勉強室	寝室
1500					
1000	●手芸 裁縫				
750				●勉強 読書	
500	●読書				●勉強 化粧
300		●食卓	調理台 流し台		
200	●団欒 娯楽			●遊び コンピュータゲーム	
150					
100			●全般	●全般	
75					
50	●全般	●全般			
30					
20					●全般
15					
5					
3					
2					●深夜
1					

注）学校環境衛生基準では、学校の教室の下限値を300lx としている。

出典：JIS Z9110 照度基準総則

*10 省エネルギーのため建築物の換気量が削減され（気密化）、建材や家具、殺虫剤などに含まれる揮発性有機化合物（Volatile Organic Compounds：VOCs）が室内にこもりやすくなったことにより、発生する体調不良をシックハウス症候群という。日本では1990年代より知られるようになってきた。
*11 まぶしさなどによって見えやすさを損ねたり、不快に感じる現象をグレアという。

🏠 2.4 音環境

　日本では、祭囃子や鈴虫の声で季節を感じたり、風鈴の音で涼しさを感じたり、庭園に水琴窟を置いて音を楽しむ文化がある。また、駅の構内アナウンスや、信号の音、エレベーターの到着音など、公共交通機関でのバリアフリーとして音サインが使われている。しかし、同じ音であっても聞く人やそのときの状況によって聞きたくない音（騒音）と感じる場合もあり、感じ方にも個人差があって心理的影響が大きいため、近隣住戸への配慮は欠かせない。

　音は空気中の圧力変動（音波）によって伝わり、高さ（Hz ヘルツ）、強さ（dB デシベル）、音色の3要素がある。人が感じる音の大きさは周波数によって異なり、4,000Hz付近が最も感度がよい。そのため、騒音レベルは、人の聴覚に合うように補正して測定する（A特性という補正値を用いる）。40dB（A）では特に気にならず、50dB（A）を超えると騒音と感じることが多い。

🏠 2.5 授業づくりのポイント

　室内環境の調節に関わる内容について、児童の問題意識や実感をもたせるためには、講義形式の授業だけではなく、模型を活用した実験（図4-11、図4-12）や、教室などで測定（図4-13）などをしながら体験的に学習することが効果的である。家庭科の他領域「衣服の着用と手入れ」や「消費生活・環境」、地域とのつながりといった学習や、理科や社会科、保健体育との学習内容とも関連させて授業展開することも考えられる。また、地域の気候風土などの特徴を生かした教材づくりなども考えられる。

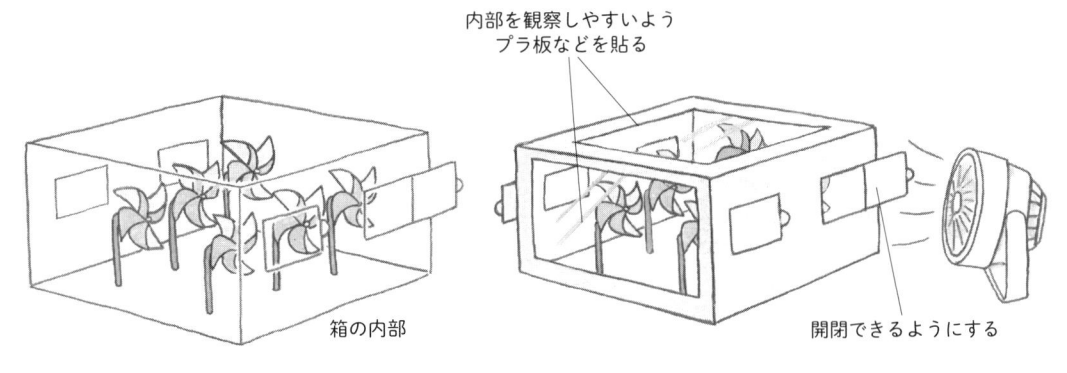

内部を観察しやすいよう
プラ板などを貼る

箱の内部

開閉できるようにする

①段ボール箱にプラ板で見える部分を作り、
　開口部を対面に２か所または４か所（同
　じ高さ）設ける。箱の中に風車を設置する。

②サーキュレーターで風を送る。

＊風車で風の流れを可視化。開口部の位置によって風の流れがどのように変わるかを観察する。

図4-11　通風実験
出典：筆者作成

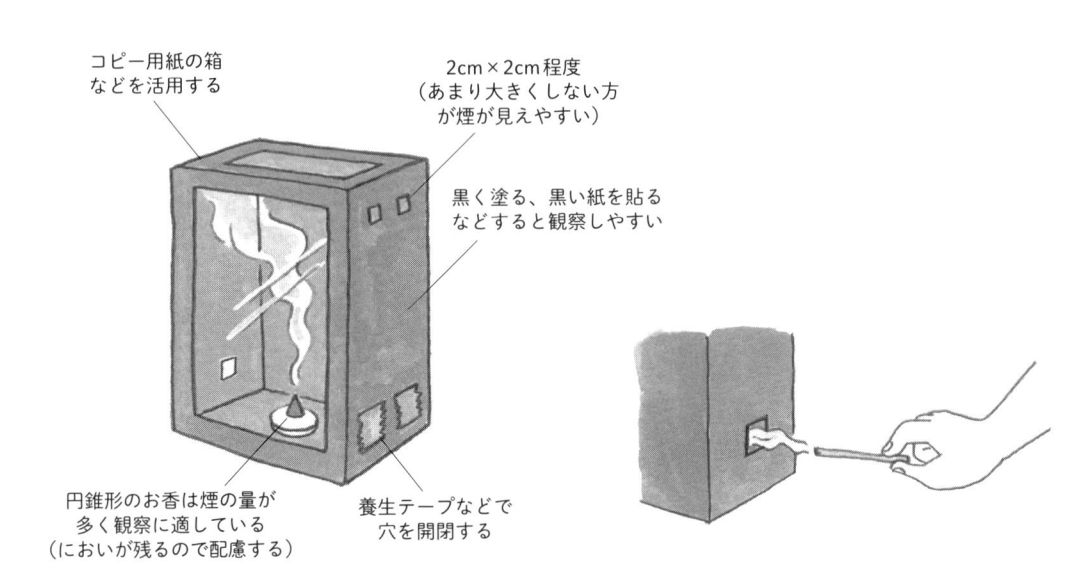

コピー用紙の箱
などを活用する

2cm×2cm程度
（あまり大きくしない方
が煙が見えやすい）

黒く塗る、黒い紙を貼る
などすると観察しやすい

円錐形のお香は煙の量が
多く観察に適している
（においが残るので配慮する）

養生テープなどで
穴を開閉する

①段ボール箱にラミネートフィルムで見える部分を
　作り、開口部を上下に設ける。縦に細長い窓や、
　対面に設けてもよい。

②下の窓に棒状のお香を近づけると、
　煙が吸い込まれる様子を観察する
　ことができる。

＊お香の煙によって空気の流れを可視化。開口部の位置によって煙の出方が変化するのを観察する。
　開ける窓を一か所にして比較観察すると、下の窓よりも上の窓の方が煙が出やすいことがわかる。上下
　の窓を同時に開けて観察すると、上の窓から出てくる煙の勢いが強くなることがわかる。いずれも温度
　差換気の原理（図4-10参照）による。

図4-12　換気実験
出典：筆者作成

温度・湿度	通風
温湿度計やサーモテープなどを使用する。窓側と廊下側、廊下によって暖かさが違うことや、上下の温度差などを観察する。 サーモテープ：温度によって変色する（可逆性示温材）。 放射温度計：床・壁・天井などの温度を測ることができる。 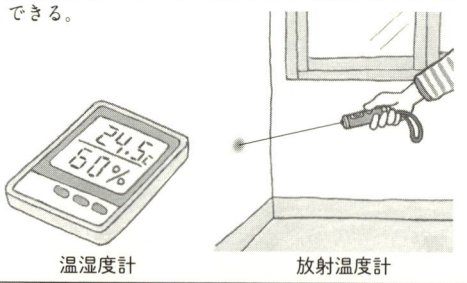 温湿度計　　　　　　放射温度計	風車や吹き流しなどを作って風の流れを可視化する。隣り合う窓を開けたときと、窓と向かい合う出入り口などを対面で開けたときの風の通り方の違いを観察する。 
明るさ	空気
照度計を使用する。単位はlx（ルクス）。 窓からの距離や、窓の向きによって明るさが違うことや、電気をつけているときとつけていないときの違いなどを観察する。 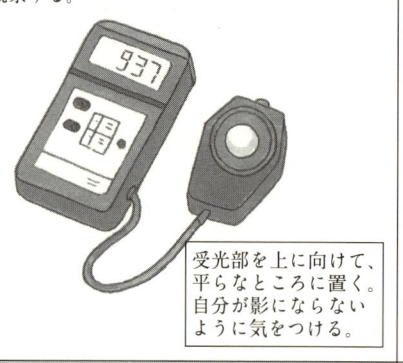 受光部を上に向けて、平らなところに置く。自分が影にならないように気をつける。	検知管（下図）を使用する。測定したい物質専用の検知管を取り付けて吸引する。着色した位置から濃度を読み取る。 閉めきった状態と換気をした後の濃度の違いなどを観察する。 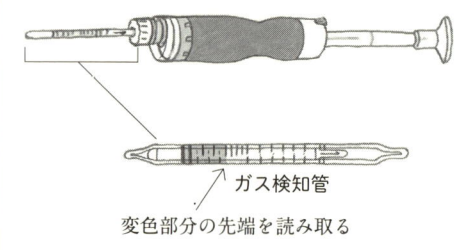 ガス検知管 変色部分の先端を読み取る
音	＊いずれの測定の場合も、感覚評価も行い、測定値と感じ方の両面から室内の環境について考える。
騒音計を使用する。人間の耳の聴感に近いA特性を用いて測定する（A特性とC特性などの切り替えがある）。単位はdB（デシベル）。 気になる音を探しに行ったり、戸を開けているときと閉めているときの音のもれ方の違いを廊下で測ったりする。 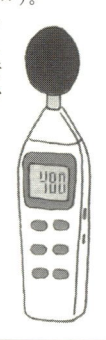	

図4-13　室内環境の測定例

出典：筆者作成

3 住居の管理

　小学生にとって、整理・整頓や清掃は、家庭での役割として最も身近で実践の機会が多い題材のひとつである。本節で学ぶ住居の維持管理としての整理・整頓及び清掃の意義を授業づくりに生かし、住まいへの関心や愛着をもって管理していく実践力を児童に育んでほしい。

3.1 整理・整頓

　1946（昭和21）年に登場した漫画『サザエさん』の家にある家具は、卓袱台、勉強机と椅子、タンス、本棚、電話台などに限られていた[12]。このような家具が中心の家庭では、卓袱台の脚をたたんで片づけることや、座布団を重ねて押入にしまうこともできた。その後の高度経済成長によって耐久消費財（大型家電製品や家具など）が普及し、床座から椅子座への変化[13]によって生活財（生活を営むための道具）は増え続け、生活空間が占有されてきた（図4-14）。あなたの住まいはどうだろうか。倉庫化していたり、死蔵品[14]を多く所有したりしていないだろうか。生活財や生活用品があふれて居室の開口部を閉鎖してしまうと、日照や通風を妨げ、カビやダニの発生を促す。さらに災害時の安全確保の面からも問題となるため、収納計画は重要である。

　整理・整頓とは、不必要なものを取り除き（整理）、整った状態にすること（整頓）である。整理・整頓を行う目的としては以下のようなことがあげられる。

　作業性：整理・整頓することによって、どの場所に何が置いてあるかが把握でき、使いたいものを見つけやすくなる。

　安全性：物が室内にあふれていると、床に置

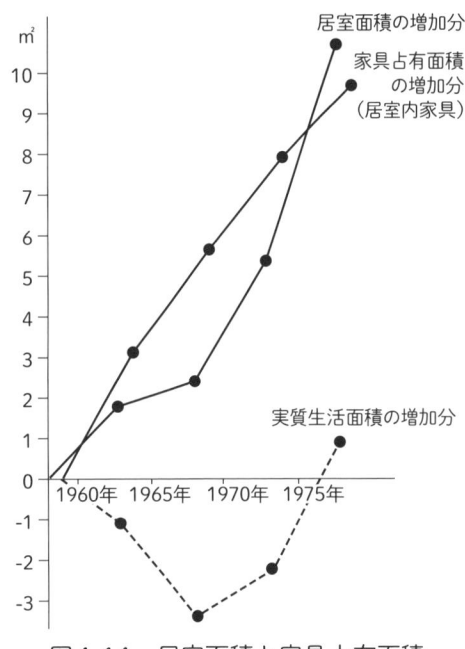

図4-14　居室面積と家具占有面積
出典：渡辺光雄・江口敦子「住空間における家具占有面積の分析　その1 昭和30年代以降の家具量の増加と居住面積」『日本建築学会計画系論文報告集』352、1985、p.49

---

*12 『アニメ「サザエさん」公式大図鑑 サザエでございま〜す！』扶桑社、2011
　　渡辺光雄『窓を開けなくなった日本人—住まい方の変化60年』農山漁村文化協会、2008
*13 生活姿勢や住まい方にかかわる様式（スタイル）を起居様式といい、畳の上などに腰をおろし、布団を敷いて眠る床座と、椅子に腰を掛けベッドで眠る椅子座がある。床座では、部屋の用途が固定せず転用性が高い。家具などの配置に必要な面積が椅子座より小さいが、作業効率などは劣る。椅子座は必要面積がより広くなるが、部屋の用途が限られるため生活の秩序が生まれやすい点などが特徴である。
*14 活用せずにしまいこんでいる物のこと。「いつか使うかもしれない」「もったいない」などの理由で処分できず、活用もできていないものはないだろうか。

いてある物につまずいて転んでしまうなど家庭内事故につながる可能性がある。災害時には避難経路をふさいでしまうこともある。

　所有物の把握：整理・整頓することで、現在所有しているものの把握がしやすくなり、消費行動を見直すきっかけにもなる。

　空間の有効活用：整理・整頓によって死蔵品が減り、生活面積の増加につながる。

　整理・整頓の手順としては、まず「必要なもの」と「不要なもの」に分ける。次に、「必要なもの」が使いやすくなるように、使う回数（頻度）、場面、人、大きさや形、重さ、色などによって整頓し、置き場所を決める。その際に、空き箱を使ったり仕切りをつくるなどの工夫をして、整理・整頓をした状態を維持できるようにする（図4-15）。また、ごみの処理には膨大な費用・燃料を使うことから、不用品をできるだけごみにしないための工夫をするとともに、地域に合った適切な方法で分別して廃棄する必要がある。

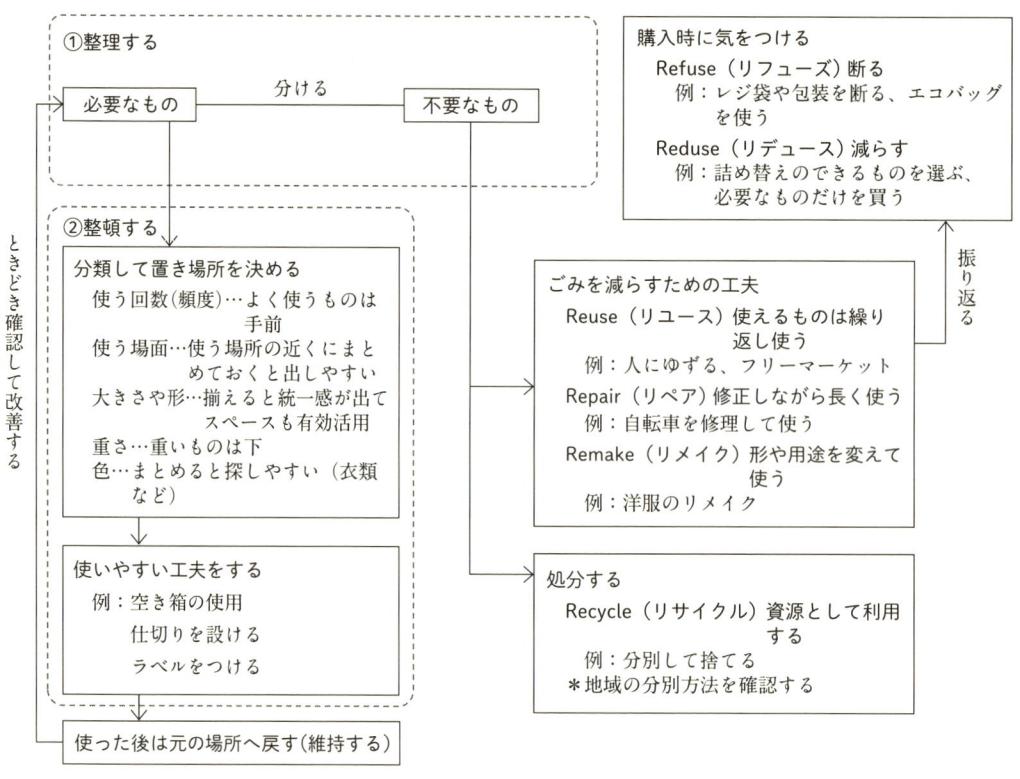

図4-15　整理・整頓の手順
出典：筆者作成

3.2 清掃

清掃を行う主な目的は以下のとおりである。

・快適に気持ちよく過ごす。

・健康的に過ごす。

・住居を長く使用する。

　清掃を怠ると部屋が汚れて心地悪くなるだけでなく、カビやダニの発生によって健康に悪影響を及ぼす場合もある。また、住居は、日光、風雨、気温の変化などにさらされ、居住者の使用によって汚れ、損傷し、時間の経過とともに老朽化し建物の性能が低下する。住居の老朽化を防ぐためには居住者による維持管理（メンテナンス）が欠かせない（図4-16）。住居の維持管理には、日常的な整理・整頓や清掃から、数年ごとに行う点検や補修、さらには家族の成長や加齢による暮らし方の変化に合わせて行う改修なども含まれる[15]。日々の清掃は各部に目が行き届く点検の機会でもあり、損傷の早期発見、早期修繕にもつながる。

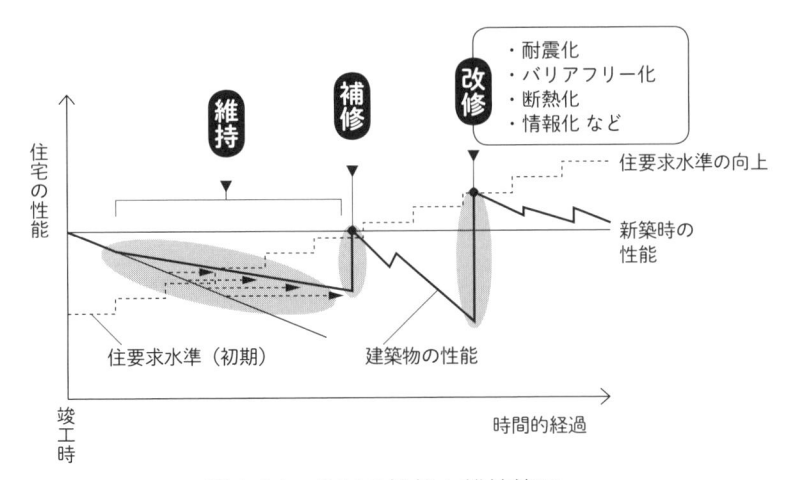

図4-16　住居の性能と維持管理

出典：水村容子ほか編『私たちの住まいと生活』彰国社、2013、p.58 を一部改変

　住居内の汚れには、屋外から入ってきた汚れ（砂、土ぼこり）、人の体や衣服から発生した汚れ（髪の毛、手あか、綿ぼこり）、生活による汚れ（紙くず、食べかす、絵の具、墨汁）などがある。また、床や家具の上に軽くのっている汚れと付着している汚れに分類される。ほこりなどは人の動きによって空中を舞うため、人が通らない部屋の隅に溜まりやすい。清掃を行う際には、汚れの種類と内装材や家具の材質に合った清掃方法を選ぶ必要がある。ほこりのようなタイプの汚れに対しては、水を用いない乾式清掃（ほうき、電気掃除機、ダストクロス、ケミカルモップなど）を行い、付着した汚れに対しては湿式清掃（拭き掃除など）を行う。掃除をするとほこりが舞うなど空気が汚れるため、必ず換気をする。

---

[15] 維持：性能のレベル低下速度を遅らせる。補修：陳腐化した性能を初期のレベルまで回復させる。改修：竣工時点を上回るレベルにまで性能を高める、あるいは新たに付加する。

床座から椅子座へと生活様式が変化し住まいが洋風化したことで、掃除用具は近年多様化している（図4-17）。箒、塵取り、雑巾、はたきなど古くから使われているものや、住居用液体洗剤、化学雑巾、紙雑巾などが販売されている。電気掃除機も小型化・軽量化が進み、自動で掃除をするロボット掃除機も出てきた。洗剤を使用する場合は、品質表示を見て汚れに合った液性（酸性、中性、アルカリ性）を選ぶ[16]。さらに、内装材や家具の材料の、水・洗剤の液性への耐性を確認する。洗剤が残らないようによく拭き取るとともに、洗剤使用による環境汚染にも配慮する。なお、油汚れなどは、調理直後であれば軽く拭き取ることができるが、時間が経つとともにこびりつき取り除きにくくなるため、こまめに清掃を行うことが望ましい。

汚れの状態	清掃方法	道具とポイント
軽くのっている状態  例：綿ぼこり、砂ぼこり、食品カス、糸くず、髪の毛など	はたく・払う 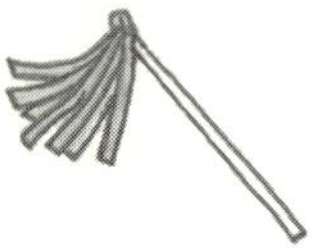	はたき：布や和紙を割いて細い竹に括ったもの。高いところからほこりを落とす。
表面に付着した汚れ 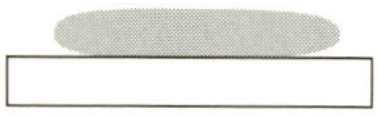 例：手あか、油汚れ、泥汚れなど 時間経過 ⬇ 染み込んだ汚れ べたついて固まった汚れ 例：固まった油汚れ、こげつき汚れ、石けんかす、水あかなど	掃く   	箒：室内で使用する座敷箒には、ほうき草（ほうきもろこし）による箒としゅろ箒（しゅろの樹皮）がある。屋外で使用する庭箒は竹でできている。軽く、持ち運びしやすい。 掃除機：ほこりや塵を吸引する。近年では、コード付きキャニスター型、コードレス型、自動ロボット掃除機などさまざまな種類がある。 ダストクロス・ケミカルモップ：化学繊維の不織布でできており、静電気や繊維の隙間にほこりを付着させる。雑巾のように手で拭き取るものや、モップにセットして使用するものがある。
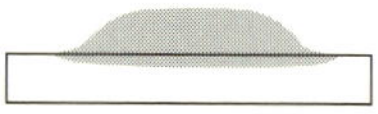	拭く 	雑巾：手ぬぐいやタオルを縫って作ったもの。濡らさずにそのまま拭く「乾拭き」や水に濡らしてかたく絞った「水拭き」がある。 洗剤：品質表示を見て、汚れの種類に合った洗剤を選ぶ。
その他の汚れ 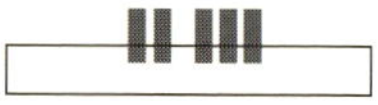 例：カビなど	その他	カビやダニの防止のために風を通す。清掃時にほこりが舞いやすいので換気をする。

＊日本の生活文化「畳」の清掃方法：湿った茶殻を畳に撒いてから掃くと、茶殻にほこりが吸いつき、ほこりを空中に舞い上げずに掃き出すことができる。箒や電気掃除機を使うときは、畳を傷めないように畳の目に沿って動かす。また、畳は自然素材で湿気を吸いやすいので、乾拭きをしたり、畳干しをしたりする。

図4-17　汚れの状態と清掃方法
出典：筆者作成

---

[16] 酸性とアルカリ性の洗剤を同時に使うことがないよう安全に気をつける。

　住居や学校内では、電気のスイッチや手すりなど、手で触ることが多い場所（高さ100〜160cmのところ）は汚れやすい。また、床から30cmの範囲は足で蹴るなどして汚れや傷がつきやすいため、幅木を設置するなど、汚れや損傷がしにくい材料や手入れがしやすい材料を使うといった工夫もされている。

　カビやダニは、生活由来のほこりや老廃物を栄養としている。日本では、梅雨明けから夏季がカビやダニの生育条件と重なっている（図4-18）。カビやダニの増殖を抑えるためにも、清掃によって栄養分となるほこりや老廃物を除去すること、適切に換気をして調理や洗濯などによって発生した水分を屋外へ排除することが必要である（湿度が高いと繁殖しやすい）。ダニの場合は50℃以上で死滅、相対湿度60％以下で生息が鈍ることから、布団乾燥機などによる加熱は殺ダニ効果が高いが、死骸や糞もアレルゲンとなるため殺ダニ後に掃除機などで除去しなければならない。

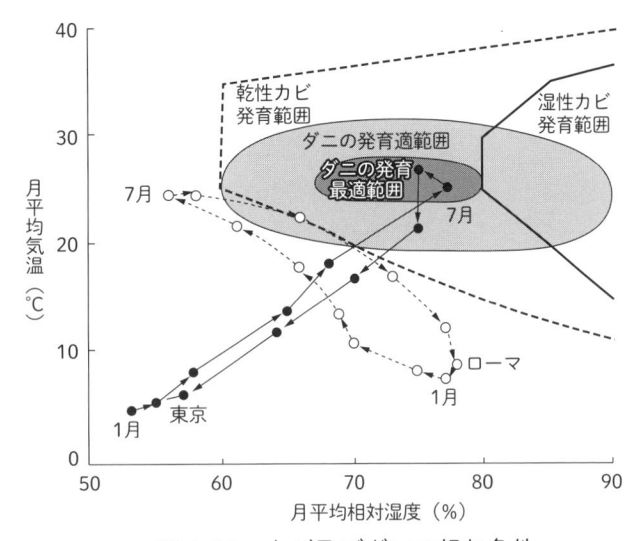

図4-18　カビ及びダニの好む条件
出典：石堂正三郎・中根芳一『新住居学概論 第2版』化学同人、1988、p.166

🏠 3.3 授業づくりのポイント

　整理・整頓の学習では、道具箱や机の中、ロッカーなど身近なものを題材とし、実習として取り組みながら手順を理解したり、その方法を習得する。作業に入る前に「のりを取り出してみよう」などと声掛けをし、人によって取り出すまでの時間が違うことを体感させたり、デジタル教材を使って整理・整頓ができていない事例などを示すことで問題意識を喚起できる。また、学校内をまわると、家庭科室や図書室などで整理・整頓の工夫を実感することができたり、防災の視点から問題がある場所などを発見することができる。

　物を整理し、持ち物を確認すると、自分の買いものの仕方などを振り返ることができるため、本書第5章で学ぶ「消費生活と環境」も関連している。さらに家庭内の役割として「家庭生活と仕事」との関連、調理道具や衣類の整理との関連、社会科の「廃棄物の処理」（3・4年）などとの関連を図りながら授業を展開することも考えられる。さらに、教室や、住居内の家族が集まるスペースの整理・整頓を考えることで、まわりへの気配りなどに気づくことができる。

　清掃の学習においても、住居内の汚れや、目につきにくいカビやダニの発生やそれによる健康影響についても意識をもたせるためにはデジタル教材などの活用が効果的である。また、

教室や学校内を対象に汚れ調査*17 などを行うと、汚れの種類や発生原因、汚れがたまりやすい場所などを発見・整理できるため、普段の清掃方法を見直すことにつながる。清掃をきっかけに住まいや学校に愛着をもち、長く大切に住まうために管理する意識が芽生えるような授業づくりをしたい。

　住居の管理は、もともと、家庭内の手伝いなどを通して自然に継承され、自身の独立した生活のなかで必要に迫られて身につけるものであった。しかし現在では、核家族の増加や生活スタイルの変化によって、家庭内での継承の機会が減っている。環境への配慮の視点からも、古くから使われてきた掃除用具や方法を学ぶ機会をつくり、「消費生活と環境」や、「家庭生活と仕事」と関連づけたり、低学年の児童へ清掃方法を伝えたりするような授業展開も考えられる。

---

*17 汚れ調査の方法としては、セロハンテープを使ったほこり調査や、汚れのスケッチなどがある。教室の中央部の床では髪の毛や消しゴムのかす、隅では綿ぼこり、前方（黒板の近く）ではチョークの粉、窓のサッシでは砂や土ぼこり、などといった汚れの傾向がわかる。

第5章 消費生活・環境

本章のねらい

□家計における「収入」「支出」の意味を捉えよう

□消費者問題の歴史や現状、消費者を守る制度・仕組みについて学ぼう

□計画的な買いものの仕方、多様な支払いの仕組みについて理解しよう

□食・衣・住生活と連携させた環境学習について考えよう

□本章の学びを授業づくりに生かすとともに、読者自身の生活に役立てよう

児童期における消費者教育・環境教育の意義

　小学校学習指導要領家庭科における「C 消費生活・環境」の領域は、「(1) 物や金銭の使い方と買物」、「(2) 環境に配慮した生活」の2項目で構成されている。

　「(1) 物や金銭の使い方と買物」では、身につけるべき知識・技能として「(ア) 買物の仕組みや消費者の役割が分かり、物や金銭の大切さと計画的な使い方について理解すること」、「(イ) 身近な物の選び方、買い方を理解し、購入するために必要な情報の収集・整理が適切にできること」をあげている。また、「イ 購入に必要な情報を活用し、身近な物の選び方、買い方を考え、工夫する」力を身につけることを目指している。

　家庭科の「解説」では、物や金銭の大切さとして、家庭で扱う金銭（の収入）は家族の勤労によって得られる限りあるもので、それが自分と家族の生活を支えていることを理解するよう示している。本章では、「1 収入と支出のバランス」（子ども・家族を取り巻く経済状況）として取り上げた。また、小学校で取り上げることは求めていないが、収入と支出の全体像を把握するために家計についても扱う。

　また、本章「2 賢い消費者になろう」では、まずどんな消費者問題があるのかその実態を取り上げる。そのうえで、「解説」で取り上げている消費生活センターなどを扱い、消費者の役割と関連する「消費者の権利と責任」や、消費者庁消費者教育推進会議が提起した「消費者市民社会」にもふれる。

　前掲した項目（ア）のうち買物の仕組みの基礎として、売買契約を取り上げた。選び方の具体例として、表示やマークから目的に合った品質を判断すること、店舗や広告などから情報を収集・整理することを取り上げた。買い方の具体例としては、予算や購入の時期、場所（店舗や通信販売）、プリペイドカードなどの現金以外の支払いも取り上げた。「見えないお金」である現金以外の支払いが増えてきていることから、小学生の学習内容ではないが、本章ではクレジットカードについても扱う。

　「(1) 物や金銭の使い方と買物」については、「解説」で、新たに物を購入する以外の方法（家庭にある物を活用するなど）を取り上げている。そこで、本章では「3 環境に配慮した消費や暮らしを考えよう」のなかで、資源の無駄遣いを防ぐ環境学習に関連させながら計画的な買いものについて取り上げる。

　「(2) 環境に配慮した生活」では、「ア 自分の生活と身近な環境との関わりや環境に配慮した物の使い方などについて理解すること」、「イ 環境に配慮した生活について物の使い方などを考え、工夫すること」と、「B 衣食住の生活」とを関連づけて理解し、実践的な学習を指導するよう求められている。そこで本章の「3 環境に配慮した消費や暮らしを考えよう」では、衣食住領域と往還しながら環境について考える視点を示した。

1 収入と支出のバランス

　私たちは、日々必要な多くのものをお金で購入し、生活を営んでいる。生活に必要なものを購入するためには、収入が不可欠である。この生活に関する家庭の経済活動は、企業経営と区別して「家計」という。日本では総務省が毎月「家計調査」を実施しており、家計の収入と支出のデータが把握できる。

1.1 家計とはなんだろう

　家計は、家庭の財布に毎月入ってくるお金の受取（収入）と、出ていくお金すなわち支払い（支出）の状況を把握するものである。「家計調査」では、一か月の間にどれだけの収入と支出があったかというお金の出し入れ（キャッシュフロー）を捉えている。このほか、家庭の経済の要素としては預貯金や有価証券、不動産などの資産（ストック）がある。多くの家庭は、月単位の家計（フロー）と資産（ストック）の両方を調整しながら生活を営んでいる。

家計（フロー）							
受取				支払			
実収入		実収入以外の受取	繰入金	実支出		実支出以外の支払	繰越金
経常収入	特別収入	預貯金引出		消費支出	非消費支出	預貯金	
勤め先収入	受贈金	保険金		食料	直接税	保険料	
事業・内職収入		有価証券売却		住居	社会保険料	有価証券購入	
				光熱・水道	他の非消費支出		
農林漁業収入		借入金		家具・家事用品		借入金返済	
他の経常収入（財産収入、社会保障給付、仕送り金）		財産売却		被服・履物		財産購入	
				保健医療			
				交通・通信			
				教育			
				教養娯楽			
				その他の消費支出			

資産（ストック）				
預貯金	保険	不動産等の財産	有価証券	借入金

図5-1 家庭のお金の出し入れ

出典：筆者作成

1.2 家計の「収入」にはどんなものがあるのだろう

　家計は、一般に経常的に入ってくる収入（経常収入）によって営まれている。経常収入は、主にサラリーマンの給与である勤め先収入、八百屋・肉屋・工場などの事業収入、農林漁業の稼得収入、さらに年金や生活保護などの社会保障給付などである。これらは、家庭の保有財産が実質的に増加するので「実収入」と呼ぶ。

預貯金を引き出したり、株を売却したり、借金をしたり、住宅などの財産を売却したりしても、家庭の財布にはお金が入ってくる。家計は財布の中のお金の出し入れを把握するものなので、預貯金などを引き出しても家計（財布）への収入となるし、借金をしても収入として家計にお金が入る。したがって、家計ではこれらも「収入」として把握されるが、資産ではマイナス、すなわち「負債」として計上される。このように、資産から家計に入るお金は、実質的には資産の減少をもたらし、家計と資産の合計であるその家庭の保有財産は増減しない。このように、見かけ上は財布にお金が入ってくる収入を「実収入以外の受取」という。

1.3 家計の「支出」にはどんなものがあるのだろう

　支出にも「実支出」と「実支出以外の支払」がある。実支出とは、家庭の財布からお金を支払うことによって家庭の保有財産が減少する支払いを指す。例えば衣食住や光熱、医療、教育などの生活に必要な財・サービスを購入する場合には、家庭のお財布からの支出となり、家庭の財産は減少する。ただし、その支出によって生活に必要なものが手に入る。これらを消費支出という。家計調査において、消費支出は「10大費目」、すなわち、食料、住居、光熱・水道、家具・家事用品、被服及び履物、保健医療、交通・通信、教育、教養娯楽、その他の消費支出に分類される。

　実質的に家庭の財産が減少する実支出であっても、それと交換に生活に必要な財・サービスが手に入らない場合もある。税金（所得税・住民税・消費税など）や社会保障費（健康保険・雇用保険・年金など）が相当する。これらを非消費支出という。非消費支出は、支出と同時に財・サービスを得られるものではないが、保安、医療や教育・保育サービス、年金など、必要なときに、公的機関からのサービスとして受け取ることができる。

　私たちは所得税・住民税と社会保険料を支払う義務があり、したがって、生活のなかで使えるお金は、実収入から非消費支出を支払った残りのみとなる。この実収入から非消費支出を支払った残りを可処分所得（＝手取りの収入）という。収入の可処分所得より消費支出が少ないとき家計は黒字となり、黒字によって預貯金や借金返済などの実支出以外の支払が増加する（図5-1のシーソーのバランス）。

　実支出以外の支払とは、実収入以外の受取と逆の関係になる。すなわち、預貯金（家計からは支出となる）、有価証券の購入、住宅などの財産の購入、借金返済などである。家庭の財布からはお金が減るが、資産は増える（借金返済はマイナス資産が減少する）。このように、実収入以外の受取と実支出以外の支払によって資産（ストック）は増減する。この増減によって毎月の収支の過不足は調整される。なお、黒字には金融資産純増という貯蓄のほかに、土地家屋借金純減という住宅ローンの返済なども含まれていることに注意したい。

1.4 世帯主が30歳代と50歳代の世帯の家計の収入と支出の特徴

総務省の家計調査の項目「世帯主の年齢階級別1世帯当り1か月の収入と支出」から、「二人以上の世帯のうち勤労者世帯（全国）」の収支の特徴を見てみよう。

表5-1に、世帯主が35〜39歳（以下30歳代世帯と称す）と55〜59歳の世帯（以下50歳代世帯）の収入・支出を示した。30歳代は小学生がいる世帯が多く、50歳代は大学生がいる世帯が多いと考えられる。世帯人員は35〜39歳では3.7人（18歳未満1.68人）、55〜59歳では3.14人（18歳未満0.22人）と、30歳代世帯の方が多い。

実収入は30歳代では約51万円、50歳代では約61万円と50歳代の方が約10万円多く、その大半を占める勤め先収入も、30歳代で約48万円、50歳代で約58万円と、50歳代の方が約10万円多い。しかし、黒字額は30歳代が約14万円、50歳代が約13万円と、50歳代の方が少ない。これは、実収入と表裏の関係にある預貯金の積み立てや借入金の返済などの実支出以外の支払が50歳代の方が多いためである。資産（ストック）の出し入れによって毎月の収支を調整している様子がわかる。

支払いについては、消費支出は30歳代が約28万円、50歳代が約35万円と、実収入の多さよりは差が小さい。これは税金などの非消費支出が、50歳代の方が多く、消費に回せる可処分所得は実収入ほど差がないからといえる。

消費支出のうち、食料費は50歳代の方が多いが、消費支出に占める食料費の割合を示すエンゲル係数は30歳代が24.6%、50歳代が22.8%と、50歳代の方が低い。エンゲル係数が低い方が「食べていく」以外にもお金を使える豊かさを

表5-1 世帯主の年齢階級別1世帯当り1か月の収入と支出（全国・二人以上の世帯のうち勤労者世帯）

世帯主の年齢	35〜39	55〜59
世帯人員（人）	3.70	3.14
18歳未満人員（人）	1.68	0.22
有業人員（人）	1.51	2.03
受取	959,679	1,126,86
実収入	512,501	610,433
経常収入	502,239	601,301
勤め先収入	482,756	582,786
事業・内職収入	886	5,665
農林漁業収入	0	26
他の経常収入	18,596	12,824
特別収入	10,262	9,132
実収入以外の受取	382,381	440,975
繰入金	64,796	75,453
支払	959,679	1,126,86
実支出	372,184	477,811
消費支出	283,583	350,193
1 食料	69,757	79,884
2 住居	19,973	16,315
3 光熱・水道	18,580	22,550
4 家具・家事用品	11,387	11,460
5 被服及び履物	13,520	12,975
6 保健医療	10,197	12,043
7 交通・通信	52,205	63,814
8 教育	14,047	20,562
9 教養娯楽	30,182	30,503
10 その他の消費支出	43,734	80,085
（再掲）教育関係費	18,956	32,979
非消費支出	88,600	127,618
直接税	36,021	58,219
社会保険料	52,540	69,354
他の非消費支出	40	45
実支出以外の支払	528,852	583,470
繰越金	58,643	65,580
可処分所得	423,901	482,815
黒字	140,318	132,622
エンゲル係数（%）	24.6	22.8
平均消費性向（%）	66.9	72.5

出典：総務省『家計調査年報』、2016

示すとされている。しかし、現在は必ずしもそうとはいえない。例えば住宅ローンの返済や教育関係の支出が高く、これらの支出のために食料費を切り詰めた結果、エンゲル係数が低くなることもある。

1.5 家計の変化―「見えないお金」の増加

「財布の中の現金がなくなると、それ以上は物を購入できない」という単純な構造である限りは、個人が大きな赤字を抱えることは少なかった。財布の中での赤字とは、月初の繰入金より月末の繰越金が少なくなる程度であった。

しかし、昨今では財布の中のお金の動きだけでなく、預貯金などの資産を介した収入支出も増えてきており、財布の中の現金管理だけで家計を管理することが難しくなった。こうした現金以外での収支を「見えないお金」と呼ぶ。

例えば、給与は、銀行振込で受け取る人がほとんどであろう。また、授業料や学校納付金、光熱水費、携帯電話などの通信料など、多くの支払いは銀行口座から引き落とされ、「見えないお金」になっている。さらに、ICカード型、オンラインバンキング型、クレジットカード型など、さまざまな電子マネーが普及しており、こうした電子マネーによる決算は年々増加している（図5-2）。このように、現金で受け取ったり支払ったりしないと収支は見えにくく、気がついたときには支出が収入を大幅に超え家計が破綻するという例も多くなっている。

現在は交通ICカードやクオカード、図書カード、ポイントカードなどの電子マネーも増え、小学生でも身近なものになっている。クレジットカードも含めて区別がつきにくいさまざまなカードが多く、その違いを理解していないとトラブルを抱える場合もある。小学校学習指導要領の「解説」でも、プリペイドカードなどを扱うよう示してあるのは、こうした社会の変化に対応した学習が求められているからである。

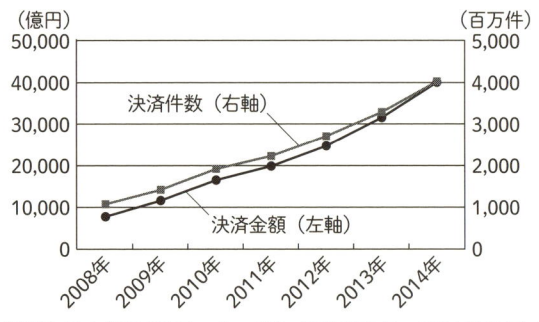

（資料）日本銀行「電子マネー計数（2007年9月〜2014年12月）」

図5-2　電子マネーの決済件数と決済金額の推移
出典：総務省「平成27年版情報通信白書」、2015

1.6 計画的なお金の使い方

「計画的なお金の使い方」とは、財布の中にある金額の範囲で計画的に買いものをするという意味にとどまらない。将来を見通した、長期にわたる計画的なお金の使い方を管理することが求められる。将来を見通した計画的なお金の使い方は、その計画の長さによって、考えておくべき内容が異なる。一月単位、一年単位、数年単位、数十年単位、生涯の計画的なお金の使い方について考えてみよう。

　一月単位の計画的な支払いが必要なのは、毎月支払う義務が生ずる家賃や塾受講料、あるいは携帯電話の使用料など、後払いへの対応である。特に月単位の後払いは、請求金額を予測しお金を準備しておく計画が重要である。

　一年単位で計画的な支払いが必要なのは、授業料、修学旅行や宿泊生活、合宿費など、年に一回程度、まとめて支払いが発生するものへの対応である。また、年に一度もらえるお年玉は、小学生でも一年単位で計画を立てて使うことが多く、計画的な購入計画の教材として取り上げやすい。4割程度の児童が毎月お小遣いをもらっているとの調査もあるが、このお小遣いを溜めて少し値段の張るものを購入する計画的な使い方を考えることも、小学生の学習として取り上げやすい。

　数年単位での計画的な支払いは、中学校や高校、大学などの入学にかかる費用（入学金、制服代など）が当てはまる。この支払いは、高校生の進路決定の大きな壁になることも多く、将来の進路を自立的に切り開いていく力ともつながる学習課題である。

　数十年単位での計画が必要なのは、住宅や車など高額の買いものや、結婚資金や出産子育て費用などである。住宅購入は借金を伴うことが多く、その後の長期にわたる返済計画を立てることも必要である。

　生涯にわたる生活設計では、就職による給与の受け取りや生涯賃金、さらには退職後の年金などがあげられる。

　日本人の平均寿命は、男性80.98歳、女性87.14歳にまで伸びており（2016年）、2024年には65歳以上の高齢者の割合が約3割に達すると予測されている。年金や貯蓄が退職後の暮らしに大きな影響を及ぼすことから、長寿社会にあっては、特に生涯にわたる経済計画が重要となる。退職後の第2の人生（セカンドライフ）が長くなっていることから、老後生活の充実のためにも、生涯を見通した生活設計が国民的課題である。

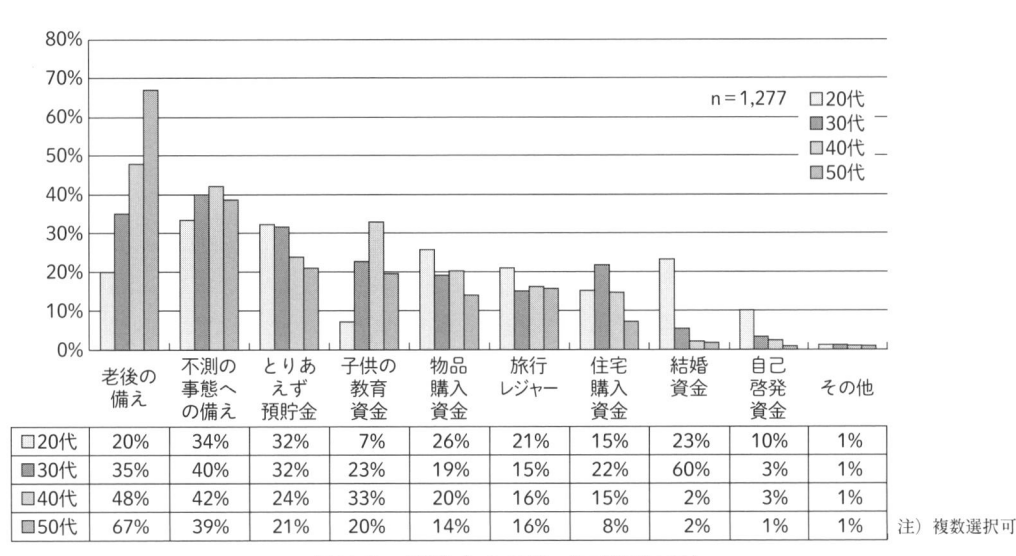

	老後の備え	不測の事態への備え	とりあえず預貯金	子供の教育資金	物品購入資金	旅行レジャー	住宅購入資金	結婚資金	自己啓発資金	その他
□20代	20%	34%	32%	7%	26%	21%	15%	23%	10%	1%
■30代	35%	40%	32%	23%	19%	15%	22%	60%	3%	1%
◨40代	48%	42%	24%	33%	20%	16%	15%	2%	3%	1%
▨50代	67%	39%	21%	20%	14%	16%	8%	2%	1%	1%

注）複数選択可

図5-3　預貯金の目的（年代別比較）
出典：住信SBIネット銀行「ボーナスの使い道に関する調査」、2010

預貯金は家計のゆとりだけでなく社会保障の充実度とも関連が深い。図5-3に見るように、日本人の預貯金の目的で最も多いのが「老後の備え」で、高齢化社会に向けた不安が大きいことが反映している。年代別の特徴を見ると、20歳代は「結婚資金」、30歳代では「住宅購入資金」、40歳代では「教育費」、50歳代では「老後の備え」の割合が、その他の年代に比べて多くなっており、各年代の経済計画の中心的課題を反映している。

　日本の家計の金融資産の半分以上は現預金（現金と銀行預金・郵便貯金等の合計）であり（51.5%）、アメリカ13.4%、欧州33.2%と比べて、安全志向が高い*1。これは、1990年代初めのバブル崩壊後、株価の長期低迷で元本割れの恐れのある金融商品を家計が忌避する傾向が高まったことなどが原因と考えられている。近年の日本銀行の低金利政策やNISA導入などで、現預金から株式や債券などによる資産形成への転換を政府は推奨しており、預金感覚で株式や債券を購入する仕組みも広がっている。今後は、それらの資産形成の課題についても学ぶ必要があると考えられる。

　こうした生涯生活設計については高等学校の家庭科で学ぶが、小学校で計画的なお金の使い方を学習することが、その学びの基礎になるだろう。

---

*1　日本銀行調査統計局「資金循環の日米欧比較」、2017参照。家計の金融資産の総額1,809兆円のうち現預金が932兆円を占める。

2 賢い消費者になろう

 ### 2.1 これまでの消費者問題の歴史

　商品経済が発達した現在では、事業者が生産した生活財・サービスを消費者が購入し活用して生活している。このような社会では、生産者と消費者の姿勢のずれなどが要因となって、さまざまな消費者問題が発生する。表5-2は消費者を巡る社会の動きと関連法の成立・国の取り組みを示したものである。

　戦後の経済的混乱、物不足のなかで物価が高騰し、国民生活は混迷を極めた。政府は1946（昭和21）年に「物価統制令」を発布し、物価庁を設置した。商品が増えてくると、今度は品質問題が起こった。1950年代の森永ヒ素ミルク事件やサリドマイド事件など、劣悪な品質による健康被害が発生した。

　1970年代にはオイルショックを契機に、トイレットペーパーの品不足や物価高騰が起こ

表5-2　消費者を巡る社会の動きと関連法の成立・国の取り組み

消費者を巡る社会の動き		関連法の成立・国の取り組み	
年	出来事	年	国の動き
1955（昭和30）	森永ヒ素ミルク事件	1946（昭和21）	物価統制令公布、物価庁発足
1956（昭和31）	全国消費者団体連絡会結成	1955（昭和30）	経済企画庁発足
1957（昭和32）	第1回全国消費者大会開催		
1962（昭和37）	サリドマイド事件	1961（昭和36）	国民生活向上対策審議会発足
1962（昭和37）	消費者生活コンサルタント養成講座開設	1962（昭和37）	国民生活研究所発足
1964（昭和39）	粉ジュース嘘つき表示告発	1963（昭和38）	国民生活向上対策審議会「消費者保護に関する答申」
1968（昭和43）	ちふれ100円化粧品発売		
		1965（昭和40）	国民生活審議会発足
		1966（昭和41）	国民生活審議会「消費者保護組織及び消費者教育に関する答申」
		1968（昭和43）	消費者保護基本法公布
1971（昭和46）	ドルショック	1970（昭和45）	国民生活センター設立
1973（昭和48）	第1次オイルショック	1972（昭和47）	割賦販売法改正（クーリング・オフ）
1979（昭和54）	スリーマイル島原子力発電所事故	1980（昭和55）	国民生活センター 商品テスト研修施設開所
1984（昭和59）	OECD「消費者利益と国際貿易に関するシンポジウム」開催	1983（昭和58）	食品添加物表示義務化
1988（昭和63）	地価高騰の問題化	1985（昭和60）	建設省 中高層分譲共同住宅管理業者登録規程制定
1989（平成元）	消費税導入	1985（昭和60）	経済企画庁 消費者問題国民会議を初開催
1990（平成2）	消費者教育支援センター設立	1988（昭和63）	文部省 小中学校の学習指導要領改訂（消費者教育の本格導入）
		1989（平成元）	文部省 高等学校の学習指導要領改訂（消費者教育の充実）
1993（平成5）	バブル崩壊	1991（平成3）	リサイクル法公布
1995（平成7）	阪神・淡路大震災	1993（平成5）	環境基本法公布
1997（平成9）	介護保険法制定	1994（平成6）	製造物責任法（PL法）公布
2003（平成15）	アメリカでBSE感染牛発生	2000（平成12）	消費者契約法公布
2004（平成16）	振り込め詐欺被害多発	2004（平成16）	消費者保護基本法を消費者基本法に改称
2005（平成17）	多重債務問題の深刻化	2008（平成20）	消費者行政推進会議
2006（平成18）	法テラス（日本司法支援センター）が相談開始	2009（平成21）	消費者庁関連3法公布／消費者庁・消費者委員会設置
2010（平成22）	消費者ホットライン成立	2010（平成22）	消費者基本計画閣議決定
2011（平成23）	東日本大震災、福島第一原子力発電所事故	2012（平成24）	消費者教育の推進に関する法律公布

出典：消費者庁「消費者白書」、2017

った。2000年代には、クレジットカードによる多重債務者の急増など、金融に関する消費者問題が増えた。このように、社会の変化に伴って消費者問題は変化している。

　多様な消費者問題に対して、1956（昭和31）年に全国消費者団体連絡会が結成された。消費者自ら、問題解決に向けた運動を展開し始めたのである。政府も変化する消費者問題に対応して、物価統制令発布、国民生活研究所設置、消費者保護基本法や製造物責任法、消費者契約法などを制定した。さらに2009（平成21）年、消費者問題に専門に対応する消費者庁が設置された。

　次々と発生する消費者被害に注意を促すだけでは消費者問題はなくならない。消費者自身が自立的に解決できる力を備えた「消費者市民」の育成が必要であるとの認識に立ち、2012（平成24）年には消費者教育推進法が制定されるなど、消費者教育の推進が図られている。これを受け、小学校学習指導要領の2017（平成29）年の改訂でも、社会科や家庭科を中心に消費者教育が重点化された。

2.2 子どもたちが巻き込まれている消費者問題

　消費者被害に巻き込まれたとき、多くの人は都道府県や市町村に設置されている消費者相談センターに相談し、解決することが多い。国民生活センターは、地方行政の相談窓口で受けた相談をPIO-NETシステムで集約し、このデータを用いて消費者被害の動向を公表している。2003（平成15）年に、子どもに特化した集計報告がなされているが、それによれば、特に中高生からの相談件数が増えてきており、2000年以降急速に増加していることがわかる（図5-4）。

　また、表5-3に示す小学生の相談事例を見ると、販売者から購入・支払いを強制され、大人と子どもという力の差の大きい関係のなかで小学生が断れずにトラブルに巻き込まれている実態が浮かび上がってくる。

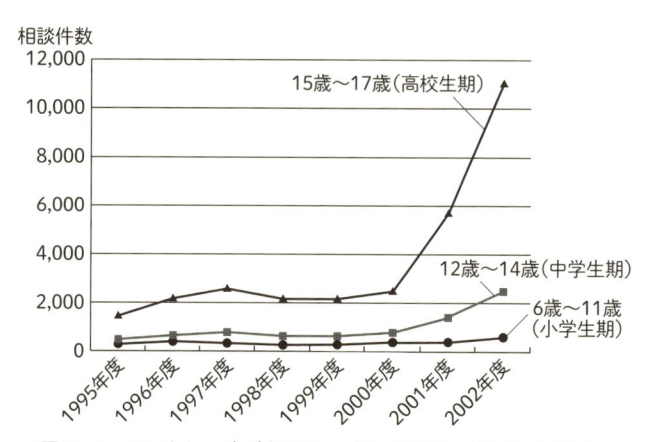

図5-4　子どもの年齢層別の相談件数の年度的推移
出典：国民生活センター「子どもの消費者トラブルの現状と特徴」、2003

表5-3　小学生の相談事例

インターネットの利用がきっかけで国際電話に接続
小学生の息子がインターネットを利用中に、アクセスポイントを海外に書き変えられたらしく、利用した覚えのない国際電話の通話料を請求された。子どもの意思で利用したのではないので支払いたくない。
電話情報サービスの利用がきっかけで国際電話に接続
小学生の娘が、電話による占いサービスの雑誌広告を見て電話をしたところ、国際電話の通話料を請求された。請求を受けて初めて国際電話だったことを知り、電話会社に申し出たが、支払ってほしいと言われた。
子どもの気持ちを無視した抱合せ販売
小学生の息子が、人気のコマを店に買いに行ったら、ゲーム機と一緒でないと売らないと言われた。
楽しみに待っているのに届かない当選商品
小学生の息子が、店頭のゲームコーナーで商品引換券を引き当てたので事業者に送ったが、2か月以上経っても届かない。金額は少ないが、子どもなりのお金をかけて当選したので、がっかりしている。
注文の変更に子どもが納得できる説明がなかったCDの販売
小学生の息子が販売店でCDを注文した。店から電話があり、注文のCDは来月発売予定なので、他のCDではどうかと勧められ申し込んだ。翌日、解約したいと伝えたが、買取方式のため解約できないと断られた。

出典：国民生活センター「子どもの消費者トラブルの現状と特徴」、2003

2.3 消費者を守る仕組み

　製造・販売する事業者と個人の消費者の間には、情報の質や量、交渉力に圧倒的な差があり、そのために消費者問題は増え続けている。前述の子どもの消費相談が増えていることもその例である。そこで、国は消費者を保護してその格差を埋め、消費者被害を防ぐために、以下のようなさまざまな法律を制定し、それらの問題に対応している。

　消費者基本法（1968〔昭和43〕年制定の消費者保護基本法を2004〔平成16〕年に改正）は、消費者と事業者との間にある情報力や交渉力などに大きな格差があることを踏まえ、消費者の利益を擁護・増進するために制定された。消費者の権利と、国や地方公共団体及び事業者の責務を明らかにし、消費者の利益の擁護及び増進に関する政策を推進し、国民の消費生活の安定及び向上を確保することを目的にしている（表5-4）。

表5-4　消費者基本法に明記された8つの消費者の権利

1　消費生活における基本的な需要が満たされる権利
2　健全な生活環境が確保される権利
3　安全が確保される権利
4　選択の機会が確保される権利
5　必要な情報が提供される権利
6　消費者教育の機会が提供される権利
7　消費者の意見が消費者政策に反映される権利
8　被害者が適切かつ迅速に救済される権利

　消費者契約法（2000〔平成12〕年）は、消費者と事業者の情報力・交渉力の格差を前提とし、消費者の利益擁護を図ることを目的に制定された。

　製造物責任法（1994〔平成6〕年）は、消費者が、製品の欠陥によって生命、身体または財産に損害を被った場合、損害を被ったことを証明すれば過失の有無にかかわらず製造会社などに損害賠償を求められるよう定めている。それまでは、消費者が製品の欠陥による被害で

あることを証明しないと救済されなかった。

このほか、無限連鎖講の防止に関する法律、公益通報者保護法、個人情報の保護に関する法律、特定商取引に関する法律などが制定され、消費者の保護に寄与している。

消費者庁（2009〔平成21〕年発足）は、消費者安全調査委員会・消費者教育推進会議の2つの審議会を設置し、前者は欠陥商品などの安全の問題を、後者は消費者教育の推進について審議している。また、各都道府県・市町村には消費生活センターが設置されている。その中心に位置づけられるのが国民生活センターであり、さまざまな相談業務や消費者啓発活動が行われている。さらに、法テラス（日本司法支援センター）が2006（平成18）年に設立され、消費者ホットラインの運用が2010（平成22）年から始まるなど、消費者を保護する仕組みが整ってきている。また、直接被害を被った消費者（個人に限らない）に代わって、消費者団体が、事業者の不当な行為をやめさせるように裁判で請求できる消費者団体訴訟制度（団体訴権）も制定された。

2.4 物を買うという行為、契約を知ろう

私たちが物を購入するとき、法律上では売買契約が結ばれている。書面によらず口頭で取り交わしても、売買契約は成立し法律上の責任が生ずる。すなわち、「買う」側と「売る」側の意思が合致すれば「契約」が成立し、AさんにはB店に代金を支払う責務が、B店にはAさんに商品を引き渡す責務が生ずる。この責務を果たさなかった場合は、法的に訴えて代金の支払い、品物の譲渡を求めることができる。

「契約」は、例えばコンビニエンスストアで物を買う（売買契約）、電車に乗る（運送契約）、レンタル店でCDを借りる（賃貸借契約）、スマートフォンや携帯電話を利用する（端末の売買契約＋通信サービス利用契約）など、生活のほとんどに関わっている。ただし、未成年は書面による正式な契約は結べない。また、友だちと映画館に行く約束や、親にゲームソフトを買ってもらう約束などは、法律上の義務はなく「契約」とはいわない。

売る側の「事業者」と買う側の「消費者」は、情報の質や量、交渉力に大きな差がある。事業者が消費者を騙すことはたやすく、その結果、消費者被害が起こる。この状況を改善するために、消費者の側から契約の解除・取り消しがスムーズにできる仕組みを定めた消費者契約法が制定されたのである。例えば、事業者の不適切な勧誘などにより消費者が困惑・誤認して売買契約を結んでしまった場合には、その契約を取り消すことができる。また、消費者にとって不当・不利益となる一方的な契約条項は無効にできる。そのひとつの方法としてクーリングオフ制度がある。

2.5 身近な物の選び方・買い方

物の選び方・買い方は、図5-5に示すような手順が一般的である。①買う物を確認し、②計画メモを作り、それに関する情報を集め、③品物をよく確かめて選び、④支払い、⑤使い、⑥評価の順に行われる。

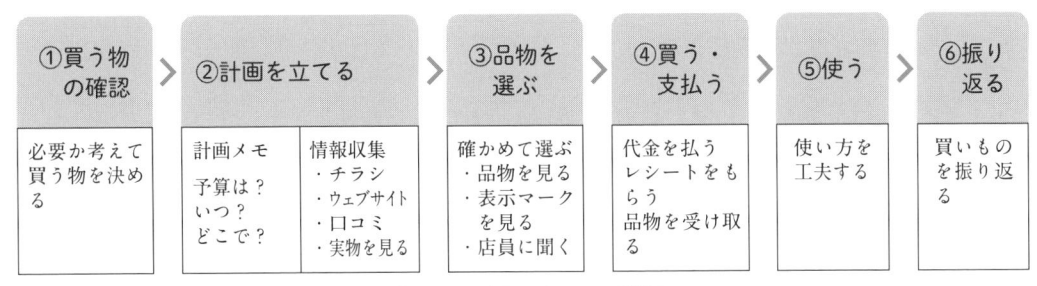

図5-5　買いものの手順

出典：内野紀子・鳴海多恵子・石井克枝ほか『小学校わたしたちの家庭科5・6』（文部科学省検定済教科書小学校家庭科用9 開隆堂 家庭532）、2017、pp.54-55を参考に筆者作成

　「①買う物の確認」をする際、本当に必要かどうかを検討することは、環境学習と結びついている。

　「②計画を立てる」段階では、買う目的、品物の種類、予算、店などを考え、パンフレット、インターネット、実物を見るなどして情報を集め、買う物を決定していく。現代では実店舗に限らず通信販売などの無店舗販売も多くなっており、買う場所の決定も重要である。

　「③品物を選ぶ」では、商品のさまざまな情報から品質を判断し、買う目的、予算、丈夫さ、大きさ、環境への配慮などを吟味し、購入を決定する。したがって、商品の正確で詳細な情報は重要である。例えば実物を見て食品の鮮度などの品質を見分けるだけでなく、さまざまな表示（図5-6）によって、材料、消費期限・賞味期限、産地などを確認する。被服では手触りや色を確かめるだけでなく、品質表示で使用繊維の種類や洗濯などの取扱い、製造国などを知る。購入時に店員に確認するなど、消費者自ら積極的に情報を収集するべきだが、それが保証されないときは、消費者の権利に基づいて「必要な情報の提供」を事業者に求めることが必要である。

　「④買う・支払う」では事業者と売買契約を結ぶことになる。契約後のキャンセルは難しいため、購入の意思を伝える前に、その決定事項を再度自身で確認することが重要である。特に通信販売などでは商品を直接確かめられないので、いっそうの注意が必要である。

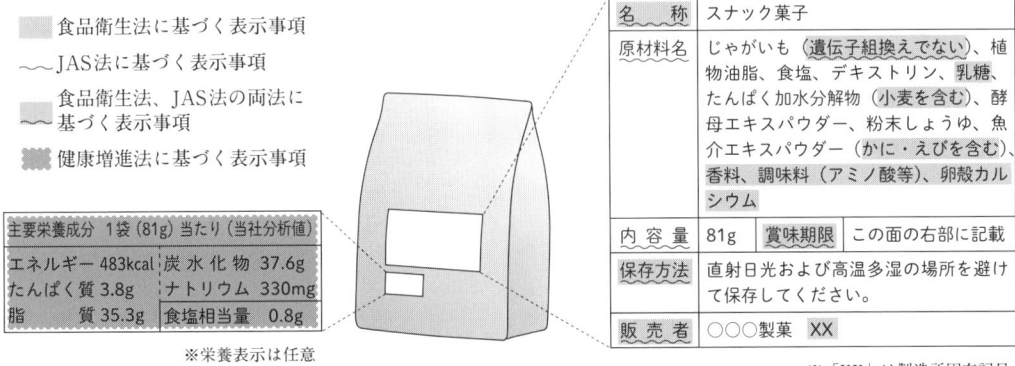

図5-6 現行法令に基づく品質表示

出典：消費者庁食品表示法概要資料より筆者作成

2.6 さまざまな支払い方

2.6.1 即時払い・前払い・後払い

支払いは、まず払う時期によって、即時払い、前払い、後払いの3つに分類できる。即時払いは、購入した商品と交換でその場で支払うものである。前払いとは、商品を受け取る前に支払いを済ませるものである。例えば旅行代金や塾授業料などは、多くの場合サービスを実際に利用する前に支払う。サービスの内容が期待していたものと異なる場合、トラブルに発展することもある。後払いとは、電気料金や携帯電話など、利用した後にその使用量に応じて支払うものである。消費者が自分の予想以上に利用していて、高額な請求に対応できずにトラブルになることもある。

2.6.2 現金払いと現金以外の支払い

最近では商品券や電子マネーなど現金以外での支払いも増えてきた。現金以外の支払いには、プリペイドカードやデビットカード、ポイントカード、クレジットカードなどカード型の「電子マネー」が多い（p.148参照）。ただし今日ではカード型でなく、携帯などに入っているソフトを使い、ウェブ上で決済する「電子マネー」もある。こうした「電子マネー」による支払いは、お金の移動が見えにくく、高額利用をしてしまうことも多い。

2.6.3 クレジットカードの仕組み

支払いに利用できるカードは多種多様だが、そのなかでも、クレジットカードは18歳から利用できるということもあって、増加傾向にある。小学生はクレジットカードを使用できないが、親のクレジットカードを利用して被害に巻き込まれることがある。

クレジットカードによる支払いの仕組みについては、もともと高校で学ぶ内容であったが、2017（平成29）年の学習指導要領の改訂で中学校の学習内

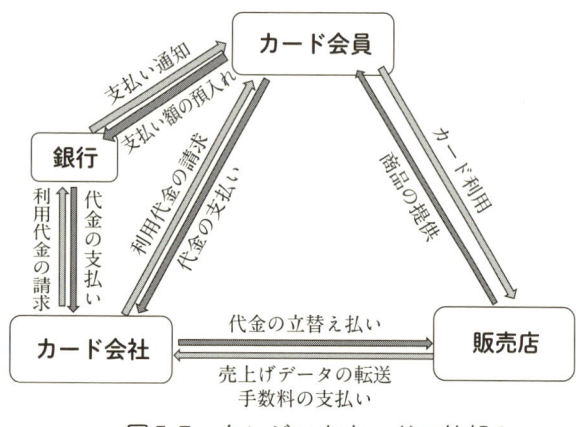

図5-7　クレジットカードの仕組み
出典：筆者作成

容に位置づけられた。そこでクレジットカードの仕組みを整理しておこう。クレジットカードは「カード会社」に認められた「カード会員」と、カード決算の利用を認められた加盟店（「販売店」）と「カード会社」の三者間で行われる取引を指す（図5-7）。三者間取引では、消費者は事前にカード会社の会員、販売店もカード会社の加盟店になっておくことが必要である。購入時には、カード会員がカード会社加盟店の販売店に利用を申し出て、販売店は購入者が会員であることを確認して商品を引き渡す。販売店はカード会社に売り上げデータを転

送し、カード会社より代金を受け取る。この時点でカード会員はカード会社に借金をすることになる。カード会社は金額をカード会員に請求し、会員はその代金をカード会社に支払い借金を返済する。クレジットカードによる借金の利息は手数料と呼ばれ、販売店が支払うことが多いが、リボルビング払い、分割払いでは消費者が支払うようになっている。

　カード会社とカード会員の間の請求支払いは、銀行が介在することが多い。カード会社はカード会員が指定した銀行口座に請求し代金を受け取る。このようにクレジットによる購入支払いは、家庭のお財布からの出し入れではなく、預貯金という資産での出し入れとなり、家計の収入と支出の管理外に置かれ「見えないお金」になる。

2.7「消費者市民社会」と「消費者の権利と責任」

　消費者教育推進法（消費者教育の推進に関する法律）では、「消費者市民社会」について、「消費者が、個々の消費者の特性及び消費生活の多様性を相互に尊重しつつ、自らの消費生活に関する行動が現在及び将来の世代にわたって内外の社会経済情勢及び地球環境に影響を及ぼし得るものであることを自覚して、公正かつ持続可能な社会の形成に積極的に参画する社会をいう」と定義している。

　消費者の権利を初めて公的に表明したのは、アメリカのケネディ大統領だといわれている。

表5-5　消費者の責任

1　商品や価格などの情報に疑問や関心をもつ責任
2　公正な取引が実現されるように主張し、行動する責任
3　自分の消費者行動が社会（特に弱者）に与える影響を自覚する責任
4　自分の消費者行動が環境に与える影響を自覚する責任
5　消費者として団結し、連帯する責任

ケネディ大統領は、1962年に4つの権利を提示した。安全への権利・情報を与えられる権利・選択をする権利・意見を聴かれる権利（和訳：消費者庁ウェブサイト参照）である。

　その後、1982年に、国際的な消費者団体である国際消費者機構（Consumers International）が8つの権利（表5-4）と5つの責任（表5-5）を提唱し、消費者の権利を守るための法整備や取り組みが進められている。

　「消費者市民社会」とは、消費者の権利と責任が実践できる社会であると考える。すなわち、消費者が商品の品質や価格が適正かどうか疑問や関心をもち、そこに疑義がある場合には事業者の「お客様相談室」や消費生活センターの窓口などに問い合わせるなど、自ら行動することが重要である。そのような意識と行動が、詐欺や不正を正すことにつながり、消費者の権利が守られていく社会が形成されていく。

　また、消費者市民のひとつの姿として注目され始めた言葉に「エシカル消費」がある。これは「倫理的・道徳的」な視点をもって、環境や社会に配慮した製品やサービスを選んで消費することを指す。人体や環境への負荷の低減に努める事業者から購入すること（「グリーン購入」）に加えて、紛争や児童労働が関与していない製品・資源などを購入するといった弱者へ配慮した消費スタイルを含む概念であり、消費者の責任（表5-5）の3や4を具現化する行動として注目されている。

3 環境に配慮した消費や暮らしを考えよう

 ## 3.1 環境問題としてどんなことが話題になっているか

　地球温暖化はますます悪化し、環境問題への取り組みは人類の緊急の課題である。この問題は、地球上の資源を世界の人々がどのように消費していくかという消費者問題にほかならない。1980年頃から、世界の国々が調和的にどう取り組むかを考える国際会議が開かれ、一定の方向を示してきた。

　1992年にブラジルのリオ・デ・ジャネイロで開催された環境と開発に関する国際連合会議（UNCED）の「リオ宣言」を皮切りに、私たちの記憶に残るものでも、1997年の国連気候変動枠組条約第3回締約国会議（COP3）の「京都議定書」、2000年に採択された「ミレニアム開発目標」（MDGs）、2002年の「持続可能な開発に関するヨハネスブルグ宣言」、2015年の国連気候変動枠組条約第21回締約国会議における「パリ協定」、同年の「国連持続可能な開発サミット」での「我々の世界を変革する：持続可能な開発のための2030アジェンダ」（SDGs）、など、持続可能な社会に向けた取り組みの国際的合意が重ねられている。最も新しい合意の「SDGs」では、持続可能な世界を実現するための5つのP（分類）、17のゴール（以下「G」）、169のターゲットを示し、地球上の誰一人として取り残さないことを誓っている（図5-8）。

5つのP（分類）	17のゴールとターゲット数					
人間 People	1 貧困をなくそう target7	2 飢餓をゼロに target8	3 すべての人に健康と福祉を target13	4 質の高い教育をみんなに target10	5 ジェンダー平等を実現しよう target9	6 安全な水とトイレを世界中に target8
豊かさ Prosperity	7 エネルギーをみんなにそしてクリーンに Target5	8 働きがいも経済成長も target12	9 産業と技術革新の基盤をつくろう target8	10 人や国の不平等をなくそう target10	11 住み続けられるまちづくりを target10	
地球 Planet	12 つくる責任つかう責任 Target11	13 気候変動に具体的な対策を target5	14 海の豊かさを守ろう target10	15 陸の豊かさも守ろう target12		
平和 Peace	16 平和と公正をすべての人に target12					
パートナーシップ Partnership	17 パートナーシップで目標を達成しよう target19					

図5-8　国連が提唱しているSDGs（持続可能な開発に向けた目標）

出典：第70回国連総会採決「我々の世界を変革する：持続可能な開発のための2030アジェンダ」、2015（国連文書A/70/L/1を外務省が仮訳）を参考に筆者作成

5つのＰと17のゴールとは、以下のとおりである。

・People「人間」（G１：貧困をなくそう、G２：飢餓をゼロに、G3：すべての人に健康と福祉を、G4：質の高い教育をあなたに、G5：ジェンダー平等を実現しよう、G6：安全な水とトイレを世界中に）

・Prosperity「豊かさ」（G7：エネルギーをみんなへそしてクリーンに、G8：働きがいも経済成長も、G9：産業と技術革新の基礎をつくろう、G10：人や国の不平等をなくそう、G11：住み続けられるまちづくりを）

・Planet「地球」（G12：つくる責任、使う責任、G13：気候変動に具体的な対策を、G14：海の豊かさを守ろう、G15：陸の豊かさも守ろう）

・Peace「平和」（G16：平和と公正をすべての人に）

・Partnership「パートナーシップ」（G17：パートナーシップで目標を達成しよう）

　G12の消費に関する11のターゲットには、食料廃棄の半減（12.3）や化学物質や廃棄物放出の大幅削減（12.4）、廃棄物の発生防止、削減、再生利用及び再利用（12.5）、持続可能な開発及び自然と調和したライフスタイルの構築（12.8）などが示されており、私たち消費者の取り組みも求められている。

3.2 他領域との連携を図った環境学習

　学習指導要領「Ｃ消費生活・環境」の領域では、環境に配慮した実践的体験的な学習の取り組みが謳われている。そのなかで、「(2) 環境に配慮した生活」については、「「Ｂ衣食住の生活」との関連を図り、実践的に学習できるようにすること」と述べられており、授業も他領域と連携して行われていることが多い。以下にいくつか例を取り上げる。

3.2.1 消費と環境

　消費では、購入の仕方を学ぶ前に、それを買うことが本当に必要かを考える学習が盛り込まれている。図5-9に示すように、「本当に必要か？」という問で購入を検討する場面であり、SDGsの「浪費的な消費を抑制」と関わる学びであり、３ＲのReduceにあたる。

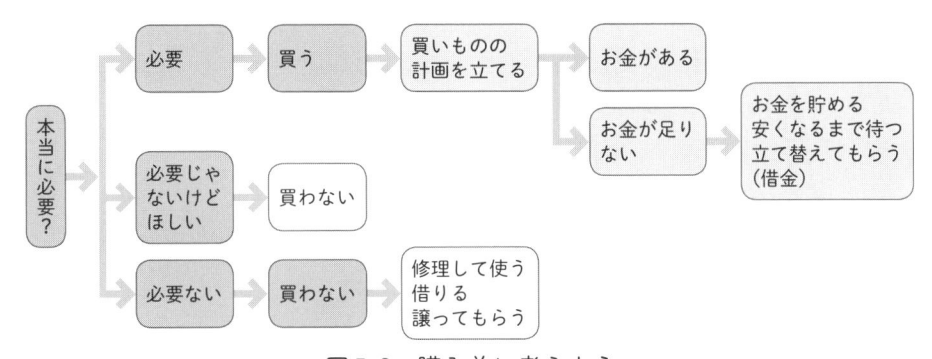

図5-9　購入前に考えよう

出典：内野紀子・鳴海多惠子・石井克枝ほか『小学校わたしたちの家庭科５・６』（文部科学省検定済教科書小学校家庭科用９ 開隆堂 家庭532）、2017、p.53を参考に筆者作成

小学校の環境学習では３Ｒ（Reduce/Reuse /Recycle）が取り上げられるが、Reduce（削減）は、家庭内に取り込む（購入する）資源を削減して環境汚染を低減させるという考えである。消費者は「ニーズ」に基づいて購入するだけでなく、販売事業者の宣伝に動かされ「ウォンツ」で購入することも多い。しかし、「ウォンツ」による購入は、その商品を十分に生かしきれず廃棄する場合も多いことから、そうした購入を減らすために「ニーズ」「ウォンツ」の選別を行う学習を家庭科では取り入れている。

3.2.2 整理・整頓と環境

　住領域の掃除のなかの「整理・整頓」の学習では、整理して不要になったモノの処理の方法として、３Ｒの学習をすることが多い（p.138参照）。

5Ｒ	3Ｒ	Reduce	ゴミの発生量や資源の使用量を減らす
		Reuse	再利用する
		Recycle	再び資源として利用する
		Refuse	不要なものはもらわない
		Repair	修理して使う

　リデュース（Reduce）では、鉛筆、消しゴムなどの文具を最後まで使い切ったり、布の端切れなどを活用するなどの取り組みを考えたりする。

　「整理・整頓」の学習は、お道具箱やタンスの整理・整頓を扱うことが多いが、リデュースを考える例として食生活での取り組みも考えられる。例えば調理の廃棄率を減らし皮の部分も料理するエコ・クッキング（第２章「STEP UPエコ・クッキング」参照）や、冷蔵庫などの食品庫の整理・整頓を取り上げ、必要以上に購入して消費期限切れで廃棄する食材が多いことを調査し、買ったものをなるべく早く使うといった学習も行われている。防災備蓄食品に対しても、このような視点で取り扱う。乾物など日常的に使用する食材を備蓄食品とし、賞味（消費）期限を過ぎる前にその食品を料理に使い新しい食品を補充するという、期限切れで廃棄しない方法が提案されている。

　リユース（Reuse）では、日本では一升瓶などの瓶を回収して洗って再利用する仕組みを紹介している。また、着られなくなった服を人に譲ったり、バザーやフリーマーケットに出して再利用する（第３章2.4.3参照）。リペア（Repair）したりリメイク（Remake）したりして再利用するのもリデュースの発展系であるが、授業では、着られなくなった服をバッグやマットにリメイクしたり、裂き織りで新しい布を作ったりする実践がよく行われる。

　リサイクル（Recycle）では古紙や瓶、缶、ペットボトル、食品トレイなどを資源として回収するシステムも整ってきており、家庭科の学習から学校全体の取り組みに広げていることも多い。また、制服をはじめとする衣服をリサイクルして新たな繊維を生産する例なども、学習内容として取り上げられている。

3.2.3 衣生活と環境—衣料品の廃棄

　前述したように、衣生活の学びでは、リユースやリメイクの授業実践が行われているが、それだけでなく、夏涼しく冬暖かく過ごす衣服の着方について衣服内気候を踏まえて学習する（第３章第１節参照）。これは「ウォームビズ」「クールビズ」という国の取り組みの手法や

その理論を学ぶ授業となる。

　また、繊維製品の大量消費・大量廃棄も資源の浪費になっている。図5-10によれば国内の供給量は増加し、現在の供給量は1990（平成2）年の倍近くになっており、人口の減少を考慮すると一人当たりの消費量が大きく増加していることになる。一方、販売額は減少しており、安い衣料品が大量に消費されていることを示している。安い衣料品を大量に使い捨てる消費スタイルを、環境の視点から改めて考えたい。

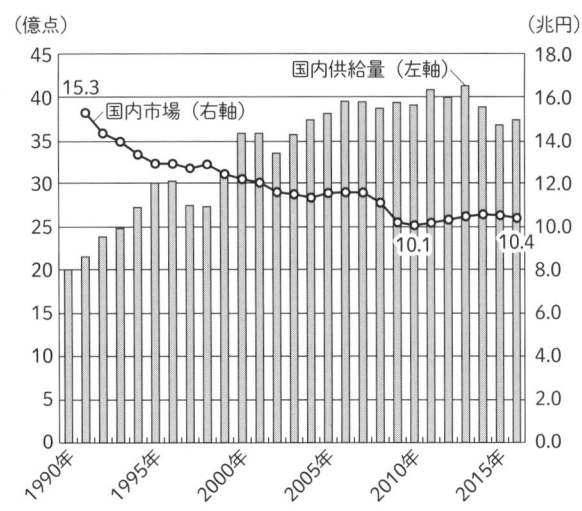

図5-10　国内アパレル供給量・市場規模の推移
出典：経済産業省「繊維産業の現状と課題」、2018

3.2.4 衣生活と環境—洗剤の廃水

　また、衣生活の学習のなかで、洗剤の問題も環境と大きく関わる。1937（昭和12）年に日本で発売された合成洗剤は、それまでの石けんと比べ洗浄力が強く戦後急速に普及したが、当時は下水道普及率が低く、廃水が下水処理されないまま河川に流れた。その結果、合成洗剤に含まれる分解しにくい成分（ABS 分岐型アルキルベンゼンスルホン酸塩）が水中に長く残り河川で泡が大量に生じるなど、1970年代の公害の象徴となった。

　1977（昭和52）年には、琵琶湖南部の湖面が突如真っ赤な帯状の物質（赤潮）に覆われた。合成洗剤に含まれるリン酸塩の琵琶湖への排出が原因のひとつといわれ、住民は合成洗剤の使用規制、粉石けん普及運動に取り組み、滋賀県は「琵琶湖条例」を策定し、リンを含む合成洗剤の県内での販売を禁止した。その後、無リン化の合成洗剤が開発された。

　最近は合成洗剤も改良され、赤潮が発生することはなくなった。ただし、洗剤のパッケージがコンパクトになり1回の使用量は少なくなったにもかかわらず、総使用量は減っていない（図5-11）。電気洗濯機や「ウォッシュ＆ウエア」（速乾性があり、しわになりにくくアイロンがけをしなくてもすぐに着られる衣類）の普及で洗濯も容易になり、1回着用したら洗濯するライフスタイルへの変化で洗濯回数は増加し、また洗剤液も1回使用したら排水するようになり、環境への負荷の改善が引

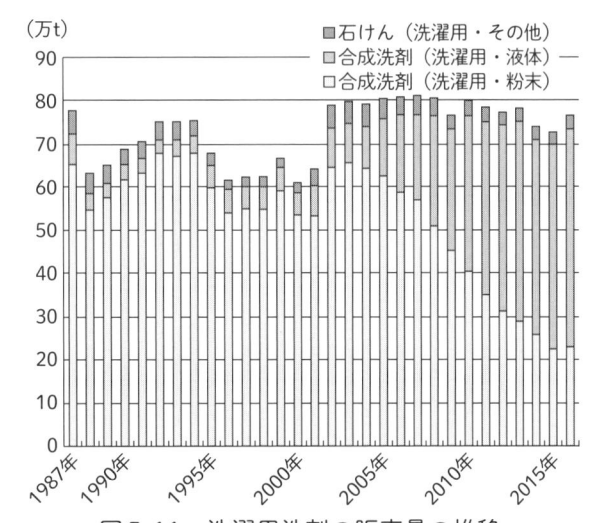

図5-11　洗濯用洗剤の販売量の推移
出典：日本石鹸洗剤工業会資料を基に筆者作成

き続き求められている。

3.2.5 住生活と環境―グリーンカーテン、低エネルギー住宅

住生活と環境は深く結びついている。第4章では、室内環境の調節として、温熱環境、空気環境、光環境、音環境に分けて環境学習を取り上げた。エネルギーを極力使わず太陽熱の利用や遮断による熱と光のコントロール、シックハウス問題、楽しむ音と騒音という音環境などを扱っている。小学校の住生活の学習は室内を中心としているが、私たちの生活は地域と関わりながら成り立っており、地域の公園や駅、商店などを含めて、ユニバーサルデザインや高齢化する街と住みやすさなども、今後さらに考えていきたい住環境問題である。

3.2.6 食生活と環境

家庭科で取り組まれている食生活と環境に関する主な学習課題は、食品の安全、フード・マイレージ、食品ロス、エコ・クッキングなどである。食品の安全では、1955（昭和30）年の森永ヒ素ミルク事件をはじめ、魚の水銀汚染、食品添加物、残留農薬汚染食品、狂牛病食肉、放射線汚染農産物・水産物など、健康に悪影響を与える食品が出回った問題がある。その多くは食材が生産される田畑や河川海など、環境汚染により発生しているため、地球環境汚染と深く結びついた問題として学ぶ必要がある。フード・マイレージは、食料輸送で排出される二酸化炭素が地球環境に与える負荷に着目したもので、食料輸入量重量×輸出国までの輸送距離（例えばt・km）で表す。自給率が低い日本は遠距離の外国から輸送するのでフード・マイレージが高くなり、日本の食生活は地球環境へ大きな負荷をかけている（第2章1.3参照）。そのため、消費者の近くで生産された食材を利用する「地産地消」が推奨されている。

東京都消費生活総合センターでは、家庭科のキャベツ炒めを題材に、消費者問題を学ぶための教材を開発している[*2]。食料の輸入までは扱っていないが、東京で消費する場合は北海道より群馬の方がフード・マイレージは小さいことを例にあげ、地産地消の学習につなげている。食品ロスやエコ・クッキングの学習にもつながる視点も盛り込まれているので参照してほしい。家庭科で行うエコ・クッキングでは、野菜の皮や魚の骨などを廃棄せずに利用する調理を考える学習が比較的多く取り組まれている。さらに、料理するときのエネルギー消費を無駄にしないために鍋に適した火力を考えたり、食材や食器の洗浄に使う水の量をなるべく少なくする方法などを試行錯誤する学習も展開されている。

[*2] 東京都消費生活総合センター「小学生向けweb版 消費者教育読本―しっかり考え楽しくチャレンジ さあ始めよう！自分でお買い物」

3.3 消費と環境に関する授業例

　小学校6年生を対象にした「将来のエネルギーを考えよう」という授業の実践例がある[3]。

　学習計画の1次では、生活のなかの電化製品の電気エネルギー使用量を確認し、ワットメーターで測定した。児童からは、ドライヤーの電気使用量の大きさに驚いたことや、スイッチを入れた瞬間に電気量が大きくなることについての感想が聞かれた。また、日本のエネルギー資源の自給率の低さを知り自分の生活を見直すきっかけになっていた。

　2次では、理科で学習した手回し発電機を再実験した後、火力発電、水力発電、風力発電などの発電方法を学習した。東京都の消費電力は都内の発電所だけでは供給できず、周辺の県などから供給されていること、そのなかの福島第一原子力発電所が東日本大震災で被災し、他県に避難している住民がいることを説明した。児童からは、自分たちに今何ができるか考え直したいといった感想が多く聞かれた。

　3次では、班ごとに海外の原子力発電依存の考え方や各発電方法を調べて「2030年の主とする発電方法」を発表した。地域に制限がなく導入しやすい太陽光発電、火山大国の特徴を生かした地熱発電、石油・石炭・ガスなどを大量輸入しなくてすむ再生エネルギー、夜や雨の日も発電できる風力発電など、理由を付記して発表した。自分たちの生活から電気使用量を見直すきっかけとなった授業であった。

　このように家庭科は、他教科との関連を図り生活全体を考える学習ができる教科と考える。

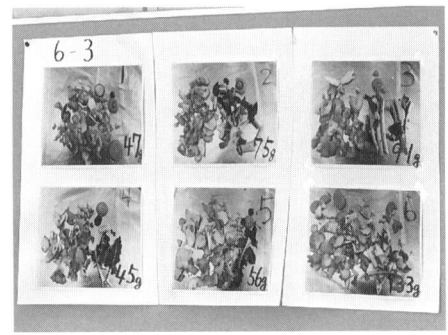

エコ・クッキング授業の最終的な板書状況　　　　調理実習で出た各班のゴミの量

（東京都小金井市立小学校家庭科研究会 消費と環境学習の授業より）

---

[3]　鈴木智子「将来のエネルギーについて考えよう」家庭科放射線授業づくり研究会編『原発と放射線をとことん考える！いのちとくらしを守る15の授業レシピ』合同出版、2016

小学校学習指導要領（抄録）

平成29年3月公示
文部科学省

第8節　家庭

第1　目標

生活の営みに係る見方・考え方を働かせ、衣食住などに関する実践的・体験的な活動を通して、生活をよりよくしようと工夫する資質・能力を次のとおり育成することを目指す。

(1) 家族や家庭、衣食住、消費や環境などについて、日常生活に必要な基礎的な理解を図るとともに、それらに係る技能を身に付けるようにする。

(2) 日常生活の中から問題を見いだして課題を設定し、様々な解決方法を考え、実践を評価・改善し、考えたことを表現するなど、課題を解決する力を養う。

(3) 家庭生活を大切にする心情を育み、家族や地域の人々との関わりを考え、家族の一員として、生活をよりよくしようと工夫する実践的な態度を養う。

第2　各学年の内容

〔第5学年及び第6学年〕

1 内容

A 家族・家庭生活

次の (1) から (4) までの項目について、課題をもって、家族や地域の人々と協力し、よりよい家庭生活に向けて考え、工夫する活動を通して、次の事項を身に付けることができるよう指導する。

(1) 自分の成長と家族・家庭生活
　ア　自分の成長を自覚し、家庭生活と家族の大切さや家庭生活が家族の協力によって営まれていることに気付くこと。

(2) 家庭生活と仕事
　ア　家庭には、家庭生活を支える仕事があり、互いに協力し分担する必要があることや生活時間の有効な使い方について理解すること。
　イ　家庭の仕事の計画を考え、工夫すること。

(3) 家族や地域の人々との関わり
　ア　次のような知識を身に付けること。
　（ア）家族との触れ合いや団らんの大切さについて理解すること。
　（イ）家庭生活は地域の人々との関わりで成り立っていることが分かり、地域の人々との協力が大切であることを理解すること。
　イ　家族や地域の人々とのよりよい関わりについて考え、工夫すること。

(4) 家族・家庭生活についての課題と実践
　ア　日常生活の中から問題を見いだして課題を設定し、よりよい生活を考え、計画を立てて実践できること。

B 衣食住の生活

次の (1) から (6) までの項目について、課題をもって、健康・快適・安全で豊かな食生活、衣生活、住生活に向けて考え、工夫する活動を通して、次の事項を身に付けることができるよう指導する。

(1) 食事の役割
　ア　食事の役割が分かり、日常の食事の大切さと食事の仕方について理解すること。
　イ　楽しく食べるために日常の食事の仕方を考え、工夫すること。

(2) 調理の基礎
　ア　次のような知識及び技能を身に付けること。
　（ア）調理に必要な材料の分量や手順が分かり、調理計画について理解すること。
　（イ）調理に必要な用具や食器の安全で衛生的な取扱い及び加熱用調理器具の安全な取扱いについて理解し、適切に使用できること。
　（ウ）材料に応じた洗い方、調理に適した切り方、味の付け方、盛り付け、配膳及び後片付けを理解し、適切にできること。
　（エ）材料に適したゆで方、いため方を理解し、適切にできること。
　（オ）伝統的な日常食である米飯及びみそ汁の調理の仕方を理解し、適切にできること。
　イ　おいしく食べるために調理計画を考え、調理の仕方を工夫すること。

(3) 栄養を考えた食事
　ア　次のような知識を身に付けること。
　（ア）体に必要な栄養素の種類と主な働きについて理解すること。
　（イ）食品の栄養的な特徴が分かり、料理や食品を組み合わせてとる必要があることを理解すること。
　（ウ）献立を構成する要素が分かり、1食分の献立作成の方法について理解すること。
　イ　1食分の献立について栄養のバランスを考え、工夫すること。

(4) 衣服の着用と手入れ
　ア　次のような知識及び技能を身に付けること。
　（ア）衣服の主な働きが分かり、季節や状況に応じた日常着の快適な着方について理解すること。
　（イ）日常着の手入れが必要であることや、ボタンの付け方及び洗濯の仕方を理解し、適切にできること。
　イ　日常着の快適な着方や手入れの仕方を考え、工夫すること。

(5) 生活を豊かにするための布を用いた製作
　ア　次のような知識及び技能を身に付けること。
　（ア）製作に必要な材料や手順が分かり、製作計画について理解すること。
　（イ）手縫いやミシン縫いによる目的に応じた縫い方及び用具の安全な取扱いについて理解し、適切にできること。
　イ　生活を豊かにするために布を用いた物の製作計画を考え、製作を工夫すること。

(6) 快適な住まい方
　ア　次のような知識及び技能を身に付けること。
　（ア）住まいの主な働きが分かり、季節の変化に合わせた生活の大切さや住まい方について理解すること。
　（イ）住まいの整理・整頓や清掃の仕方を理解し、適切にできること。
　イ　季節の変化に合わせた住まい方、整理・整頓や清掃の仕方を考え、快適な住まい方を工夫すること。

C 消費生活・環境

次の (1) 及び (2) の項目について、課題をもって、持続可能な社会の構築に向けて身近な消費生活と環境を考え、工夫する活動を通して、次の事項を身に付けることができるよう指導する。

(1) 物や金銭の使い方と買物
　ア　次のような知識及び技能を身に付けること。
　（ア）買物の仕組みや消費者の役割が分かり、物や金銭の大切さと計画的な使い方について理解すること。
　（イ）身近な物の選び方、買い方を理解し、購入するために必要な情報の収集・整理が適切にできること。

イ　購入に必要な情報を活用し、身近な物の選び方、買い方を考え、工夫すること。
(2) 環境に配慮した生活
　　ア　自分の生活と身近な環境との関わりや環境に配慮した物の使い方などについて理解すること。
　　イ　環境に配慮した生活について物の使い方などを考え、工夫すること。

2　内容の取扱い

(1) 内容の「A家族・家庭生活」については、次のとおり取り扱うこと。
　　ア　(1) のアについては、AからCまでの各内容の学習と関連を図り、日常生活における様々な問題について、家族や地域の人々との協力、健康・快適・安全、持続可能な社会の構築等を視点として考え、解決に向けて工夫することが大切であることに気付かせるようにすること。
　　イ　(2) のイについては、内容の「B衣食住の生活」と関連を図り、衣食住に関わる仕事を具体的に実践できるよう配慮すること。
　　ウ　(3) については、幼児又は低学年の児童や高齢者など異なる世代の人々との関わりについても扱うこと。また、イについては、他教科等における学習との関連を図るよう配慮すること。
(2) 内容の「B衣食住の生活」については、次のとおり取り扱うこと。
　　ア　日本の伝統的な生活についても扱い、生活文化に気付くことができるよう配慮すること。
　　イ　(2) のアの (エ) については、ゆでる材料として青菜やじゃがいもなどを扱うこと。(オ) については、和食の基本となるだしの役割についても触れること。
　　ウ　(3) のアの (ア) については、五大栄養素と食品の体内での主な働きを中心に扱うこと。(ウ) については、献立を構成する要素として主食、主菜、副菜について扱うこと。
　　エ　食に関する指導については、家庭科の特質に応じて、食育の充実に資するよう配慮すること。また、第4学年までの食に関する学習との関連を図ること。
　　オ　(5) については、日常生活で使用する物を入れる袋などの製作を扱うこと。
　　カ　(6) のアの (ア) については、主として暑さ・寒さ、通風・換気、採光、及び音を取り上げること。暑さ・寒さについては、(4) のアの (ア) の日常着の快適な着方と関連を図ること。
(3) 内容の「C消費生活・環境」については、次のとおり取り扱うこと。
　　ア　(1) については、内容の「A家族・家庭生活」の (3)、「B衣食住の生活」の (2)、(5) 及び (6) で扱う用具や実習材料などの身近な物を取り上げること。
　　イ　(1) のアの (ア) については、売買契約の基礎について触れること。
　　ウ　(2) については、内容の「B衣食住の生活」との関連を図り、実践的に学習できるようにすること。

第3　指導計画の作成と内容の取扱い

1　指導計画の作成に当たっては、次の事項に配慮するものとする。
(1) 題材など内容や時間のまとまりを見通して、その中で育む資質・能力の育成に向けて、児童の主体的・対話的で深い学びの実現を図るようにすること。その際、生活の営みに係る見方・考え方を働かせ、知識を生活体験等と関連付けてより深く理解するとともに、日常生活の中から問題を見いだして様々な解決方法を考え、他者と意

見交流し、実践を評価・改善して、新たな課題を見いだす過程を重視した学習の充実を図ること。
(2) 第2の内容の「A家族・家庭生活」から「C消費生活・環境」までの各項目に配当する授業時数及び各項目の履修学年については、児童や学校、地域の実態等に応じて各学校において適切に定めること。その際、「A家族・家庭生活」の (1) のアについては、第4学年までの学習を踏まえ、2学年間の学習の見通しをもたせるために、第5学年の最初に履修させるとともに、「A家族・家庭生活」、「B衣食住の生活」、「C消費生活・環境」の学習と関連させるようにすること。
(3) 第2の内容の「A家族・家庭生活」の (4) については、実践的な活動を家庭や地域などで行うことができるよう配慮し、2学年間で一つ又は二つの課題を設定して履修させること。その際、「A家族・家庭生活」の (2) 又は (3)、「B衣食住の生活」、「C消費生活・環境」で学習した内容との関連を図り、課題を設定できるようにすること。
(4) 第2の内容の「B衣食住の生活」の (2) 及び (5) については、学習の効果を高めるため、2学年間にわたって取り扱い、平易なものから段階的に学習できるよう計画すること。
(5) 題材の構成に当たっては、児童や学校、地域の実態を的確に捉えるとともに、内容相互の関連を図り、指導の効果を高めるようにすること。その際、他教科等との関連を明確にするとともに、中学校の学習を見据え、系統的に指導ができるようにすること。
(6) 障害のある児童などについては、学習活動を行う場合に生じる困難さに応じた指導内容や指導方法の工夫を計画的、組織的に行うこと。
(7) 第1章総則の第1の2の (2) に示す道徳教育の目標に基づき、道徳科などとの関連を考慮しながら、第3章特別の教科道徳の第2に示す内容について、家庭科の特質に応じて適切な指導をすること。

2　第2の内容の取扱いについては、次の事項に配慮するものとする。
(1) 指導に当たっては、衣食住など生活の中の様々な言葉を実感を伴って理解する学習活動や、自分の生活における課題を解決するために言葉や図表などを用いて生活をよりよくする方法を考えたり、説明したりするなどの学習活動の充実を図ること。
(2) 指導に当たっては、コンピュータや情報通信ネットワークを積極的に活用して、実習等における情報の収集・整理や、実践結果の発表などを行うことができるように工夫すること。
(3) 生活の自立の基礎を培う基礎的・基本的な知識及び技能を習得するために、調理や製作等の手順の根拠について考えたり、実践する喜びを味わったりするなどの実践的・体験的な活動を充実すること。
(4) 学習内容の定着を図り、一人一人の個性を生かし伸ばすよう、児童の特性や生活体験などを把握し、技能の習得状況に応じた少人数指導や教材・教具の工夫など個に応じた指導の充実に努めること。
(5) 家庭や地域との連携を図り、児童が身に付けた知識及び技能などを日常生活に活用できるよう配慮すること。
3　実習の指導に当たっては、次の事項に配慮するものとする。
(1) 施設・設備の安全管理に配慮し、学習環境を整備するとともに、熱源や用具、機械などの取扱いに注意して事故防止の指導を徹底すること。
(2) 服装を整え、衛生に留意して用具の手入れや保管を適切に行うこと。
(3) 調理に用いる食品については、生の魚や肉は扱わないなど、安全・衛生に留意すること。また、食物アレルギーについても配慮すること。

編著者・著者紹介 （執筆順）

編著者

大竹美登利 （おおたけ みどり） ［担当章：序章1、第1章1〜2、第5章］
東京学芸大学名誉教授。専門領域は家庭科教育、生活経営学。博士（学術）。
主著・論文：『小学校家庭科教育法』（共編著、建帛社、2018）、「貧困と向き合う家庭科教育」（共著、日本家庭科教育学会誌60〔4〕、2018）ほか。

倉持清美 （くらもち きよみ） ［担当章：序章2、第1章3］
東京学芸大学教育学部生活科学講座教授。専門領域は保育学、保育心理学。博士（人文科学）。
主著・論文：『生きる力をつける学習』（共編著、教育実務センター、2013）、『家庭科教育』（分担執筆、一藝社、2015）ほか。

著者

南 道子 （みなみ みちこ） ［担当章：第2章］
東京学芸大学名誉教授。専門領域は栄養学、生化学。博士（医学）。
主著・論文：『わかりやすい栄養学』（分担執筆、三共出版、2001）ほか。

櫛山 櫻 （くしやま さくら） ［担当章：第2章］
国立看護大学校看護学部生命科学助教。専門領域は分子生物学、生化学。
主著・論文：『イラストレイテッドハーパー・生化学』（分担翻訳、丸善出版、2016）ほか。

生野晴美 （いくの はるみ） ［担当章：第3章1〜2］
東京学芸大学名誉教授。専門領域は被服科学。博士（学術）。
主著・論文：『新版 衣生活論』（共編著、アイ・ケイコーポレーション、2012）ほか。

本多素子 （ほんだ もとこ） ［担当章：第3章1〜2］
東京学芸大学教育学部生活科学講座非常勤講師。専門領域は被服科学、STEM教育。東京学芸大学大学院博士課程単位修得満期退学。
主著・論文：「国内のファブラボにおけるデジタルものづくり初心者に対する支援の現状」（共著、科学教育研究41〔3〕、2017）ほか。

鳴海多惠子 （なるみ たえこ） ［担当章：第3章3］
東京学芸大学名誉教授。専門領域は被服構成学。博士（農学）。
主著・論文：『はじめての家庭科指導』（編著、開隆堂出版、2018）ほか。

萬羽郁子 （ばんば いくこ） ［担当章：第4章］
東京学芸大学教育学部生活科学講座准教授。専門領域は住生活学。博士（学術）。
主著・論文：『小学校家庭科教育法』（分担執筆、建帛社、2018）ほか。

田中敬文 （たなか たかふみ） ［担当章：第5章1］
東京学芸大学教育学部生活科学講座教授。専門領域は家族経済学、公共政策・公共経済学。
主著・論文：『はじめてのNPO論』（共著、有斐閣、2017）ほか。

デザイン・DTP：滝澤 博（四幻社）

本文イラスト：藤原ヒロコ

装画：片平菜摘子

初等家庭科の研究―指導力につなげる専門性の育成

2018年5月10日　初版第1刷発行
2024年4月 1 日　初版第4刷発行

編著者⋯⋯⋯⋯⋯大竹美登利　倉持清美
発行者⋯⋯⋯⋯⋯服部直人
発行所⋯⋯⋯⋯⋯株式会社 萌文書林
　　　　　　　　113-0021 東京都文京区本駒込6-15-11
　　　　　　　　TEL: 03-3943-0576　FAX: 03-3943-0567
　　　　　　　　https://www.houbun.com
　　　　　　　　info@houbun.com
印刷・製本⋯⋯⋯⋯モリモト印刷株式会社

演習課題

ワークシートの使い方

　各章での学びをさらに深めるために、ワークシートを用意しました。
ワークシートのねらいは次のとおりです。

・各章の理解を確かなものにするために、自分の言葉でまとめ、説明する
・各章で得た知識を発展させるために、調べ学習や探究課題に取り組む
・講義の内容を整理できるように、要点を押さえて書き出してみる
・グループディスカッションをして学びを深める

　時代と共に変化していく状況のなかで、よりよい生活とは何か、私たち
は常に考えていかなければなりません。このワークシートでは、その際の
考える道筋を示しています。
　課題の内容によってワークシートの使い方はさまざまですが、どのワー
クシートも本体から切り離せるようになっています。切り取って提出する、
講義のなかで課題に取り組む、ほかの人と見せ合ったりするなど、多様な
使い方ができます。
　ぜひ、ワークシートを上手に使って、学びを整理・発展させてください。

提出日　　　年　　　月　　　日

所属　　　　　　　　学籍番号　　　　　　　　氏名

1. 序章では家庭科の特徴と学ぶ意義を述べている。あなたは、家庭科の特徴は何だと思うだろうか。家庭科学習のなかで、小学校5・6年生に特に伝えたいことは何だろうか。書き出してみよう。

2. 序章・第1章には、多くの統計グラフなどを掲載したが、統計は随時更新されるので、常に新しい情報を確認してほしい。以下の数値について、最新のものを確認してみよう。また、どんな資料で確認したか、出典も書いておこう。＊括弧内頁数：本文での言及箇所

①以下の世帯数（p.20）
　単独世帯
　核家族世帯
　三世代世帯
　その他の世帯
　出典

②平均初婚年齢（p.20）
　　　男　性　　　　　女　性
　　　　　　　歳　　　　　歳
　出典

③合計特殊出生率（p.21）
　出典

④一世帯当たりの人員（p.29）
　出典

⑤自分の興味のある国の男女の有償・無償労働時間（p.37）
　出典

⑥男性の育児休業取得率
　出典

⑦児童虐待相談件数（p.41）
　出典

⑧日本の子どもの相対的貧困率（p.42）
　出典

3. 多様な家族のあり方を表現した絵本、小説、映画などの作品は数多くある。皆さんも読んだり、見たりしたことがあるだろう。下記のワークシートにまとめ、ほかの人に紹介してみよう。

作品名	
発表年	
制作者など	
表現されている家族の特徴	
紹介したいと考えた理由	
家族の多様性について考えたこと	

所属　　　　　　　　　学籍番号　　　　　　　　氏名

1. 第2章の学びを振り返り、食事の役割についてまとめよう。

①食品摂取の年次推移に関する図表などを踏まえて、食を巡る環境の変化と、その社会的背景をまとめてみよう。

②日本人の食に関する生活習慣の変遷のなかで、現代の日本で重要視されている食の問題点をまとめてみよう。

③上記の①②を踏まえて、国の方針として実施されていること、施策などをまとめてみよう。

2. 栄養学の知識を深めよう。

①栄養バランスに関して、指導者として理解しておくべき基礎知識をまとめてみよう。

大栄養素とは、	色食品群とは、	調理品に関する基準としては、	考えうる問題点
である。	である。	などがある。	

②一日の食事の必要量を満たすための必要な知識をまとめてみよう。

3. 一食分の献立を立てる授業を計画するために、以下の点に関してまとめてみよう。

①献立作成の手順をまとめてみよう。	②具体的に一食分を計画してみよう。
....	・伝統食である和食を基本にすること ・第2章で学んだ、献立作成に関する 　注意点を順守すること
③授業導入の場面で必要な教材を考えてみよう。	
....	

4. 調理実習の授業を計画するために、以下の点に関してまとめてみよう。

①食材の購入に際しての注意点を、経済面や環境面、安全性などに言及しつつまとめてみよう。	
....	
②調理の基礎について、第2章に記載されていることを中心に5点書き出してみよう。	③事故を防ぐために必要な安全教育の要点を5点書き出してみよう。
● ● ● ● ●	● ● ● ● ●
④米飯の調理の指導のポイントは何だろうか。	⑤味噌汁の調理の指導のポイントは何だろうか。

衣 生 活

所属 ＿＿＿＿＿＿＿＿＿＿ 学籍番号 ＿＿＿＿＿＿＿＿ 氏名 ＿＿＿＿＿＿＿＿

1. 衣服の温熱的に快適な着用について、考慮すべきポイントをあげ、今後の教育実践にどのように活かしていくかを考えよう。

2. 衣服の手入れについて、考慮すべきポイントをあげ、今後の教育実践にどのように活かしていくかを考えよう。

3. 日常生活が既製品でまかなわれ、手作りする必然性が低下している現代において、「布を使った学習」の意義をどのように伝えたらよいだろうか。授業の導入場面を想定して、児童へ説明する言葉を考えよう。

4. 2つ折りにした布の脇に3本のまち針を打つ作業について、考えよう。

①右図中に正しい打ち方を書こう。

②3本のまち針の下に、打つ順番を書こう。

③なぜこのような打ち方をするのか、理由を考えよう。

理由

●━━━ まち針

（わ）

5. 針に糸を通す学習において、なかなかできない児童をどのように支援すればよいだろうか。以下の例を参考に考え、その支援方法を選んだ理由を書こう。

例：「糸通しを使用させる」「針穴の大きい針に変える」「通してみせる」など。

支援方法とその方法を選んだ理由

提出日　　　　年　　　月　　　日

所属　　　　　　　　学籍番号　　　　　　　　氏名

1. 住まいの機能について考えよう。

　①もしも住まいがなくなったら、どんなことに困るだろうか。住まいは、どんな場所だろうか。
　考えを書いて、発表し合おう。

　②ひとり暮らしをする住まいを選ぶとしたら、どのような条件を優先するだろうか。1〜3位まで
　あげて、理由も書こう。書き終わったら、発表し合おう。

優先順位		理由
1位		
2位		
3位		

2. 日本の住まいの特徴や変化について整理しよう。

　p.125やp.129の図を見て、あなたの現在の住まいと違うところをあげてみよう。

　また、暮らしの変化についても調べてみよう。

3. 季節の変化に合わせた住まい方の工夫について整理しよう。

夏季または冬季を快適に過ごすために、工夫していることをあげてみよう。

以下の手順で、グループワークにも展開できる。

・数人の班をつくる。付箋を、1人につき5〜10枚ずつ配布する。

・付箋1枚につき、工夫していることを1点記入する。

・班のなかで見せ合う。A3用紙や模造紙など大きめの用紙の上で、似たもの同士の付箋をグループ化する。付箋のグループができたら、線で囲んで、その付箋のグループ名を記入する。

・どのようなグループ名があがったかを発表し合おう。

4. 整理・整頓や清掃について考えをまとめよう。

①あなたが現在行っている整理・整頓や清掃の工夫をあげてみよう。書き終わったら発表し合おう。

②整理・整頓や清掃の授業で、児童の関心を高めるための導入の方法を考えよう。

提出日　　　年　　　月　　　日

所属　　　　　　　　学籍番号　　　　　　　　氏名

1.「世帯主の年齢階級別の収入と支出」（p.147 表5-1）を見て、「35〜39歳」と「55〜59歳」とを比べてみよう。

①収入と支出の違いについて、気がついたことを書き出してみよう。

②なぜ違いが生まれるのか、その理由を考えてみよう。

2. 私たち消費者は、消費者市民として社会を動かしていくことが求められている。なぜなのか、また、どうしたらその責任を果たせるか考えてみよう。

3. 衣食住・消費と連携した環境学習のうち、どれかひとつの領域を取り上げ、どんな授業をしたらよいか考えてみよう。

提出日　　年　　月　　日

所属　　　　　　　　学籍番号　　　　　　　　氏名

1. 小学6年生になったつもりで、以下の課題に取り組んでみよう。

> 　あなたは、学習塾の後、夜9時に帰宅しました。忙しく過ごしているうちに夕飯を食べ損ねてしまったので、これから食事をとります。今日は家族皆の帰宅が遅くなるので、自分で夕食を準備します。
>
> 　手元には500円があります。冷蔵庫を確認すると、水、牛乳、にんじん、キャベツが入っています。近所のスーパーマーケットはちょうど9時で閉店してしまいました。今、食材を購入できるのはコンビニエンスストアだけです。また、おなかも空いているので20分程度で夕食を準備したいと考えます。
>
> 　500円以内の買い物をして、20分以内で、自分ひとりでできる調理技術を使って、夕食を準備することにしました。

あなたは、どのような夕食を準備しただろうか。

① コンビニエンスストアで何かを購入しただろうか。購入したものと、その価格を書いてみよう。また、なぜそれを購入したのか理由も書いてみよう。

②家の冷蔵庫にあるものを利用して調理した場合は、そのメニューと、材料・作り方を書いてみよう。

③ ②で作ったメニューについて、なぜそれを作ったのか、そこにどのような工夫があったのか書いてみよう。

④食べた夕食の献立を書いてみよう。また、その食事の栄養バランスも書いてみよう。

2. 衣、食、住、家族・家庭生活、消費生活・環境の5つの領域のうち、3つ以上の領域を含む小学校家庭科の教材を考えてみよう。その内容、含まれる領域、その授業の目標、具体的に児童が取り組む内容、準備するものやワークシートなどについて考え、以下に書いてみよう。

この教材を使用する授業の目標

含まれる領域名

準備するものやワークシート

児童が取り組む具体的な内容

memo

memo